JN412432

JavaScript & jQuery

김영천 · 안일영 · 임정목 공저

머리말

자바스크립트는 웹에서 사용하는 언어로 HTML이 기능의 약화로 프로그램 기능을 보강하여 작성된 언어이며 사용의 편리성으로 모든 웹 프로그램에 널리 사용되고 있다. 그래서 처음 프로그램 입문자들에게는 반드시 필독이 필요한 과정으로 기본적인 HTML을 공부하고 자바스크립트를 연구한 다음, 다른 XML, JSP, PHP, JAVA, Ajax, ASP, ASP.Net 등의 웹 프로그램을 탐독하는 것이 나을 것이다.

본서에서는 프로그램마다 항상 포함되어 있는 기본적인 프로그램 문법과 객체 지향 프로그램의 핵심이라고 할 수 있는 객체와 클래스를 이용한 함수의 작성 그리고 이벤트의 발생으로 작성해야 할 이벤트 핸들러와 웹페이지의 비주얼을 담당하는 CSS와 자바스크립트의 핵심이라고 할 수 있는 DOM을 포함하고 있다. 최근에 jQuery라는 강력하고 집약된 언어 체계로 발전하고 있어서 2부에서는 jQuery에 대한 전반적인 내용을 익힐 수 있도록 구성하였다.

앞으로는 HTML이 5.0 체제로 표준화되었기 때문에 자바스크립트도 이에 순응하여 대폭적인 기술의 향상이 이어진다고 여겨진다. 아울러 자바스크립트는 jQuery와 함께 모바일 웹 프레임에서 주요한 도구로 자리 매김을 하고 있어서 현재 앱 작성을 위한 코드로 지대한 역할을 하고 있다. 또한 서버 프로그램의 체계에서 자바스크립트가 중요한 역할을 담당하고 있어서 프로그램 개발자들에는 기본 영역을 구축하기 위한 척도로 자리 잡고 있다.

본서는 대학 또는 전문대학에서 한 학기 과목에 알맞게 구성되었으며, 이미 강의 경험을 바탕으로 집필된 책으로 손색이 없다고 사료된다. 프로그래밍 언어 공부는 실습을 바탕으로 습득되는 내용이 많기 때문에 아울러 실습 예제를 많이 첨부하였으며, 간편한 프로그램 편집도구를 이용한다면 더욱 자바스크립트와 jQuery를 익히는데 진일보 할 것이라고 여겨진다. 마지막 이 책이 나오기까지 수고를 아끼지 않으신 김형근 사장님께 심심한 감사를 표한다.

목 차

제 [1] 부 JavaScript

제5장 Function문_79

제6장 객 체_95

제7장 Form과 입력양식 객체_157

제8장 이벤트 핸들러_181

제9장 DOM_197

제1부

JavaScript

제1장 자바스크립트의 개요

1.1 자바스크립트의 정의

자바스크립트(JavaScript)는 HTML, 상호 작용성과 동적 시각 효과를 나타내도록 한 객체 기반의 스크립트 프로그래밍 언어로 웹 사이트에서의 사용으로 많이 알려져 있으며, 다른 응용프로그램의 내장 객체에도 접근하여 나타내기 위한 기능을 가지고 있다.

자바스크립트는 클라이언트와 서버로 구분되며 클라이언트 측면에서 볼 때 웹 페이지 문장 안에서 작성된 웹 문서의 실행이 가능하고 서버측 관점에서는 웹 서버에 제출된 웹 문서를 처리하고 변환할 수 있다.

1.2 자바스크립트와 웹 개발에서의 역할

자바스크립트를 배우기 위해서는 HTML 페이지에 자바스크립드 프로그램을 삽입해서 시동한다. 중요한 프로그램을 개발하기 위해 문서의 객체 모델(DOM)을 이용하여 구조화하고, 자바스크립트가 페이지에 어떻게 적용하기 위한 것을 이해해야 한다.

CSS를 이용하여 페이지의 환경을 설계하는 것이 좋다. 따라서 HTML, CSS, JavaScript를 혼합하여 구조화된 양식의 웹페이지를 작성하여야 한다.

자바스크립트의 장점은 직접 결과를 확인할 수 있도록 웹 페이지 사이에 서로 작용하는 행위에 즉시 응답하도록 하고, 링크를 클릭하거나, 폼을 채우거나, 화면에서 마우스를 움직인다.

자바스크립트는 웹 브라우저와 웹 서버 사이의 통신을 통하여 PHP와 같이 서버측 프로그래밍 언어와 관련된 지연현상이 발생하지 않는다.

1.3 자바스크립트의 특징

자바스크립트는 브라우저 안에 내장된 인터프리터에 의하여 프로그램이 수행되기 때문에, CGI 프로그래밍과 달리 HTML 문서에 삽입된 코드가 클라이언트에 그대로 전송이 되고 클라이언트에서 실행이 되므로 서버의 부하를 크게 줄일 수 있다.

자바스크립트는 CGI를 대체하여 DB 정보를 검색하는 등 사용자에 의해 발생하는 사건(event)을 처리할 수 있는 동적인 홈페이지 작성을 가능하게 한다.

자바스크립트의 일반적 특징은 다음과 같이 정리할 수 있다.

① 자바스크립트는 객체 지향적 속성이라는 특징을 가진다.

② 클라이언트 측에서만 실행되기 때문에 네트워크를 통해 서버로의 데이터 전송 없이 모든 작업을 처리할 수 있기 때문에, 사용자가 입력한 내용이 제대로 되었는지를 서버 측으로 데이터를 전송하지 않고도 즉시 확인하여 처리할 수 있다.

③ 자바스크립트 프로그램 코드는 별도 파일로 작성되지 않고 웹에서 수행할 HTML문서 사이에 직접 코딩한다.

1.4 자바스크립트와 이벤트

HTML은 정적이므로 브라우저에 웹 페이지의 요소를 나타내기 위해 작성된다. 예를 들면, 버튼, 표, 텍스트 박스와 폼을 작성하는데 사용되지만, 자동으로 사용자 입력에 반응되지 않는다.

그러나 자바스크립트는 동적이다. 예를 들면, 사용자가 화면에 정보를 입력하고, 버튼, 링크 또는 이미지를 누르거나 또는 마우스가 링크 위에서 움직일 경우, 자바스크립트는 이벤트에 응답하고, 사용자에 의해 동적으로 상호 작용한다.

이렇게 동적으로 작용하는 행위를 이벤트 핸들러라고 한다. 자바스크립트에서 이벤트 핸들러는 사용자의 요구를 반영하여 처리하기 위한 함수로 구성된다.

1.5 자바스크립트의 표준과 W3C

1990년대 동안 마이크로소프트 인터넷 익스플로러와 네스케이프는 브라우저 시장에서 상호 경쟁하고 있었다. 2개 브라우저에서는 동일한 방식에서 웹 사이트를 보는 것을 어렵게 하기 위한 비호환성을 삽입하여, 빠르게 브라우저에 새로운 버전과 배타적 특징을 추가했다.

그러나 일방적으로 MS의 인터넷 익스플로러 브라우저의 우위로 끝나면서, 브라우저 전쟁으로 불리었다. World Wide Web Consortium(W3C)가 표준안을 수립하여, 지금의 브라우저는 공생의 관계를 유지하면서 발전하였다.

2012년 이후에는 HTML이 HTML5 버전으로 표준화되면서, 자비스크립트의 사용은 더욱 필수적으로 자리 잡고 있다. 특히 그래픽과 멀티미디어 그리고 API의 사용에 자바스크립트의 코드가 HTML5의 기반으로 구성되기 때문이다.

1.5.1 자바스크립트 객체

자바스크립트는 여러 다른 객체의 웹페이지, 문서 객체 그리고 각각의 객체 요소를 나타낸다. 예를 들면 폼, 이미지, 그리고 모든 객체의 링크를 의미한다.

```
document.write( "안녕하세요 여러분" );
```

위의 명령은 도큐멘트 객체를 의미한다. 객체 뒤에 점(.)으로 구분된 write라는 메소드를 나타낸다. 메소드는 객체를 어떻게 하기 위한 기능으로 괄호안의 문자열을 출력하는 명령을 실행한다.

1.5.2 DOM(Document Object Model)

DOM이란 무엇인가? 기본적으로 웹 문서는 HTML/XML 마크업으로 구성된다. 브라우저의 작업은 브라우저 창에서 텍스트, 입력 장치, 그림, 표 그리고 기타 등을 나타내기 위해 마크업을 웹 페이지로 변환한다.

객체 모델로 HTML 페이지를 번역하여 저장하기 위한 브라우저 작업을 DOM이라고 한다.

1.6 브라우저

사용자가 자바스크립트가 포함된 웹 페이지를 수신할 때, 스크립트를 실행한 자바스크립트 번역기에 보낸다. 각각 브라우저는 그 자체의 번역기를 가지고 있기 때문에, 프로그램이 실행될 때 약간의 차이는 있다. 그리고 경쟁 기업이 자신들의 브라우저를 발전하기 위해, 약간의 차이는 발생할 수 있다. 현재 브라우저는 W3C 표준에 따르기 때문에, 이러한 차이는 과거보다 적게 나타난다.

1.6.1 브라우저의 종류

오늘날 브라우저의 종류는 다음과 같다.

브라우저	웹사이트
Internet Explorer	microsoft.com/windows/ie
Safari	apple.com/safari
Opera	opera.com
Google Chrome	google.com/chrome
Firefox	mozilla.org/products/firefox

1.6.2 자바스크립트의 버전

자바스크립트는 약 20년의 역사를 가지고 있으며, 넷스케이프에 의해 발표되어 첫 번째 버전은 자바스크립트 1.0이었다. 그러나 버그가 많아서 새로운 기능을 추가시킨 버전이 계속 발표되었다.

JavaScript 또는 JScript	제공 브라우저
JavaScript 1.0 1996	Netscape Navigator 2.0, Internet Explorer 3.0
JavaScript 1.1 1996	Netscape Navigator 3.0, Internet Explorer 4.0
JavaScript 1.2 1997	Netscape Navigator 4.0-4.05, Internet Explorer 4.0
JavaScript 1.3 1998	ECMA-232, Netscape Navigator 4.06-4.7x, Internet Explorer 5.0
JavaScript 1.5 2000	ECMA-232, Netscape Navigator 6.0+, Mozilla Firefox, Internet Explorer 5.5+, JScript 5.5, 5.6, 5.7, 6
JavaScript 1.6 2006	Mozilla Firefox, Safari
JavaScript 1.7 2006	Mozilla Firefox, Safari, Google Chrome
JavaScript 1.8 2008	Mozilla Firefox
JavaScript 2.4 2012	Internet Explorer 9.0, Mozilla Firefox, Safari, Google Chrome

1.7 자바스크립트의 작성 방법

클라이언트용 자바스크립트는 HTML 문서 내에 자바스크립트를 작성해서 웹 브라우저를 제어한다. 웹 브라우저에서 사용자가 이벤트를 발생하면 그 이벤트에 대해 브라우저가 대응할 수 있는 여러 가지 스크립트를 작성하여 웹 문서를 더욱 역동적으로 실행할 수 있도록 한다.

또한 자바스크립트 명령은 일반적으로 <HEAD> 태그와 <BODY> 태그에 각각 삽입하여 나타낼 수 있다. 대부분 <BODY> 태그에 주로 삽입한다. 만약 2개의 태그에 모두 삽입하면 먼저 선언된 순서대로 나타난다.

예제 1-1 BODY부분에 자바스크립트 태그 삽입하는 방법

```
1. <HTML>
2.     <HEAD>
3.         <TITLE> 자바 스크립트 기술하기 </TITLE>
4.     </HEAD>
5.     <BODY>
6.         <SCRIPT Language = "JavaScript">
7.             document.write("body 부분에 자바 스크립트 태그 삽입");
8.         </SCRIPT>
9.     </BODY>
10. </HTML>
```

6~10 : 자바스크립트의 명령을 선언한다.

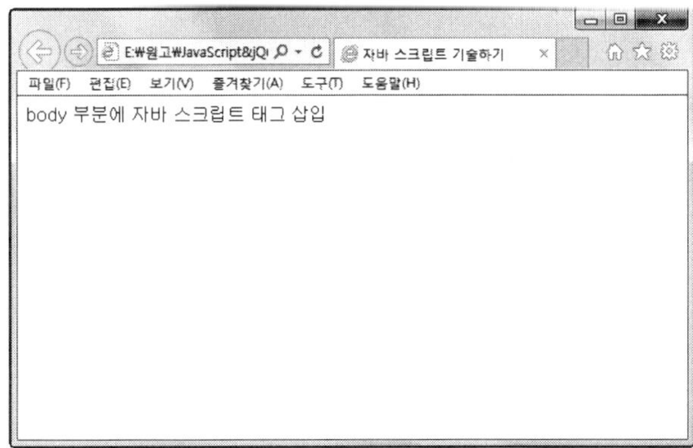

클라이언트용 자바스크립트를 작성하려면 다음과 같은 태그와 속성을 작성해야 한다.

```
<SCRIPT LANGUAGE="JavaScript">
   <!--
        클라이언트용 스크립트 명령문
   -->
</SCRIPT>
```

```
<SCRIPT LANGUAGE="JavaScript">
   <!--
        클라이언트용 스크립트 명령문
   -->
</SCRIPT>
```

서버용 자바스크립트는 HTML 문서 내에 자바스크립트를 작성하고, 실행은 웹 브라우저가 아니라 서버로 지정된 컴퓨터에서 읽고 분석한 다음 웹 브라우저에 그 결과를 나타내어 준다.

서버용 스크립트를 작성하려면 SCRIPT 태그에 RUNAT=SERVER라는 코드를 지정해야 한다.

```
<SCRIPT LANGUAGE="JavaScript"  RUNAT=SERVER>
   <!--
        서버용 스크립트 명령문
   -->
</SCRIPT>
```

외부 문서를 자바스크립트에 연결하여 실행할 경우 SRC 명령을 이용한다. SRC에는 해당 스크립트를 연결할 스크립트 소스 문서(확장자가 js인 문서)에 대한 URL을 입력한다.

```
<SCRIPT LANGUAGE="JavaScript"
          SRC="스크립트 소스 문서 이름">
        스크립트 명령문
</SCRIPT>
```

예제 1-2 외부 명령파일의 삽입하는 방법

```
<HTML>
   <HEAD>
      <TITLE> 외부 명령문의 삽입 </TITLE>
   </HEAD>
   <BODY>
      <SCRIPT Language = "JavaScript" SRC="예제1-2.js">

      </SCRIPT>
   </BODY>
</HTML>
```

6 : 외부 명령파일을 선언한다.

```
1.    document.write("외부 명령문의 삽입"); // 예제1-2.js
```

1 : 이 명령은 호출된 자바스크립트의 명령과 연결되어 실행된다.

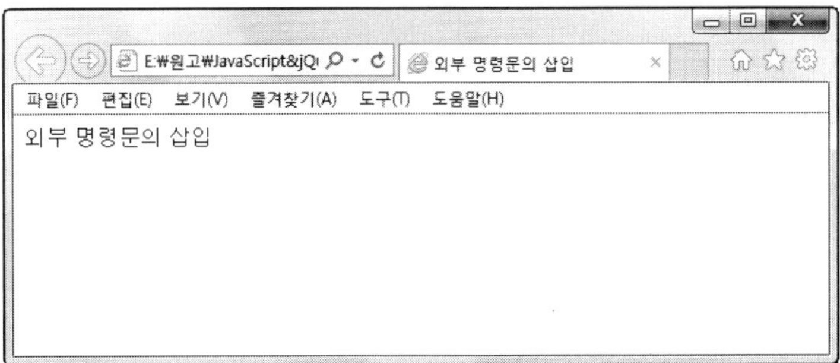

예제 1-3 다음 명령을 실행하고 결과를 확인

```
<html>
  <head><title>자바스크립트 실습</title></head>
    <body bgcolor="yellow" text="blue">
       <script type="text/javascript">
         document.write
          ("<h2>자바스크립트 세계에 오신 것을 환영합니다!</h2>") ;
       </script>
          이 문장은 자바스크립트의 일반적인 문장입니다!!!
    </body>
</html>
```

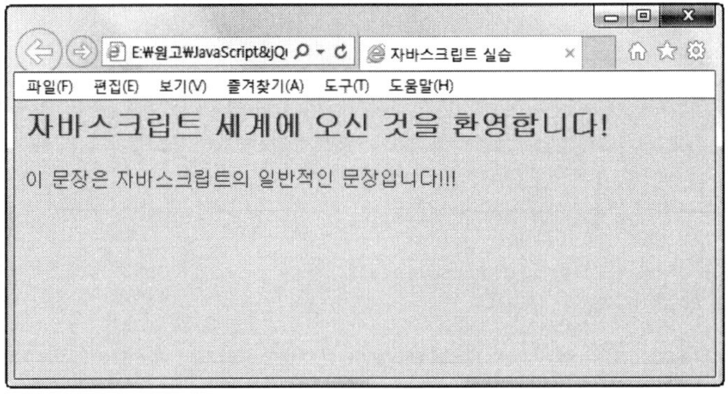

제2장 자바스크립트의 기본

2.1 문장

자바스크립트 문장은 자바스크립트 프로그램의 일반적으로 하나의 명령을 나타내기 위한 기본적인 프로그래밍 단위이다.

예를 들면

```
alert('안녕하세요 자바스크립트의 세상 입니다!');
```

이 문장은 alert 창에 "안녕하세요 자바스크립트의 세상 입니다!"를 나타낸다.

이것은 하나의 문장 단위이다. 각각의 문장 끝에 세미콜론(;)을 붙여서 문장의 끝을 나타내고, 자바스크립트에서 다음 실행문으로 이동한다.

하나의 줄에 한 문장만 선언할 경우 ;을 생략할 수 있으나 한 행에 여러 문장을 입력할 경우 반드시 ;을 붙여서 선언해야 한다.

```
var x;  var y = null;
```

2.2 객체, 속성, 메소드의 이해

자바(JAVA) 프로그램언어는 완전한 객체 지향 언어 이지만 자바스크립트는 객체 지향적인 언어이다. 이는 객체 지향 개념에서 추구하는 구성요소를 모두 갖추지 않고, 기본적인 객체와 속성 그리고 메소드만을 사용한다는 것이다.

2.2.1 객체(Object)

일상생활에서 나타나는 모든 사물을 자바스크립트에서는 객체라고 하는데 HTML에서 사용되는 문서의 이미지, 폼 등과 같은 요소를 객체라고 한다. 객체는 사용자가 작성할 수도 있으며, 이미 자바스크립트에서 제공하는 Time, Array등과 같은 내장 객체들도 있다.

2.2.2 속성(Property)

자바스크립트에서 객체는 속성들을 가질 수 있다. 사람의 얼굴에는 눈, 귀, 코 등의 속성을 가지고 있는 것처럼 이것은 각각 또 다른 객체가 될 수 있다.

자바스크립트의 속성은 객체의 속성에 대하여 속성값을 가지고 있다. 객체와 속성을 연결할 때는 .(Dot)로 연결하여 나타내고 속성값은 =를 나타내어 값을 전달한다.

```
객체.속성 = "속성값";
```

예를 들어 웹 문서의 객체는 document라고 하며, 속성명을 bgColor라고 한다. 이때 배경색을 노랑색으로 지정할 경우 다음과 같이 표현한다.

```
document.bgColor = "yellow";
```

2.2.3 메소드(Method)

속성이 객체의 기본 값이라고 하면 메소드는 이러한 행동과 동작을 유발하는 동적 개념이라고 한다. 메소드를 사용하는 목적은 반복되는 동작을 실행할 때 이를 명령어로 계속 표현하는 것을 줄이고 메소드를 호출하여 프로그램을 간결하게 나타내기 위해 주로 사용된다.

이러한 관계를 다음과 같이 표현한다.

```
객체.메소드(값);
```

메소드도 속성과 마찬가지로 .(dot)으로 연결하여 나타내고 마지막에는 반드시 ()를 붙인다는 것이 특징이다. ()안에는 메소드의 대상이 되는 function으로 구성된 함수를 호출하여 그 안의 명령문들을 수행한 다음 다시 호출한 메소드 다음 문장으로 되돌아온다.

이때 인수라고 하는 전달 값이 있으면 ()안에 값을 넣은 변수 또는 수식 그리고 직접 값을 나타낼 수 있으며, 전달 값이 없더라도 ()를 붙여서 나타내야 한다.

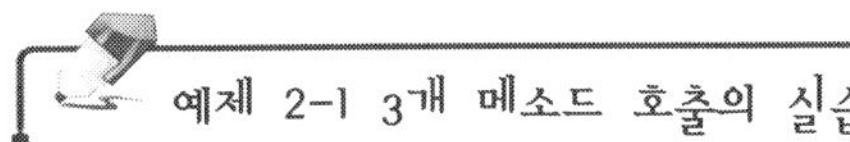

예제 2-1 3개 메소드 호출의 실습

```
1. <HTML>
2.     <HEAD>
3.         <SCRIPT LANGUAGE="JavaScript">
4.           <!--
5.            function Method(name) {
6.                document.write ("<H3>"+ "안녕하세요. "
7                                          + name + " 님" + "<H3>");
8.                document.write ("<H3>"+ "좋은 아침입니다."
9.                                          + "</H3>");
10.              }
11.              // -->
12.          </SCRIPT>
13.     </HEAD>
14.     <BODY>
15.         <SCRIPT LANGUAGE="JavaScript">
16.              Method("홍길동");
17.              Method("이순신");
18.              Method("강감찬");
19.           </SCRIPT>
20.      </BODY>
21. </HTML>
```

4-11 : 호출되는 메소드의 명령이 실행되는 그룹을 나타낸다.
16-18 : 메소드를 반복적으로 호출하고 인수는 5번줄의 name 변수에 대입되어 수행된다.

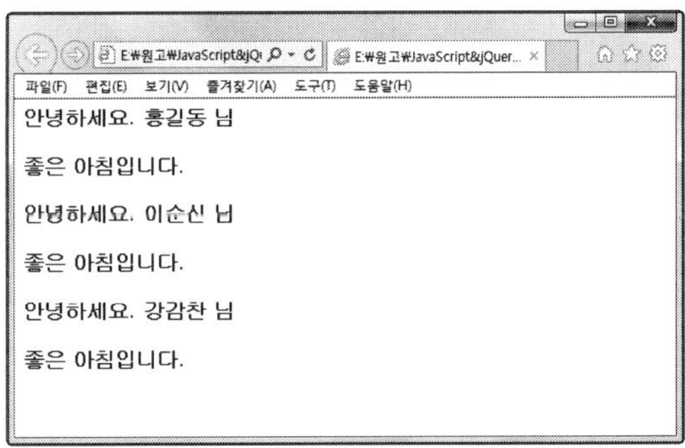

2.3 데이터형

정보에는 여러 가지 유형의 형이 존재한다. 이름, 음식의 가격 사무실 주소 그리고 생일 등은 사람한테는 매우 중요한 정보이다. 이러한 정보를 가지고 무엇을 어떻게 할 것인가 결정한다.

컴퓨터 프로그램은 이러한 정보를 처리하기 위한 도구이며, 각각의 다른 유형으로 구분한다. 자바스크립트에서는 수치형(number), 문자형(string)과 논리형(boolean)으로 구성된다.

2.3.1 수치형(Numbers)

수치형은 자바스크립트에서 매우 중요하다. 웹페이지에 방문하는 방문객의 수를 계산하거나, 순서를 나타내는데 사용된다. 또한 수치형간의 연산을 실행하여 새로운 숫자 값을 나타낼 수 있다.

수치형은 5와 같이 정수, 10.3333과 같이 실수형 그리고 -130과 같이 음수로 나타낼 수 있다. 수치형에서는 연산자를 이용하여 계산을 할 수 있다.

다음 문장은 연산자를 이용하여 그 결과 값을 웹페이지에 나타낸다.

```
document.write(5 + 15);  // 결과 값 20을 나타낸다.
```

다양한 수치형의 표현은 다음과 같다.

```
10                    -1.8E13
188.5                 6.E-6
-3.74                 128e+100
.77777e77
```

1) 10진수(Integer Decimal)

10진수는 일반적으로 사용되는 숫자를 의미하며, 0, 1, 2, 3, 4, 5, 6, 7, 8, 9로 나타낸다.

단 첫 문자에 0이 나타내서는 안된다. 0과 다른 숫자가 같이 나타나면 다른 진수를 의미하기 때문에 컴퓨터 내부에는 원하는 값이 생성되지 않는다.

```
49
16
0
-18
-42
```

2) 16진수(Hexa Decimal)

컴퓨터 내부의 숫자는 0과 1로 표현한다. 문자의 표현은 1바이트로 나타내나 이를 외부에 나타낼 경우 적절한 값으로 나타내는데 이때 간혹 16진수로 표현한다.

16진수의 표현은 0과 9 그리고 10과 15는 A와 F로 조합하여 나타낸다. 자바스크립트에서 16진수를 나타낼 경우 숫자의 앞에 0x 또는 0X를 붙여서 표현한다.

```
0x0
0XF8f00
0x1a3C5e7
```

3) 8진수(Octal)

때에 따라서 자바스크립트에서 8진수로 표현한다. 0에서 7까지 범위에서 나타내고 접두어로 0값을 숫자의 앞에 붙여서 표현한다.

```
00
0777
0235764
```

4) 실수형(Floating-Point)

자바스크립트에서 수치는 실수와 정수만을 사용한다. 실제로 16.0은 실수이고 16은 정수로 표현한다. 실수는 지수 값(e)도 포함되어 있다.

자바스크립트에서는 데이터형을 선언하지 않기 때문에 변수에 대입하는 값에 따라 데이터형이 결정된다.

실수 값의 선언 종류는 다음과 같다.

-13. 3
0. 056
4.2e19 // 4.2 * 10_{19}와 같음
-3.1E12 // -3. 1 * 10_{12}와 같음
.1e12 // 0.1 * 10_{12}와 같음
2E-12 // 2 * 10_{-12}와 같음

5) 특수 값

수치 데이터에는 여러 가지의 특수 값을 가지고 있다. 수식의 표현 또는 변수가 양수의 최대 값을 초과할 경우 Infinity라는 특수 값으로 표현한다.

이와 반대로 최소의 음수 값을 나타낼 경우 -Infinity 로 나타낸다.

또 다른 특수 값으로 NaN 이 있는데 이는 "not a number"를 의미한다. 이 값은 undefined 연산 결과를 나타낼 때 사용된다. NaN은 값을 나타낼 경우 isNaN() 메소드를 이용하여 사용해야 한다.

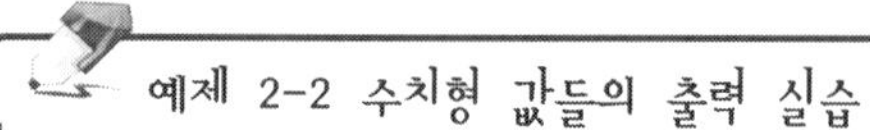

예제 2-2 수치형 값들의 출력 실습

```
1. <html>
2.   <head>
3.     <title>숫자의 출력</title>
4.   </head>
5.   <body>
6.    <script type="text/javascript" >
7.        document. write("Integer =   " + 12345 + "<br />") ;
8.        document. write("Float = " + 23.45 + " <br />") ;
9.        document. write("Floating-Point = " + .234e+3 + " <br />" ) ;
10.       document. write(" HexaDecimal = " + 0x456FFF + " <br />" ) ;
11.       document. write( " Octal = " + 0777 + " <br />" ) ;
12.
13.       document. write( "  Infinity = " + Infinity + " <br />" ) ;
14.       document. write( "  -Infinity = " + -Infinity + " <br />" ) ;
15.       document. write( " MAX_VALUE = " +
16.                          Number.MAX_VALUE + " <br />" ) ;
17.      document. write( " MIN_VALUE = " +
18.                          Number.MIN_VALUE + " <br />" ) ;
19.      document. write( " NaN = " +  Number.NaN + " <br />" ) ;
20.      document. write( " POSITIVE_INFINITY = " +
21.                          Number.POSITIVE_INFINITY + " <br />" ) ;
22.      document. write( " NEGATIVE_INFINITY = "                +
23.                          Number.NEGATIVE_INFINITY + " <br />" ) ;
24.     </script>
25.   </body>
26. </html>
```

7 : 정수 값 출력
8-9 : 실수 값 출력
10-11 : 16진수 및 8진수 출력
13-23 : 특수 값 출력

2.3.2 문자형(Strings)

이름, 문장 또는 문자열의 집합 등으로 문자열(string)을 나타낸다. 문자열은 홑 따옴표 또는 쌍 따옴표로 둘러싼 단어와 부호의 집합이다.

예를 들어 “대한민국”, “자바스크립트는 웹프로그램입니다.” 그리고 ‘안녕하세요 자바스크립트’ 등과 같이 나타낼 수 있다.

문자형에는 백슬래시(\)가 포함된 1문자로 포함된 이스케이프 시퀀드(Escape Sequence)가 있으며, 문자를 표현하는 것이 아니고, 기능을 나타낸다.

Escape Sequence	기능 설명
\‘	단일 따옴표
\“	이중 따옴표
\t	탭
\n	새 줄
\r	리턴
\t	폼 피느
\b	백스페이스
\e	이스케이프
\\	백슬래시
\000	라틴-1 문자의 표현으로 8진수 000~777로 나타낸다.
\xHH	라틴-1 문자의 표현으로 16진수 00~FF로 나타낸다.

예제 2-3 이스케이프 시퀀스 실습

```
<html>
    <head>
        <title>Escape Sequences</title>
```

```
4.     </head>
5.     <body>
6.          <pre>
7.             <big>
8.         <script type="text/javascript" >
9.           <!--브라우저에서 명령을 안보임
10.             document. write("₩t₩t안녕하세요₩n자바스크립트! ₩n") ;
11.             document. writeln( " ₩" 세계에 오신것을 환영합니다. ₩" ₩n" ) ;
12.            document. writeln(' 만세: <font size="+3" > ₩u263a₩n' ) ;
13.           // 안보임을 해제. -->
14.         </script>
15.             </big>
16.           </pre>
17.      </body>
18. </html>
```

9 : 브라우저에서 명령 감춤
10 : 2개의 탭과 줄바꿈 선언
11 : 쌍 따옴표 나타냄
12 : 현재 기준 폰트의 3단계 확장 출력 및 캐릭터 출력

2.3.3 논리형(Booleans)

수치형과 문자형이 무한 영역이면 논리형은 true 또는 false 로 나타낼 수 있으므로 매우 단순하다. 논리형은 단순 판단의 결과를 "예/아니오"로 판단하여 정보처리를 위한 결과로 사용할 경우 필요하다.

```
answer1 = true;
 if ( answer2 == false)
    { true 일 경우 처리할 명령어 };
```

2.3.4 특별한 형

일반적인 3개의 형 이외에 null과 undefined의 단순한 값을 나타내는 특별한 형이 있다. null과 undefined의 차이는 약간 미묘하다. null은 비어 있는 값이 없는 상태를 의미하며, undefined는 변수가 선언되었으나 값이 지정되어 있지 않은 상태를 의미한다.

```
var x;
var y = null;

if (x == null) {
  // 실행문
}

// true가 발생한다.
```

예제 2-4 Boolean과 null 그리고 undefined 실습

```
1. <HTML>
2.   <HEAD>
3.     <SCRIPT LANGUAGE="JavaScript">
4.       var hello = true, hello2;
5.       if (hello)
6.            {  document.write("True !!"+ "<br>");  }
7.         if (!hello) // false 발생
8.            {  document.write("True !!"+ "<br>");  }
9.            else  {  document.write("False !!"+ "<br>");  }
10.
11.        hello = null;
12.        if (hello == null)
13.           {  document.write("Null !!"+ "<br>");  }
14.
15.        document.write("Undefined !! 발생 "+ hello2 + "<br>");
16.     </SCRIPT>
17.
18.     </HEAD>
19.     <BODY>
20.     </BODY>
21. </HTML>
```

7 : !는 현재 값의 반대 값 발생한다
11~13 : null을 표시한다
15 : 변수를 신인하고 초기화하지 않으면 undefined 발생한다.

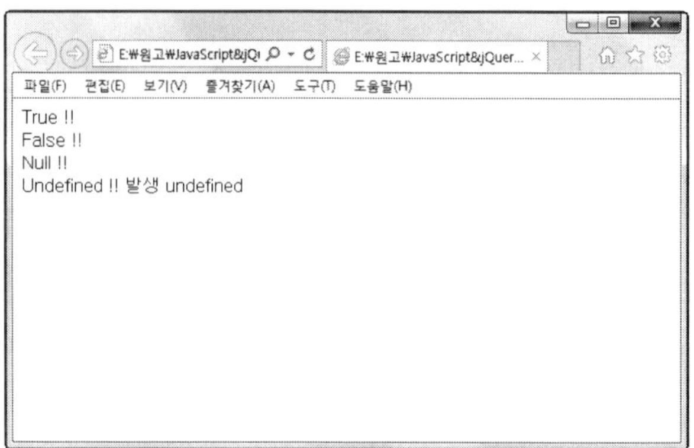

2.3.5 형 검사 연산자(typeof)

typeof 연산자는 괄호 안에 나타난 데이터 값의 데이터형을 나타낸다.

typeof 연산자의 결과 값은 다음과 같다.

Type	결과
Undefined	undefined
Null	object
Boolean	boolean
Number	number
String	string
Object	object
Function	function

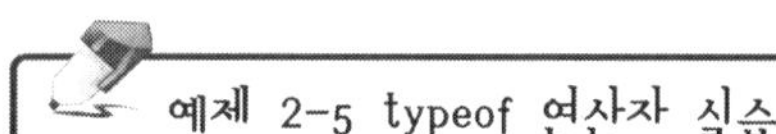

예제 2-5 typeof 연산자 실습

```
<html>
    <head>
        <title>typeof Operator</title>
    </head>
<body >
    <script type="text/javascript" >
        document.write("typeof(66)  =")
        document.write( typeof(66) , "   <br/><br/>" );
        document.write( "typeof(₩"안녕하세요!!₩")  =  ");
        document.write( typeof("안녕하세요!!") , " <br/><br/>");
        document.write("typeof(false)  =  ");
        document.write( typeof(false) , "   <br/><br/>" );
        document.write("typeof(null)  =  ");
```

```
14.         document.write( typeof(null) , " <br/><br/>" );
15.         document.write("typeof(undefined) = ");
16.         document.write( typeof(undefined) , " <br/><br/>" );
17.     </script>
18.   </body>
19. </html>
```

8,10,12,14,16 : 데이터의 형을 체크
9 : "를 표시한다

2.3.6 function

function은 자바스크립트에서 특별한 형으로 자주 사용되며, 별도의 실행 프로그램을 가지고 있다. function 이름과 인수로 구성된 function은 별도의 명령 메소드에 의해 호출된다. 이때 인수를 주고 받을 수 있으며, 호출되면 프로그램이 실행되고 호출된 명령문으로 복귀된다.

```
myFunction("자바스크립트 호출", 78);

function myFunction(javascript_call, jumsu)
{  ....
   ....
   ....
   ....
}
```

2.4 변수

자바스크립트에서 숫자형, 문자형 그리고 논리형은 직접 정보가 필요할 경우 나타낼 수 있다. 그러나 여러 정보를 반복적으로 처리하기 위해서 데이터를 넣을 장소가 필요하다.

이때 데이터를 담아 놓을 장소를 **변수**라고 한다.

변수는 모든 프로그래밍 언어에서 기본적이고 컴퓨터의 메모리 저장 위치를 나타내는 데이터 항목이다. 변수는 숫자와 문자열의 데이터를 저장하는 장소이다. 변수는 이름과 데이터형과 값을 가지고 있다.

자바스크립트는 데이터 유형의 변수를 명시할 필요가 없는 활발하면서 느슨한 형태의 언어이다.

```
n = 5;
x = 44.5;
```

자바스크립트에서는 데이터가 저장되면 데이터 값에 따라 데이터형이 자동으로 지정된다.

2.4.1 변수의 선언

변수를 선언하기 위해서는 변수명을 지정해야 한다.

```
var 변수명 = 값; // 초기화
var 변수명; // 초기화 안됨
변수명; // 에러 발생

var Score;  // Score 변수를 선언
```

예제 2-6 변수의 선언 실습

```
<html>
   <head>
      <title>var Keyword의 사용</title>
      <script type="text/javascript" >
         var language="English"; // 변수의 초기화
         var name; // undefined 변수
         age; // var keyword 빠진 에러!
      </script>
```

```
9.     </head>
10.
11.     <body>
12.        <script type="text/javascript" >
13.          document. write( " Language =  " + language + "<br />") ;
14.          document. write( " Name = " + name + " <br />") ;
15.          document. write( " Age = " + age + " <br />" ) ;
16.        </script>
17.     </body>
18. </html>
```

7 : var 키워드가 빠져서 에러가 발생한다.
15 : 에러의 발생으로 실행되지 않는다.

콤마를 가지고 각 선언을 분리시킴으로써 같은 줄에서 다중 변수를 선언할 수 있다.

```
var first_name, middle_name, last_name;
```

var는 변수를 선언하기 위한 예약어이며, var 오른쪽에 선언된 단어들은 변수명이다. 변수명을 지정하기 위해서는 다음과 같이 몇 가지 규칙을 지켜야 한다.

① 변수명은 영문자, $, _ 으로 시작해야 한다.

② 변수명에는 영문자, 숫자, 와 _을 포함해야 한다.

③ 변수명은 대소문자를 구분해서 의미있게 지정해야 한다.

④ 예약어를 피해야 한다.

올바른 변수명	틀린 변수명
name1	10names
price_tag	box.front
_abc	name#last
Abc_22	A-23
A23	5

예약어는 자바스크립트가 시스템에 미리 등록한 단어들의 집합으로 변수명으로 사용할 경우 에러가 발생한다. 아울러 예약어는 변수명으로 사용해서는 안된다.

예약어의 종류는 다음과 같다.

break	private	var
case	protected	void
catch	public	while
continue	short	with abstract
default	static	boolean
delete	super	byte
do	synchronized	char
else	throws	class
finally	transient	const
for	volatile alert	debugger
function	blur	double
if	closed	enum
in	document	navigator
instanceof	focus	open
new	frames	outerHeight
export	history	outerWidth
extends	innerHeight	parent
final	innerWidth	screen
float	length	screenX
goto	location	screenY
implements	return	statusbar
import	switch	window
int	this	
interface	throw	
long	try	
native	typeof	
package		

이러한 규칙을 기반으로 의미있고 간결하게 변수명을 작성해야 한다. 또한 데이터형을 의미한 변수는 프로그램 코드를 쉽게 이해하는데 많은 도움을 준다.

```
var score, players, game_time;
```

2.4.2 변수의 유효범위

프로그램 내에서 변수의 유효 범위는 변수가 보여지거나 제한된 장소에서 사용된다. 자바스크립트에서 변수는 전역 또는 지역변수를 의미한다.

전역변수는 자바스크립트 프로그램 전체에서 사용되어 지고, 새로운 변수를 생성할 수 있다.

전역 변수에는 같은 이름의 변수를 선언할 수 없다.

전역변수와 반대로 어느 특정 영역에서 선언되는 변수를 지역변수라고 한다. 지역변수는 var 예약어와 함께 선언되어야 한다.

예제 2-7 변수의 유효범위 실습

```
1. <html>
2.     <head>
3.         <title>변수의 유효범위</title>
4.         <script type="text/javascript" >
5.             function myFunction()
6.               {
7.                 var scope = "지역변수"; // 지역변수 초기화
8.               document.writeln("myFunction의 scope 값은 :"
9.                       + scope + "<p>");
10.              }
11.          </script>
12.      </head>
13.
14.      <body>
15.          <script type="text/javascript" >
16.                var scope = "전역변수"; // 전역변수의 초기화
17.              myFunction();
18.              document.writeln("myFunction의 scope 값은 :"
19.                      + scope + "<br>");
20.          </script>
21.      </body>
22. </html>
```

5~11 : 자바스크립트 코드에 function 문을 선언하고 지역변수를 설정한 다음 지역 변수를 출력한다..
17 : function을 호출하면 5~10 번이 실행되고 18번으로 되돌아 온다.
18 : 전역변수를 출력한다.

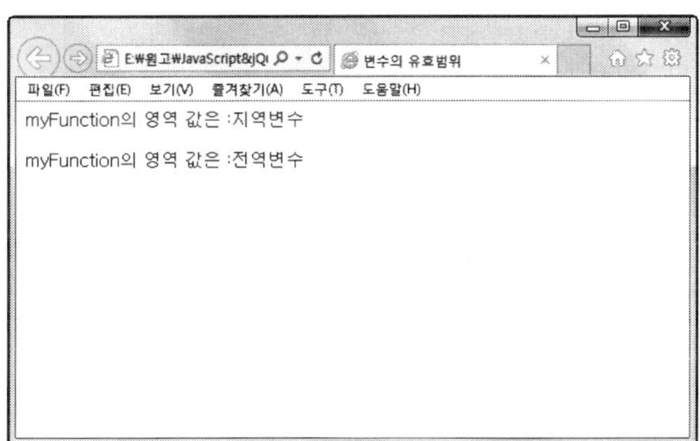

2.4.3 변수의 결합과 데이터의 변환

변수 간의 표현을 이어서 나타낼 경우 + 부호를 이용하여 나타낸다. 수치형도 + 부호를 이용하여 문자열과 결합하여 나타내면 문자형으로 변환된다.

```
var temp = " 점수는 " + 87;
// 반환 "점수는 87"
var message = 25 + " 크리스마스 날" ;
// 반환 "25 크리스마스 날"
```

그러나 + 양쪽이 숫자일 경우 +는 더하기 연산자로 실행된다.

```
var sum = 10 + 5; // sum 은 15
3 + 3        // 결과 = 6
3 + "3"      // 결과 = "33"
3 + 3 + "3" // 결과 = "63"
```

예제 2-8 숫자와 문자의 결합

```
1. <html>
2.     <head>
3.         <title>숫자와 문자의 결합</title>
4.       </head>
5.
6.     <body>
7.         <script type="text/javascript">
8.           var x = 25;
9.           var y = 5 + " 10 년";
10.            document.write( x + " 년" , " <br/>") ;
11.            document.write( "거의 " + 25 + " 년" , "<br/>") ;
12.            document.write( x + 4, " 년 <br/>" ) ;
13.            document.write( y, " <br/>" ) ;
14.            document.write( x + 5 + " 년" , " <br/>") ;
15.            document.write( " 합계 " + x + " 년 " + 5 + " 년"
16.                                  , " <br/>") ;
17.         </script>
18.       </body>
19. </html>
```

10~11 : 숫자와 문자의 결합
12 : 숫자와 숫자의 연산
13 : 변수의 출력
14~15 : 숫자와 숫자와 문자의 결합

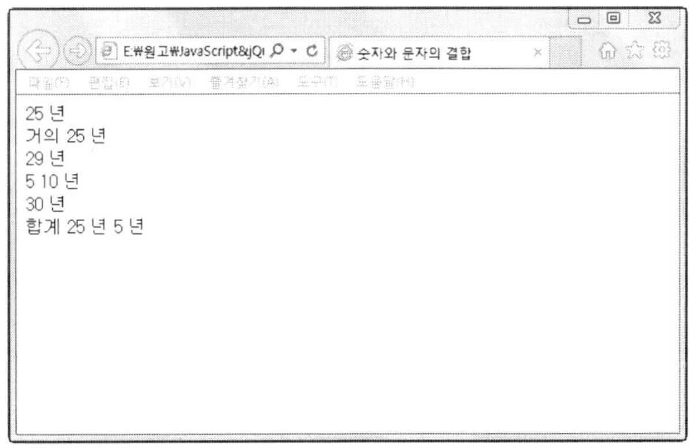

1) 문자의 숫자 변환

만약 수치 값을 문자열로 저장할 경우 특히 폼 또는 박스에서 입력 필드에 숫자 데이터를 입력하면 수치 연산이 힘들어 진다. 아울러 이를 연산하려면 숫자의 문자열 데이터를 수치 데이터로 변환해야 한다.

자바스크립트에는 변환할 함수(parseInt(), parseFloat())를 제공한다. 이 함수들의 기능은 수치형 문자 데이터들을 수치데이터로 변환해 준다.

```
parseInt("42")      // 결과 = 42
parseInt("42.33") // 결과 = 42

parseFloat("42")      // 결과 = 42
parseFloat("42.33") // 결과 = 42.33

3 + 3 + parseInt("3") // 결과 = 9
```

parseInt() 함수는 문자열을 정수로 변환시켜주는 함수이다.

매개변수를 이용하여 8진수, 16진수 등의 숫자로도 변환이 가능하며, 숫자형과 문자형이 혼합된 문자열에서 숫자형 뒤에 나타나는 문자형은 0을 반환하여 숫자만 출력 시켜준다. 또한 소수인 경우에는 소수점 이하를 버리고 정수만 반환한다.

parseFloat() 함수는 문자열을 부동소수점으로 변환시켜 준다. 만약 문자를 숫자로 변환하지 못하면 NaN을 반환해 준다.

예제 2-9 문자의 숫자 변환

```
1. <html>
2.     <head>
3.         <title>문자의 숫자 변환</title>
4.         <script Language = "JavaScript">
5.             document.write("parseInt('33') + parseInt('55') => "
6.                         + (parseInt('33') + parseInt('55')) + "<br>");
7.             document.write("parseInt('33',8) => "
8.                         + parseInt('33',8) + "<br>");  // 8진수 출력
9.             document.write("parseInt('33',16) => "
10.                        + parseInt('33',16) + "<br>");  // 16진수 출력
11.            document.write("parseInt('worldcup2014') => "
12.                        + parseInt('worldcup2014') + "<br>");
13.            document.write("parseInt('2014worldcup') => "
14.                        + parseInt('2014worldcup') + "<br>");
15.            document.write("parseInt('33') + parseInt('55.123') => "
16.                        + (parseInt('33') + parseInt('55.123')) + "<p>");
17.        </script>
18.    </head>
19.  <body>
20.    <script Language = "JavaScript">
21.            document.write("parseFloat('33') + parseFloat('55') => "
22.                        + (parseFloat('33') + parseFloat('55')) + "<br>");
23.            document.write("parseFloat('12.345.678') => "
24.                        + parseFloat('12.345.678') + "<br>");
25.            document.write("parseFloat('12.345e3') => "
26.                        + parseFloat('12.345e3') + "<br>");
27.            document.write("parseFloat('worldcup2014') => "
28.                        + parseFloat('worldcup2014') + "<br>");
29.            document.write("parseFloat('2014worldcup') => "
30.                        + parseFloat('2014worldcup') + "<br>");
31.            document.write("parseFloat('33') + parseFloat('55.123') => "
32.                        + (parseFloat('33') + parseFloat('55.123')) + "<br>");
33.      </script>
34.    </body>
35. </html>
```

7~8 : 결과의 8진수 출력
9~10 : 결과의 16진수 출력
11~12 : 문자가 먼저 나타나는 경우 NaN 출력
13~14 : 숫자가 먼저 나타나는 경우 문자는 무시하고 출력
23~24 : 소숫점이 2개 있는 경우 첫 번째 소숫점만 변환하고 나머지는 무시
31~32 : 실수 연산시 소수 이하 14자리까지 출력

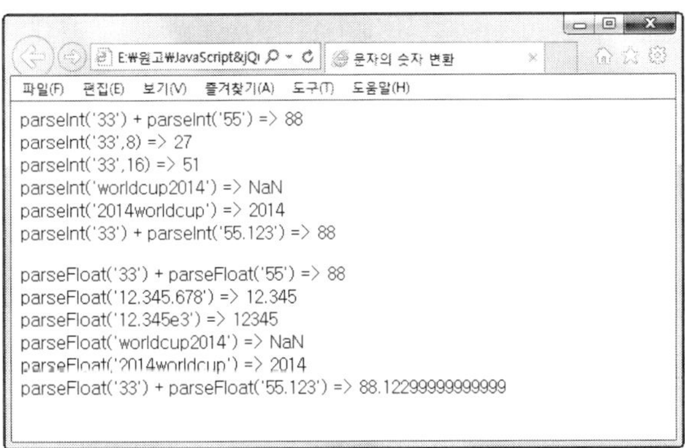

2) 숫자의 문자 변환

이와는 반대로 숫자 값을 문자로 변환할 필요가 있을 것이다.

숫자를 문자형 숫자로 변환할 경우 겉으로는 변환의 의미를 느끼지 못하지만 메모리에서는 문자형 숫자의 ASCII 코드로 변환되어 저장된다. 그리고 각각의 수치형 문자는 독립된 바이트를 가지게 된다. 이때 문자의 길이를 체크하는 속성 .length를 이용하면 문자의 개수를 나타낼 수 있다.

아울러 숫자형 문자로 변환하기 위한 가장 간단한 방법은 ""을 추가하여 나타내는 방법이 있다.

```
("" + 2500) // 결과 = "2500"
("" + 2500).length // 결과 = 4 // 문자의 개수
```

2.5 자주 사용하는 메소드

2.5.1 alert()

윈도우의 작은 화면을 나타내는 alert( ) 메소드는 메시지를 사용자에게 보내거나 정보를 나타내는 데 사용된다. 만약 프로그램의 결과가 원하지 않는 정보를 나타낼 경우 에러를 잡기 위해 사용되기도 한다.

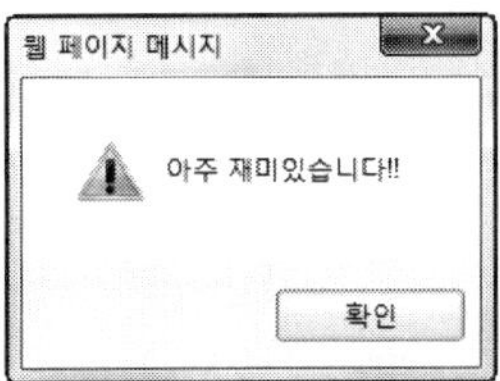

다이얼로그 박스라고 부르는 대화상자를 사용자의 정보와 함께 나타내고 확인한 다음 [확인] 버튼을 눌러서 대화상자를 제거한다.

alert 다이얼로그 박스의 메시지는 수식, 변수 그리고 " 기호로 둘러싼 문자열을 나타낸다. HTML 태그의 메시지는 문자열 안에서만 \n 또는 \t 등의 이스케이프 시퀀스(제어문자)를 나타낼 수 있다.

```
alert("안녕하세요 JavaScript" );
alert(a + b);
alert("안녕하세요 \n 환영합니다" );
```

예제 2-10 alert() 메소드의 실습(1)

```
1. <html>
2.     <head>
3.         <title>Dialog Box</title>
4.     </head>
5.     <body bgcolor="yellow" text="blue">
6.         <b>alert 메소드의 실습 입니다</b><br>
7.         <h2>
8.         <script type="text/javascript">
9.                 document.write("안녕하세요 ");
10.                document.write("자바스크립트 입니다!!  <br>");
11.                alert("아주 재미있습니다!!");
12.         </script>
13.         </h2>
14.     </body>
15. </html>
```

5 : 바탕색은 노랑, 글자색은 파랑으로 지정
9~10 : 문자열의 화면 출력
11 : alert 메소드의 다이얼로그 박스 출력

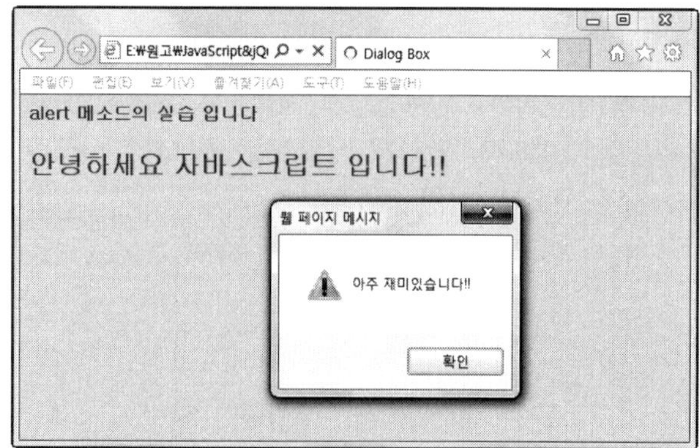

예제 2-11 alert() 메소드의 실습(2)

```
1. <html>
2.     <head>
3.        <title>JavaScript alert box 실습</title>
4.          <script type="text/javascript">
5.                   var message1="안녕하세요  ";
6.                     var message2="자바스크립트 프로그램입니다!! ";
7.                     alert("환영합니다 ₩nJavaScript Programming!");
8.                     alert(message1 + message2);
9.            </script>
10.       </head>
11. </html>
```

5~6 : 변수에 문자열을 입력
7 : 자체 문자열 출력
8 : 변수들의 결합으로 출력

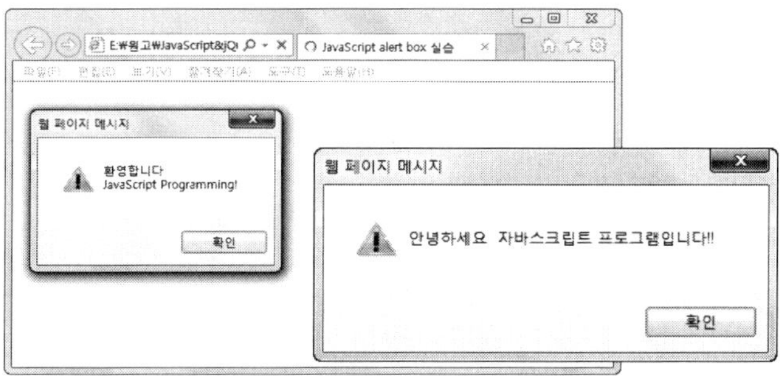

2.5.2 prompt()

사용자가 프로그램의 수행도중 데이터를 입력할 경우 입력상자를 나타내고, 사용자의 데이터를 내부의 변수에 전달한다. 이때 사용되는 명령이 prompt이며, 다음과 같은 유형을 나타낸다.

prompt(문자열, 초기값)

- 문자열 : 입력상자의 화면에 나타나는 문자열을 의미한다.
- 초기값 : 입력상자의 텍스트 박스에 기본적으로 나타나는 값을 의미한다.

```
prompt( "당신의 이름은? " , " " ) ;
```

Explorer 사용자 프롬프트

스크립트 프롬프트:
당신의 이름은?

확인
취소

prompt("당신의 이름은? " , name) ;

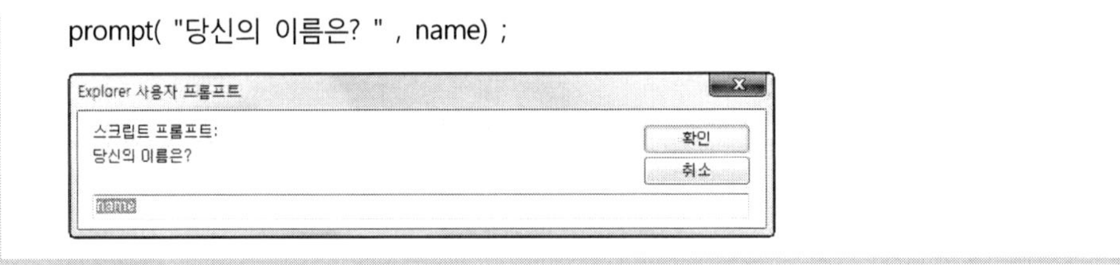

텍스트 상자에 데이터를 입력하고 [확인]을 클릭하면 데이터가 컴퓨터 내부에 저장되며, [취소]를 클릭하면 null 값이 저장된다.

prompt 명령은 일반적으로 대입문에서 = 의 오른쪽에 나타나며, 왼쪽의 변수에 들어오는 값을 전달하며, 무조건 문자형으로 지정된다.

예제 2-12 prompt() 메소드의 실습

```
1. <html>
2.     <head>
3.         <title>prompt box 실습</title>
4.     </head>
5.     <body>
6.         <script type="text/javascript">
7.             var name=prompt("당신의 이름은?", "");
8.                 alert("저의 이름은  " + name + " 입니다!!");
9.
10.            var age=prompt("나이가 몇살입니까??", "당신의 나이!!: ");
11.            if ( age == null){     // 만약 [취소] 버튼을 누른 경우
12.                alert("나이가 입력되지 않았습니다!!!");
13.            }
14.            else {
15.                alert(age + " 살 입니다!!");
16.            }
17.            alert(prompt("어디에 사시죠? ", ""));
18.        </script>
19.    </body>
20. </html>
```

7~8 : 입력상자가 나타나고 데이터를 입력하면 name 변수에 저장되고, alert() 문에 의해 저장 값이 출력된다.
10~15 : 입력된 값에 의해 결과가 차별화되어 나타난다.
17 : 입력된 값이 곧바로 출력되어 나타난다.

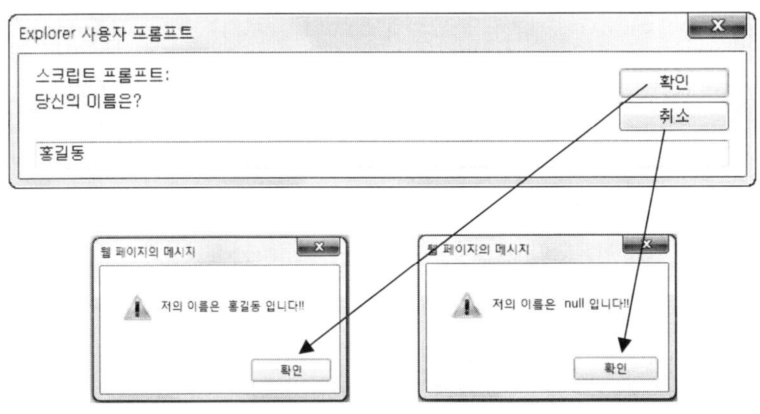
Explorer 사용자 프롬프트
스크립트 프롬프트:
당신의 이름은?
홍길동
확인
취소
웹 페이지의 메시지
저의 이름은 홍길동 입니다!!
확인
웹 페이지의 메시지
저의 이름은 null 입니다!!
확인

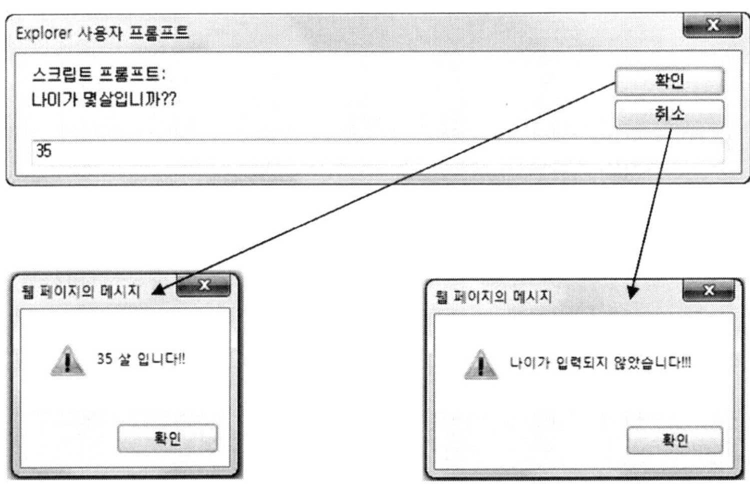
Explorer 사용자 프롬프트
스크립트 프롬프트:
나이가 몇살입니까??
35
확인
취소
웹 페이지의 메시지
35 살 입니다!!
확인
웹 페이지의 메시지
나이가 입력되지 않았습니다!!!
확인

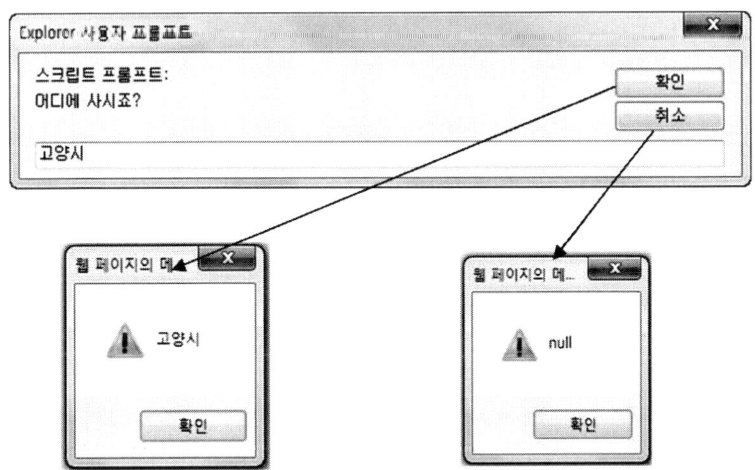
Explorer 사용자 프롬프트
스크립트 프롬프트:
어디에 사시죠?
고양시
확인
취소
웹 페이지의 메
고양시
확인
웹 페이지의 메...
null
확인

2.5.3 confirm()

confirm 박스는 사용자의 선택에 의해 결과를 달리 나타낼 때 사용되며 ❓마크는 선언된 문자열과 함께 [확인]과 [취소] 버튼을 나타낼 수 있다. [확인]을 누르면 true가 발생하고 [취소]를 누르면 false가 발생한다.

confirm 메소드는 다음과 같은 유형을 나타낸다.

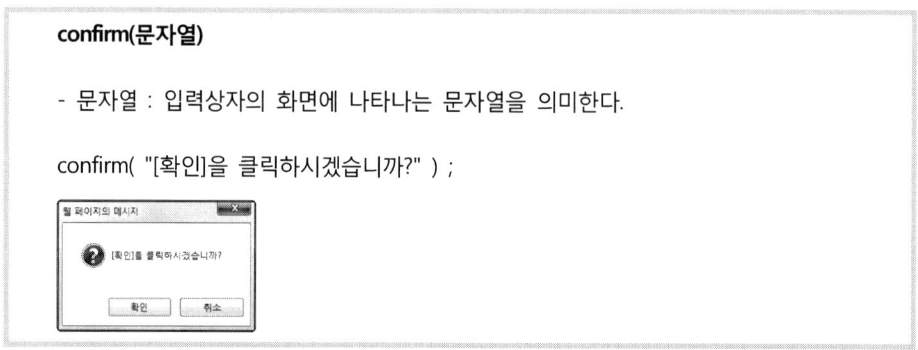

confirm(문자열)

- 문자열 : 입력상자의 화면에 나타나는 문자열을 의미한다.

confirm("[확인]을 클릭하시겠습니까?") ;

confirm 명령은 prompt 명령과 마찬가지로 대입문에서 = 의 오른쪽에 나타나며, 버튼 클릭에 의해 true/false 값이 = 왼쪽의 변수에 대입되며, 무조건 boolean형으로 지정된다.

예제 2-13 confirm() 메소드의 실습

```
<html>
  <head>
     <title>confirm box 실습</title>
  </head>
  <body bgcolor="skyblue">
    <script type = "text/javascript">

         if(confirm("[확인]을 클릭하시겠습니까?") == true) {
             alert("[확인]을 선택하였습니다!!");
           }  else  {
              alert("[취소]를 선택하였습니다!!");              }

        jump = confirm(" 네이버 페이지로 이동하시겠습니까?")
          if (jump)
            {  location.href = "http://www.naver.com";  }
                  else
              {  document.write
               ("<H1> 네이버 페이지 이동이 취소되었습니다!! </H1>");}
       </script>
    </body>
</html>
```

8 : [확인] 또는 [취소]의 선택 여부를 묻는다.
9~11 : true 또는 false 값에 의해 해당 메시지가 출력된다.
13 : 페이지 이동 여부를 선택하기 위한 결과를 jump 변수에 저장한다.
14~15 : true 일 경우 네이버 홈페이지로 이동한다.
17~18 : false 일 경우 취소 메시지를 출력한다.

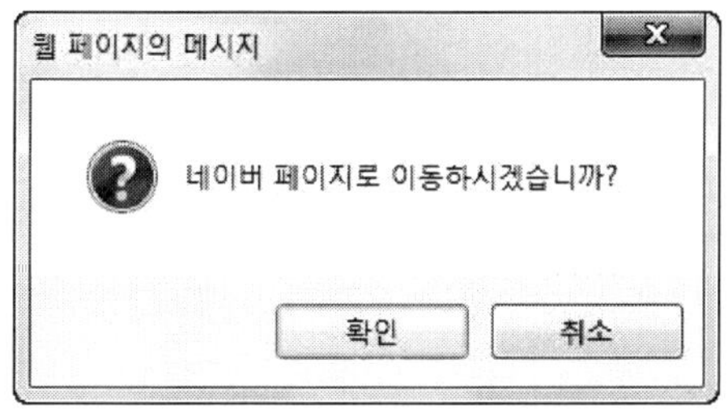

http://www.naver.com/
NAVER
파일(F) 편집(E) 보기(V) 즐겨찾기(A) 도구(T) 도움말(H)
NAVER
검색
우리는 이런 영화를 기다렸다
로그인
NEW BALANCE

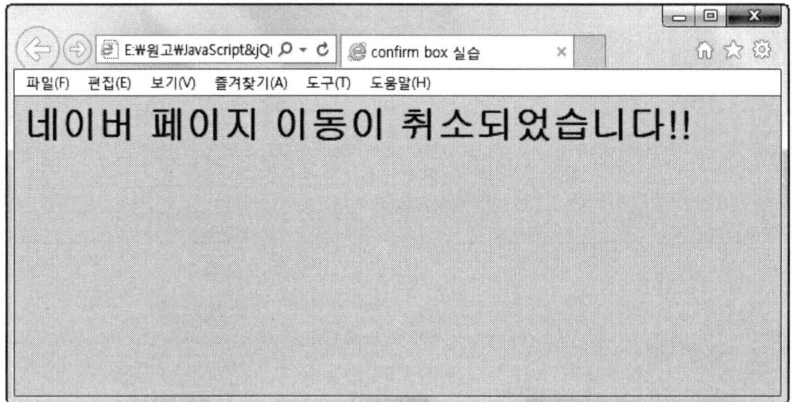
E:₩원고₩JavaScript&jQ
confirm box 실습
파일(F) 편집(E) 보기(V) 즐겨찾기(A) 도구(T) 도움말(H)
네이버 페이지 이동이 취소되었습니다!!

제3장 연산자

3.1 자바스크립트 연산자와 수식

자바스크립트에서 제공하는 연산자를 이용하여 데이터를 처리한다. 연산자는 규칙에 의한 결과를 나타내는 +, -, +,> 같은 기호를 의미하며, 피연산자를 의미하는 데이터를 처리한다. 예를 들어 5와 4는 수식 5 +4의 피연산자로 sum = 5 + 4와 같이 새로운 결과 값을 다음과 같이 나타낸다.

```
var    sum    =      5       +      4
 ↑      ↑     ↑      ↑       ↑      ↑
예약어  변수  연산자 피연산자 연산자 피연산자
```

5 + 4 - 2 수식은 +와 - 연산자로 3개의 피연산자를 결합하여 나타낸다. +는 피연산자 5와 4를 먼저 연산하여 9를 나타내고 다음 9 - 2를 실행하여 7을 나타낸다.

3.1.1 대입

대입이란 = 오른쪽의 수식을 연산하여 = 왼쪽의 수식에 대입하는 것을 의미한다.

```
var total = 5 + 4;
var friend = "홍길동";

total  =  5 + 4
 ↑    ↑     ↑
변수 대입  연산
 ↓    ↓     ↓
friend = "홍길동"
```

3.1.2 우선순위와 결합성

연산자는 다음 중 하나의 대상에 대해 평가(evaluation)를 수행한다.

- 하나의 피연산자 (1항 연산자, unary)
- 두 개의 피연산자 (2항 연산자, binary)
- 세 개의 피연산자 (3항 연산자, ternary)

연산자는 수식의 평가 순서를 정의하는 제한된 우선순위(precedence)를 따른다. 연산자는 왼쪽이나 오른쪽의 수식과 결합되는데, 이것을 결합성(associativity)이라고 한다.

다음 표는 자바스크립트 연산자의 우선순위와 결합성을 나타낸다(우선순위가 높은 것부터 낮은 순으로).

같은 구획 안에 있는 연산자들은 동일한 우선순위를 가지며, 괄호를 사용하지 않는 한 왼쪽에서 오른쪽으로 평가된다.

연산자	이름 또는 의미	결합성
()	배열 첨자, 함수 호출	왼쪽에서 오른쪽
++ --	자동 증가 및 감소	오른쪽에서 왼쪽
!	논리 NOT	오른쪽에서 왼쪽
* / %	곱셈, 나눗셈, 몫	왼쪽에서 오른쪽
+ -	덧셈, 뺄셈	왼쪽에서 오른쪽
+	결합	왼쪽에서 오른쪽
< <=	보다 작음, 보다 작거나 같음	왼쪽에서 오른쪽
> >=	보다 큼, 보다 크거나 같음	왼쪽에서 오른쪽
== !=	같음, 같지 않음	왼쪽에서 오른쪽
=== !==	일치함(같은 형), 일치하지 않음	왼쪽에서 오른쪽
&	Bit단위 AND 연산	왼쪽에서 오른쪽
|	Bit단위 OR 연산	왼쪽에서 오른쪽
^	Bit단위 XOR 연산	왼쪽에서 오른쪽
~	Bit단위 NOT 연산	왼쪽에서 오른쪽
<<	Bit단위 왼쪽 시프트	왼쪽에서 오른쪽
>>	Bit단위 오른쪽 시프트	왼쪽에서 오른쪽
>>>	Bit단위 0으로 채움, 오른쪽 시프트	왼쪽에서 오른쪽
&&	논리적 AND	왼쪽에서 오른쪽
||	논리적 OR	왼쪽에서 오른쪽
? :	3항 연산	오른쪽에서 왼쪽
= += -= *= /= %= <<= >>=	대입	오른쪽에서 왼쪽
,	쉼표	왼쪽에서 오른쪽

예제 3-1 우선순위 연산자의 실습

```
1.  <html>
2.    <head>
3.       <title>복합 연산</title>
4.       <script type = "text/javascript">
5.           var result = 5 + 4 * 12 / 4;
6.       </script>
7.    </head>
8.    <body>
9.        <script type="text/javascript">
10.           document.write(" 5 + 4 * 12 / 4 = " + result,"<br />");
11.       </script>
12.    </body>
13. </html>
```

5 : 5 + 4 * 12 / 4 는 (5 + ((4 * 12) / 4))의 순서대로 괄호 우선 연산을 수행한다.
4~6 : 스크립트를 먼저 수행한다.
9~12 : 다음 스크립트를 수행한다.

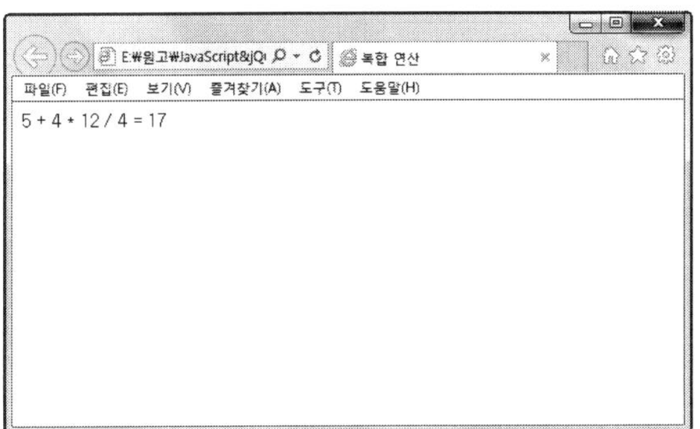

예제 3-2 우선순위와 연관성 연산자의 실습

```
<html>
  <head>
     <title>Precedence and Associativity</title>
     <script type = "text/javascript">
         var result1 = 5 + 4 * 12 / 4;
         var result2 = (5 + 4) * ( 12 / 4);
     </script>
  </head>
  <body>
     <script type="text/javascript">
       document.write("5 + 4 * 12 / 4 = " + result1,"<br />");
```

```
12.          document.write(" (5 + 4) * ( 12 / 4) = " + result2,"<br />");
13.        </script>
14.    </body>
15. </html>
```

5 : 우선 연산을 수행한다.
6 : 괄호안의 연산을 먼저 수행하고, 그 결과로 다음 연산을 수행한다.
4~7 : 스크립트를 먼저 수행한다.
10~13 : 다음 스크립트를 수행한다.

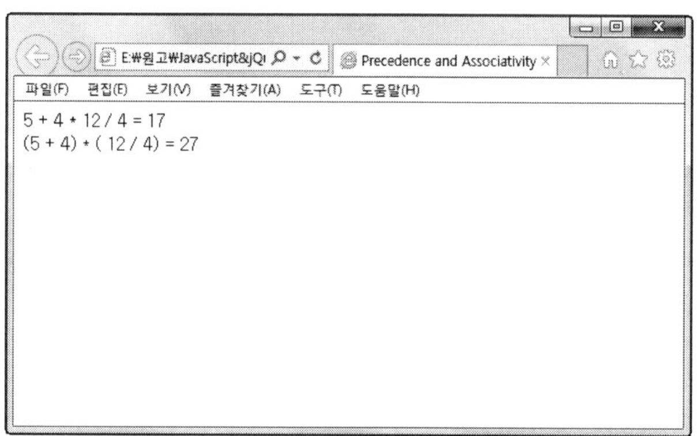

3.2 연산자의 형

3.2.1 산술 연산자

산술 연산자는 수치 값들(값과 변수)의 피연산자를 대상으로 연산 처리하여 하나의 수치 값을 반환한다. 표준 산술 연산자는 곱셈(*), 뺄셈(-), 덧셈(+), 나눗셈(/)등이 존재한다.

연산자/피연산자	기 능
x + y	덧셈
x - y	뺄셈
x * y	곱셈
x / y	나눗셈
x % y	몫

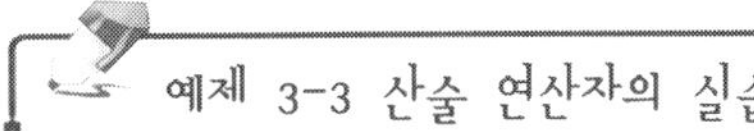

예제 3-3 산술 연산자의 실습

```
1. <html>
2.         <head>
3.             <title>산술 연산자</title>
4.         </head>
5.         <body>
6.         <h2>산술 연산자</h2>
7.         <hr>
8.           <script type="text/javascript">
9.             var num1 = 5;
10.            var num2 = 7;
11.            var result1 = num1 + num2;
12.            var result2 = result1 + (10 / 2 + 5);
13.            document.write("num1  = "+ num1 + "<br>");
14.            document.write("num2  = "+ num2 + "<br>");
15.            document.write("num1 + num2 = "+ result1);
16.            document.write("<br>12 + (10 / 2 + 5) = " + result2);
17.          </script>
18.     </body>
19. </html>
```

11-12 : 산술식을 이용한 변수 초기화 16-18 : 메소드를 반복적으로 호출하고 인수는 5번줄의 name 변수에 대입되어 수행된다.

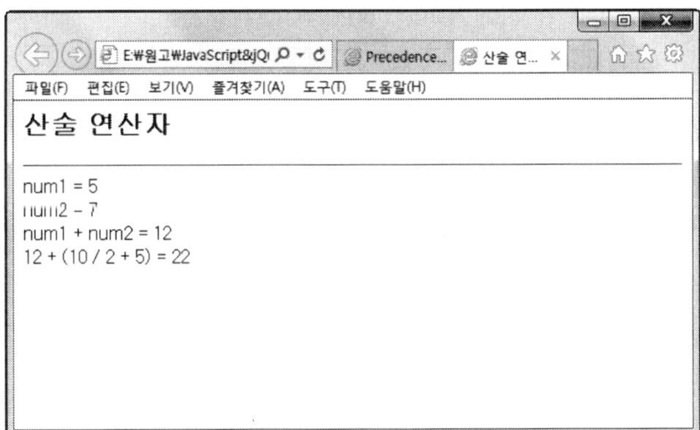

3.2.2 단축 대입 연산자

단축 대입 연산자는 대입연산자와 산술식 또는 문자연산자와 합쳐서 연산식을 실행한다. 예를 들어 x = x +1은 x += 1로 나타낸다.

연산자	예	의 미
=	var x = 5;	5를 x에 대입한다.
+=	x += 3;	3과 x를 더해서 x에 대입한다.
-=	x -= 2;	x에서 2를 빼서 x에 대입한다.
*=	x *= 4;	x와 4를 곱해서 x에 대입한다.
/=	x /= 2;	x를 2로 나눠서 그 몫을 x에 대입한다.
%=	x %= 2;	x를 2로 나눠서 그 나머지를 x에 대입한다.

예제 3-4〉 단축 대입 연산자의 실습

```
<html>
  <head>
      <title>대입과 단축 연산자</title>
  </head>
    <body>
    <script type= "text/javascript">
        var num = 10;
        document.write("num =   " + num, "<br/>");

           num += 2;
           document.write("<br/>num += 2; 의 결과는   " + num );

            num -= 1;
            document.write("<br/>num -= 1;의 결과는   " + num);

            num *= 3;
            document.write("<br/>num *= 3; 의 결과는   " + num);

            num %= 5;
            document.write("<br>num %= 5; 의 결과는   " + num);

        var num = 11;
        document.write("<br>num =   " + num, "<br/>");

           num /= 2;
           document.write("<br/>num /= 2; 의 결과는   " + num );
     </script>
    </body>
</html>
```

7~8 : 숫자 10을 대입한다. 10~11 : num과 2를 더하여 num에 대입한다. 13~14 : num에서 1을 빼서 num에 대입한다. 16~17 : num과 3을 곱해서 num에 대입한다. 19~20 : num을 5로 나눠서 그 나머지를 num에 대입한다. 22~23 : 숫자 11을 대입한다. 25~26 : num에서 2를 나눠서 그 결과를 num에 대입한다.

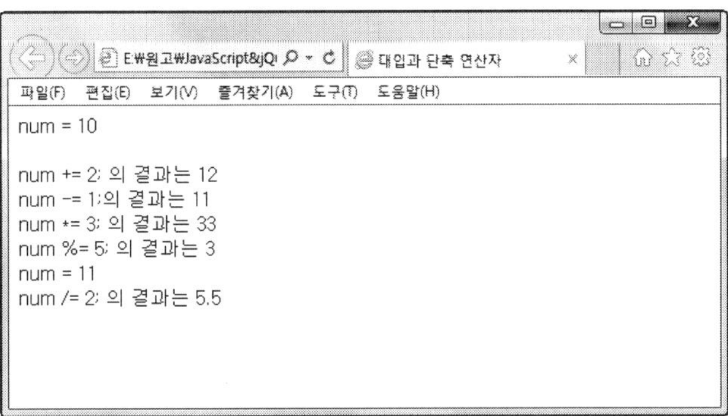

3.2.3 증감 연산자

프로그램을 쉽게 작성하고, 간결하게 나타내어서 효설적인코드를 작성하도록 증(++)감(--) 연산자를 사용한다. 증가연산은 피연산자에 1을 증가시켜는 작업을 수행하고, 감소연산자는 1을 감소하여 피연산자에 각각 저장한다.

증감 연산자는 2가지가 있는데 피연산자의 앞에 ++ 또는 --기호를 붙이거나, 뒤에 ++ 또는 -- 기호를 붙여서 나타낼 수 있다.

```
++x 또는 --x
x++ 또는 x--
```

++x 또는 --x는 x 변수에 들어 있는 값을 먼저 1 더하거나 빼는 연산을 수행한다. 그러나 x++ 또는 x--는 산술식에 포함되어 있는 경우 이전 수식을 수행한 다음 1을 더하거나 1을 빼는 작업을 한다. 즉 수행결과는 증감연산자가 들어있는 문장의 다음 문장으로 제어가 넘어간 경우 완성된다.

연산자	기능	실행 의미	예
++x	선 증가	1을 증가	x=3; ++x; 결과 x=4
x++	후 증가	1을 증가	x=3; x++; 결과 x=4
--x	선 감소	1을 감소	x=3; --x; 결과 x=2
x--	후 감소	1을 감소	x=3; x--; 결과 x=2

증감연산자와 대입 관계에서 복합문 일 경우 연산자의 배치에 차이가 있다. 다음과 같이 대입할 경우 y=x++과 y=++x는 차이가 있다.

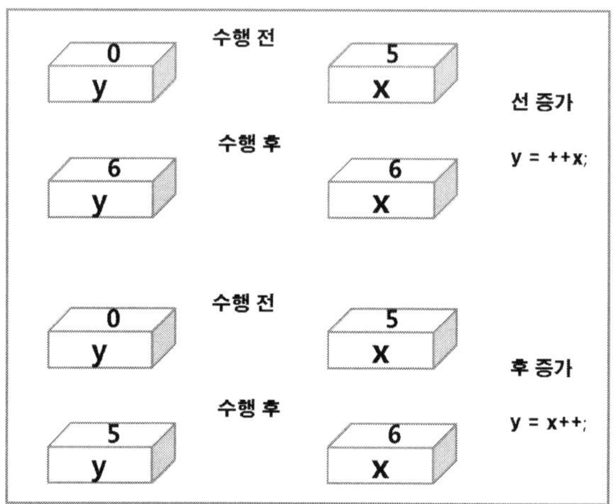

예제 3-5 증감 연산자의 실습

```
<html>
    <head>
        <title>증감 연산자</title>
    </head>
    <body>
        <h3>
        <script type="text/javascript">
                var x=5;
                var y=0;
                 y = ++x;  // x를 먼저 증가하고 y에 대입한다
                document.write("<선 증가><br/>");
                document.write("y = " +  y + "<br/>");
                document.write("x = " + x + "<br/>");
                document.write("-----------------------<br/>");

              var x=5;
              var y=0;
                y=x++;     // x를 y에 대입하고 x를 증가한다

                document.write("<후 증가><br/>");
                document.write("y = " + y + "<br/>");
                document.write("x = " + x + "<br/>");
          </script>
          </h3>
    </body>
</html>
```

8~9 : x와 y에 각각 5와 0을 대입한다.
10 : x를 먼저 증가하고 y에 대입한다.
16~17 : 다시 x와 y에 각각 5와 0을 대입한다.
18 : x를 y에 대입하고 x를 증가한다.

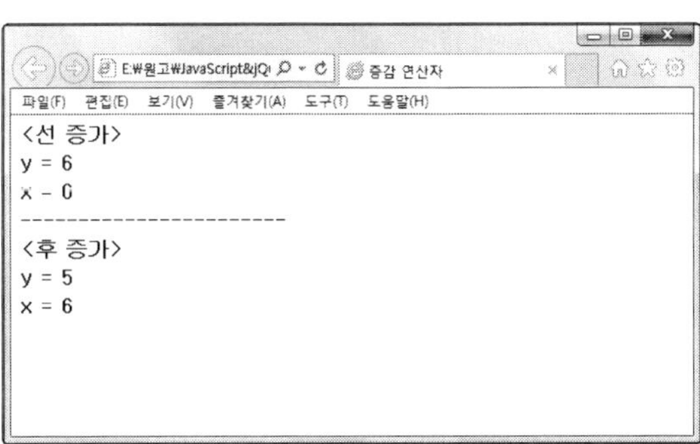

3.2.4 결합 연산자

+ 기호는 덧셈 이외에 문자열을 취급할 때는 결합 기능을 수행한다. 다음은 결합 연산의 예이다

```
"의적" + " " + "홍길동" // 의적 홍길동
"22" + 8  // 228
"의적" += " 홍길동" // 의적 홍길동
```

문자열과 숫자를 결합하면 모두 문자열로 나타나며, += 연산자는 결합 기능이 수행된다.

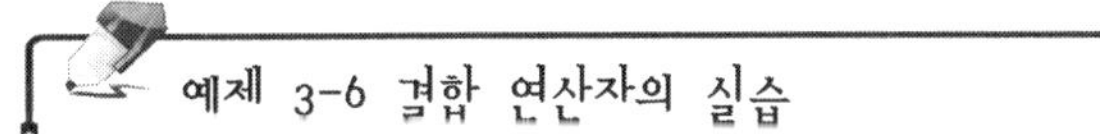

예제 3-6 결합 연산자의 실습

```
<html>
    <head>
        <title>결합 연산자</title>
    </head>
    <body>
        <h3>
        <script type="text/javascript">
                var x = "의적"
                var y = "홍길동";

                document.write("x = " + x + "<br/>");
                document.write("y = " +  y + "<br/>");
                document.write( x + " " + y, "<br/>");
                document.write("x += y --> " + (x += y)
                                + "<br/>", "<br/>");
```

```
16.
17.                 document.write( "₩"" + "3"+ "₩""+ "+3 = "
18.                                   + ( "3"+3) + "<br/>");
19.         </script>
20.         </h3>
21.     </body>
22. </html>
```

13 : x와 y를 결합하여 출력한다.
14 : x와 y를 결합하여 x에 대입하여 출력한다.
17 : "3"과 3을 연산하면, 33으로 결합되어 출력된다.
17 : "3"을 출력하기 위해 "₩""을 감싸서 나타낸다.

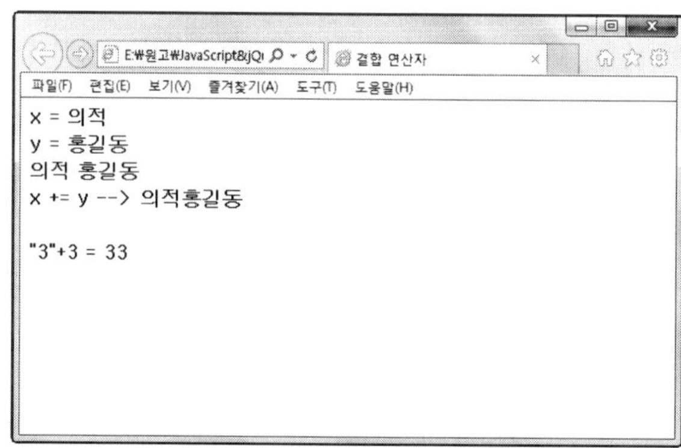

3.2.5 비교 연산자

피연산자를 비교할 경우 관계와 = 연산자를 사용하며, 그 결과는 true/false인 Boolean 값으로 나타낸다.

문자열은 각 문자를 표현하는 유니코드 값을 문자대 문자로 비교한다. "A"와 "B"는 A가 B 보다 작게 비교된다. 또한 "Daniel"과 "Dan"을 비교하면 "Daniel"이 크게 나타난다.

이 문자열을 비교할 경우 3개의 공백을 붙여서 같은 길이로 비교한다.

연산자/피연산자	의 미
x == y	x는 y와 같다.
x != y	x는 y와 같지 않다.
x > y	x는 y보다 크다.
x >= y	x는 y보다 크거나 같다.
x < y	x는 y보다 작다.
x === y	x는 y와 형과 값이 아주 같다.
x !== y	x는 y와 형과 값이 아주 같지 않다.

자바스크립트에서 연산자는 특별한 규칙으로 피연산자를 같거나 같지 않음을 판단한다. == 또는 != 연산자는 대상으로 숫자, 문자열, 논리형, 객체, 배열 등을 피연산자로 하여 동등 여부를 지정하기 위한 규칙이 있다.

예를 들어 연속된 문자열의 위치가 같을 경우 2개의 문자열은 같음으로 판단한다. 그러나 수치 값은 값이 같으면 동등으로 판단한다. 만약 수치 값과 문자열을 비교할 경우 문자열이 같으면 동등으로 판단한다. “600”과 600은 같다.

NaN(Not a Number)은 NaN을 포함되어 있으면 무엇이든 같지 않다. 양수와 음수 0은 같음으로 지정한다. 객체는 같은 객체인 경우에만 동등으로 판단한다. 논리식은 2개의 피연산자가 둘 다 true 또는 false인 경우 동등으로 지정한다. null과 undefined형인 경우 같다.

아주 동일한 비교 연산자는 === 또는 !== 로 나타내며, 일반적 비교와 결과가 같지 않을 수 있다. 값과 형이 같을 경우 true로 판단한다.

비교 수식	결과	비교 수식	결과
“KOREA" == “KOREA"	true	“KOREA" === “KOREA"	true
“korea" == “KOREA"	false	“korea" === “KOREA"	false
6 == 6.0	true	6 === 6.0	true
"55" == 55	true	"55" === 55	false
"5.5" == 5.5	true	"5.5" == 5.5	false
NaN == NaN	false	NaN === NaN	false
null == null	true	null === null	true
-0 == +0	true	-0 === +0	true
false == false	true	false === false	true
true == 1	true	true === 1	false
null == undefined	true	null === undefined	true

문자열과 숫자를 비교할 경우 문자는 ASCII 코드표의 알파벳 순으로 비교하고, 숫자는 수치값으로 비교한다. 문자열은 문자 대 문자, 좌에서 우로 비교하고, 모든 문자열이 같을 경우에만 같음으로 지정된다.

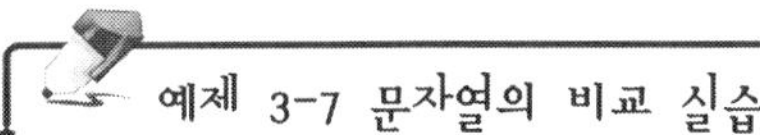


```
<html>
    <head>
        <title>Comparing Strings</title>
    </head>
    <body>
```

```
6.      <script type="text/javascript">
7.          var fruit1 = "pear";
8.          var fruit2 = "peaR";
9.         document.write( "<h2> fruit1  = "+ fruit1 + ".<br>");
10.        document.write( "<h2> fruit2  = "+ fruit2 + ".<br>");
11.
12.         var result = fruit1  >  fruit2;
13.         document.write( "<h3> fruit1  >  fruit2 = "
14.                         + result + ".<br>");
15.
16.         result = fruit1 < fruit2;
17.         document.write( " fruit1 < fruit2  = " + result + ".<br>");
18.
19.         result = fruit1 === fruit2;
20.         document.write( "fruit1 === fruit2 = " + result + ".<br>");
21.     </script>
22.   </body>
23. </html>
```

12-14 : 각각의 문자를 비교하며, 소문자가 대문자 보다 코드 값이 크므로 true로 판명된다.
19-20 : 모든 문자형과 문자값이 같지 않기 때문에 false로 판명된다.

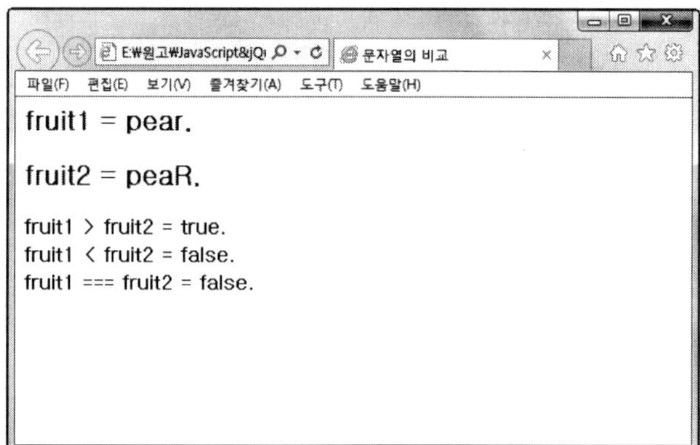

3.2.6 논리 연산자

논리 연산자는 관계 연산자에 비해 더욱 강력한 비교 연산을 수행하며, 대부분 if 문으로 사용된다. 피연산자를 좌에서 우로 비교하며, Boolean 값을 반환한다.

```
if ( x > 5 && x < 1 0 )
// x는 5보다 크면서 10보다 작을 경우 true를 반환한다.
```

논리 연산자는 3가지가 있으며, AND(&&), OR(||), NOT(!)으로 나타낸다.

연산자/피연산자	의 미
num1 && num2	num1과 num2가 true일 경우 true를 반환하고 둘중 하나가 false이면 무조건 false를 반환한다.
num1 || num2	둘중 하나가 true이면 true를 반환하고 둘다 false 일 경우에는 false를 반환한다.
!num1	num1이 true이면 false 그리고 false이면 true를 반환한다.

&& 연산의 비교 결과 예는 다음과 같다.

연산식	비교 결과
true && false	false
true && true	true
"honest" && true	true
true && ""	""
true && "honest"	honest
5 && 0	0
5 && -6	-6
5 && false	false
null && 0	null
null && ""	null
null && false	null
"hello" && true && 50	50
"this" && "that"	that

예제 3-8 && 연산 실습

```
<html>
    <head>
        <title>논리 연산자 AND(&&) 실습</title>
    </head>
    <body>
        <script type="text/javascript">
            var answer = prompt("나이가 몇 입니까? ", "");
            if (answer > 12 && answer < 20) {
                    alert("10대 입니다!");
            } else {
                    alert("10대가 아닙니다!"); }
        </script>
    </body>
</html>
```

8-11 : 12~19 사이의 값을 입력할 경우 10대 라는 문자열을 출력하고 아니면 10가 아니라는 문자열을 출력한다.

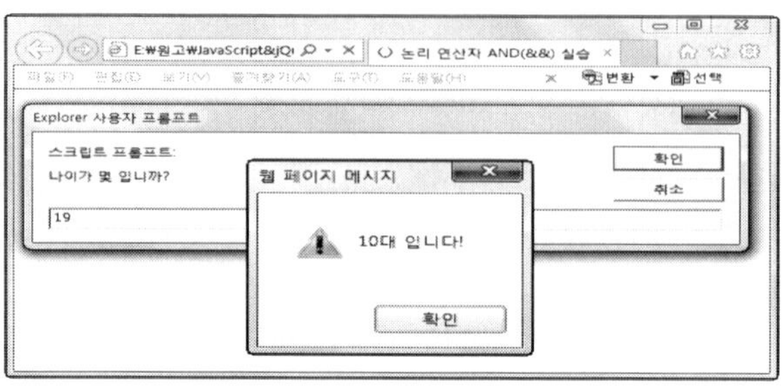

|| 연산의 비교 결과 예는 다음과 같다.

연산식	비교 결과
true || false	true
true || true	true
"honest" || true	honest
true || ""	true
true || "honest"	true
6 || 0	6
6 || -6	6
6 || false	6
null || 0	0
null || ""	""
null || false	false
"hello" || true || 50	hello
"yes" || "no"	yes

예제 3-9 || 연산 실습

```
<html>
    <head>
        <title>논리 연산자 OR(||) 실습</title>
    </head>
    <body>
        <script type="text/javascript">
            var answer = prompt("어떤 음식을 좋아하세요? ", "");
            if ( answer == "불고기" ||
                         answer == "짜장면" ||
                      answer == "순대국") {
```

```
11.                     alert("매우 좋아하는 음식입니다!!");
12.                 } else { alert("좋아하는 음식이 없네요!!"); }
13.         </script>
14.     </body>
15. </html>
```

8-10 : 3개의 문자열중에서 데이터가 들어오면 11번을 출력하고 아니면 12번을 출력한다.

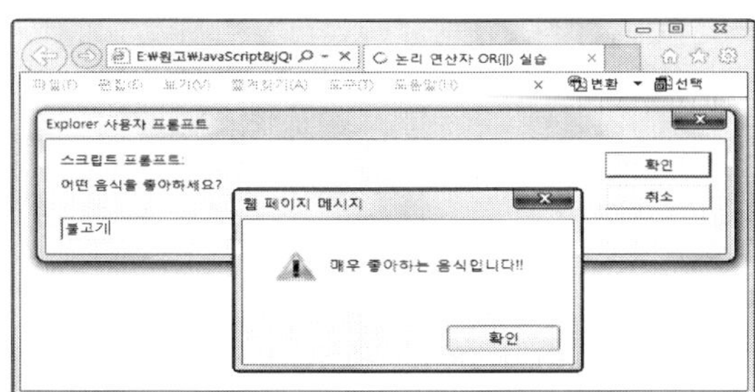

! 연산의 비교 결과 예는 다음과 같다.

연산식	비교 결과
!"this"	false
!0	true
!2	false
!false	true
!null	true
!undefined	true

예제 3-10 ! 연산 실습

```
<html>
    <head>
        <title>논리 연산자 NOT(!) 실습</title>
    </head>
    <body>
        <script type="text/javascript">
          var answer = true;
            document.write("true의 반대는 ??    " + ! answer + "<br>");
            document.write("!this 의 결과는 ??    " + !this   + "<br>");
              document.write("!0 의 결과는 ??    " + !0   + "<br>");
              document.write("!undefined 의 결과는 ??    "
               + !undefined   + "<br>");
          </script>
    </body>
</html>
```

8-12 : 각각의 연산자 NOT을 지정한 결과가 출력한다.

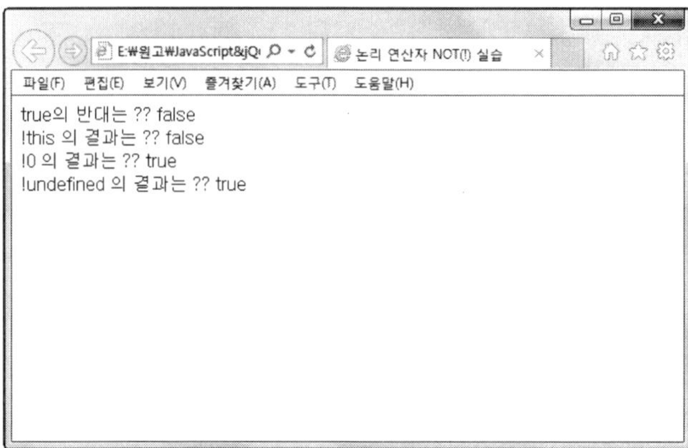

예제 3-11 논리 연산자 전체 실습

```
<html>
    <head>
        <title>논리 연산자 실습</title>
    </head>
    <body>
        <b>
        <script type = "text/javascript">
              var num1=50;
              var num2=100;
              var num3=0;
              document.write("num1 = " + num1+".<br>");
              document.write("num2 = " + num2+".<br>");
              document.write("num3 = " + num3+".<p>");

              document.write("num1 && num2 = "
                              +(num1 && num2)+".<br>");
              document.write("num1 || num2 = "
                              +(num1 || num2)+".<p>");
              document.write("! num1 = " + !num1+".<br>");
              document.write("!(num1 && num2) = "
                              +!(num1 && num2)+".<br>");
              document.write("!(num1 && num3) = "
                              +!(num1 && num3)+".<br>");
        </script>
      </b>
    </body>
</html>
```

8-10 : num1~num3 변수값 출력한다.
15~16 : 수치값끼리 && 연산하는 경우 && 이후의 피연산자 값이 출력된다.
17~18 : 수치값끼리 || 연산하는 경우 || 이전의 피연산자 값이 출력된다.
19 : 수치값을 NOT 연산하는 경우 무조건 false로 출력된다.
20~21 : 수치값끼리 && 연산하는 경우 && 이후의 피연산자 값이 출력되고, 수치값을 NOT 연산하는 경우 무조건 false로 출력된다.
22~23 : !0은 true로 출력된다.

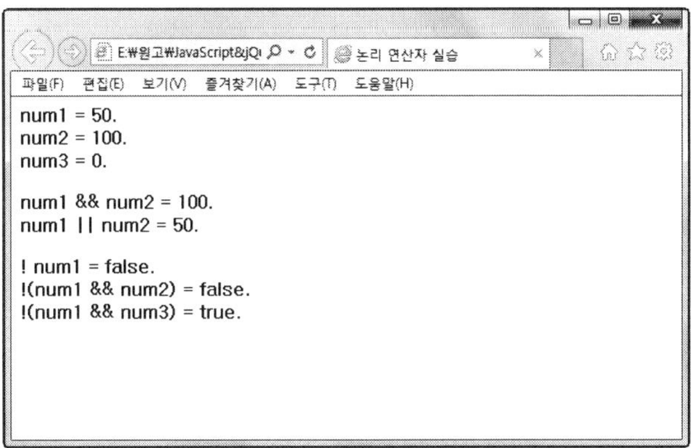

조건 연산자는 3개의 피연산자를 필요로 하므로 3항 연산자라고도 한다. 조건문 if/else를 대신해서 자주 사용된다.

```
(조건문) ? 수식1 : 수식2

 // 조건문이 true 인 경우 수식1의 값 또는 연산식을       // 수행하고 아니면 수식2의 값
또는 연산식을
 // 수행한다.

 big = ( x > y) ? x : y

 // x가 y보다 크면 x의 값을 big 변수에 대입하고
 // 아니면 y의 값을 big 변수에 대입한다.

 // 조건문 if/else문과 같은 기능을 수행한다.
    if ( x > y) {
        big = x;
      } else {
        big = y;
    }
```

예제 3-12 조건 연산자 실습

```
1.  <html>
2.      <head>
3.          <title>조건 연산자</title>
4.      </head>
5.       <body>
6.         <b>
7.         <script type ="text/javascript">
8.           var age = prompt("나이를 입력하세요? ", "");
9.           var notice = (age > 39) ?
10.                 "40대 이후 중년이시네요!!"
11.                 : "아직 젊으시네요!!";
12.          alert("현재 " + notice);
13.        </script>
14.        </b>
15.     </body>
16. </html>
```

8 : 나이를 입력 받는다.
9~11 : 40 이후 값이면 10번을 출력하고 40이전 값이면 11번을 출력한다.

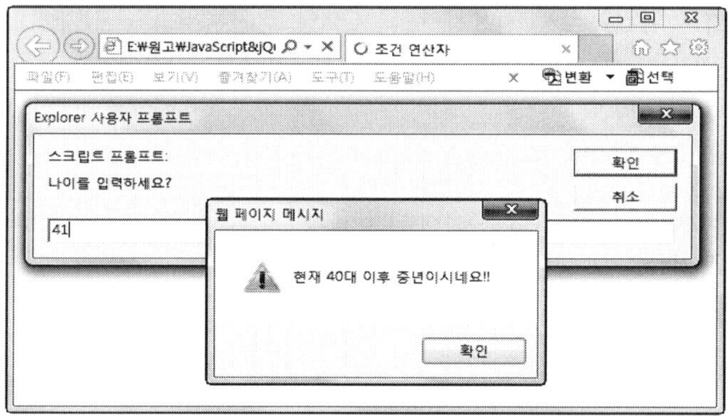

3.2.7 bit 연산자

현재는 대부분 0~9로 나타내는 10진수로 값을 나타낸다. 또한 HTML은 0~9 그리고 A~F 기반의 16진수로도 표현한다.

그러나 컴퓨터에는 bit라고 불리우는 0 또는 1의 2진수로 저장된다. byte는 8bit로 구성되고, word는 2byte 또는 16bit로 구성된다. 2개의 word는 더블 워드 또는 dword라고 하며, 32bit 값으로 표현된다. 최근에는 64bit 프로세서가 작성되어 현재의 2배 값으로 데이터를 나타내고 있다.

bit 연산자는 10진수, 16진수 또는 8진수를 32bit 단위로 기준을 지정하여 나타내며, 예를 들어 9

라는 값은 2진수로 1001로 표현한다. 아울러 2진 연산으로 실행하더라도 자바스크립트 표준 값으로 반환한다.

bit 연산자의 기능은 다음과 같다.

연산자	기능	표현 예	설 명
&	AND	x & y	두 개의 비트가 모두 참(1)이면 참(1)이고 다르면 거짓(0). 즉 1, 1일 경우에만 1이다.
|	OR	x | y	두 개의 비트중 하나라도 참(1)인 경우 참(1) 이고, 모두 거짓(0)이면 거짓(0)이나.
^	XOR	x ^ y	두 개의 비트가 서로 다를 경우에만 참(1)이고 그 외에는 거짓(0)이다.
~	NOT	~x	비트를 반전하여 거짓(0)을 참(1)으로, 참(1)을 거짓으로 바꾼다.
<<	좌측 이동	x << y	y값 만큼 왼쪽으로 bit값을 이동한다.
>>	우측 이동	x >> y	y값 만큼 오른쪽으로 bit값을 이동한다.
>>>	우측이동 후 0으로 채움	x >>> y	y값 만큼 오른쪽으로 bit값을 이동한 다음 왼쪽은 0으로 채운다.

&, |, ^ 연산의 예는 다음과 같다.

	&	|	^	`	<<	>>	>>>
x	101(5)	101(5)	101(5)	101(5)	101	101	10011
y	100(4)	100(4)	100(4)		2	2	2
결과	100(4)	101(5)	001(1)	010(2)	10100	001	00100

예제 3-13 bit 연산자 실습

```
<html>
    <head>
        <title>Bit 연산자 실습</title>
    </head>
    <body>
      <script type="text/javascript">
            var result = 15 & 9;
            document.write("15 & 9 =  " + result);
            result = 15 | 9;
            document.write("<br /> 15 | 9 = " + result);
            result = 15 ^ 9;
            document.write("<br /> 15 ^ 9  = " + result);
            result = 9 << 2;
            document.write("<br /> 9 << 2 = " + result);
            result = 9 >> 2;
            document.write( "<br> 9 >> 2 = " + result);
```

```
17.                 result = -9 >> 2;
18.                 document.write( "<br> -9 >> 2 = " + result);
19.                 result = 15 >>> 2;
20.                 document.write( "<br> 15 >>> 2 = " + result);
21.         </script>
22.     </body>
23. </html>
```

8 : AND 연산
10 : OR 연산
12 : XOR 연산
14 : 왼쪽으로 2bit 이동
16 : 오른쪽으로 2bit 이동
18 : 음수를 오른쪽으로 2bit 이동
20 : 오른쪽으로 2bit 이동후 왼쪽을 0으로 채움

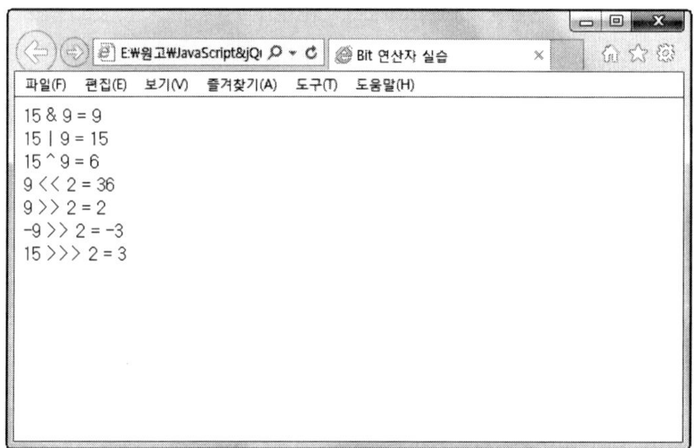

제4장 제어문과 반복문

4.1 제어문

조건문은 프로그램의 흐름을 제어한다. 의사 결정 제어문(if, else, switch)은 수식의 실행을 제어하는 조건식을 가지고 있다.

조건문 및 제어문은 그 수식이 참(true)일 경우에만 문장의 블록을 수행하며, 거짓(false)일 경우에는 수행하지 않는다.

```
if (조건식) {
  문장 ........ ;
}

(예)
if ( age > 21 ) {
  alert("성인입니다");
}
```

문장 블록은 중괄호({})로 감싸서 나타내어야 하며, 하나의 문장 일 경우 생략할 수 있다.

4.1.1 if-else

자바스크립트에서 if-else 구조로 나타낼 수 있으며, 2가지 의사 결정을 한다. 이 구조는 if문 안의 괄호 안 수식을 평가해서 참(true)일 경우 else문 위의 문장 블록을 수행하고, 아니면 else문 아래의 문장들을 수행한다.

```
if (조건식) {
  문장 ........ ;
} else {
   문장 ........ ;
}
```

```
(예)
if ( x > y ) {
    alert( "x가 큽니다!!" ) ;
} else {
    alert( "y가 큽니다!!" ) ;
}
```

예제 4-1 if-else의 실습

```
1. <html>
2.     <head>
3.         <title>if-else 조건문</title>
4.     </head>
5.     <body>
6.         <script type="text/javascript">
7.             var age=prompt("나이를 입력하세요? ","");
8.               if ( age >= 20 ) {
9.                   document.write("당신은 성인입니다!! ");
10.              }  else  {
11.                  document.write("당신은 미성년자입니다!!");
12.              }
13.         </script>
14.     </body>
15. </html>
```

7 : 나이를 입력 받는다.
8~12 : 20이상의 수가 입력되면 9번 문장을 수행하고, 아니면 11번 문장을 수행한다.

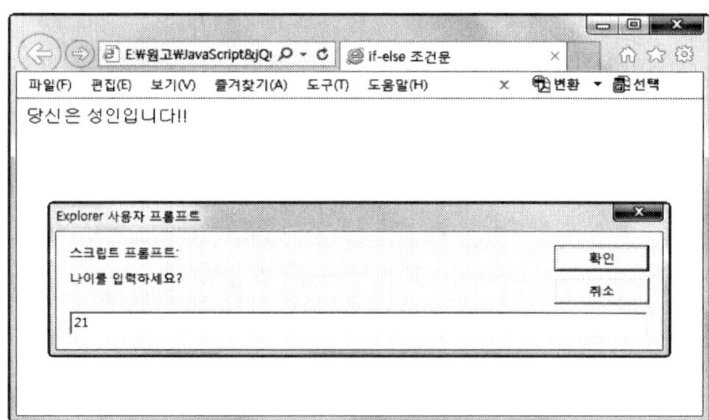

4.1.2 if-else if

자바스크립트에서는 다양한 결정을 할 수 있는 반복 else if을 사용할 수 있다.

```
if (조건식) {
  문장 ........ ;
} else if (조건식) {
   문장1 ........ ;
} else if (조건식) {
   문장2 ........ ;
} else if (조건식) {
   문장3 ........ ;
} else {
   문징n ........ ;
}
```

만약 처음 문장이 if 문으로 시작된 조건문일 경우 조건이 true 상태이면 관련된 if 블록의 다음 문장으로 이동하지만 false 상태인 경우 else if 문의 조건식을 수행한다.

다시 true가 발생하면 if 블록을 빠져나가고 아니면 계속 else if를 수행하고 마지막에는 else 아래 문장을 수행한다.

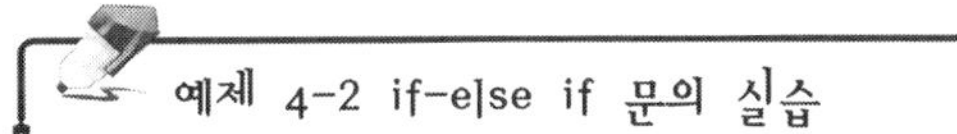

예제 4-2 if-else if 문의 실습

```
<html>
   <head>
      <title>반복 if-else 실습</title>
   </head>
   <body>
      <script type="text/javascript">
      <!--
         var age= prompt("나이가 몇살이세요? ","");
         if( age > 0 && age <= 12 ){
                  alert("유아 또는 어린이 입니다!!! ");
         }
         else if( age > 12 && age < 20 ){
                  alert("청소년 입니다!!! ");
         }
         else if( age >= 20 && age < 60 ){
                  alert("성인 이시군요!! ");
         }
         else if( age >= 60 && age < 130 ){
                  alert("어르신 이십니다!! ");
        }
        else alert("정확한 나이가 입력이 안됐습니다!! ");
         //-->
      </script>
    </body>
</html>
```

8 : 나이 값을 입력 받는다.
9~11 : 1~12 사이의 값을 입력 받으면 실행되고 21번으로 이동된다.
18~20 : 60이상의 값이 입력될 경우 실행된다.
21 : 1~129 이외의 값이나 [취소]를 눌렀을 때 나타난다.

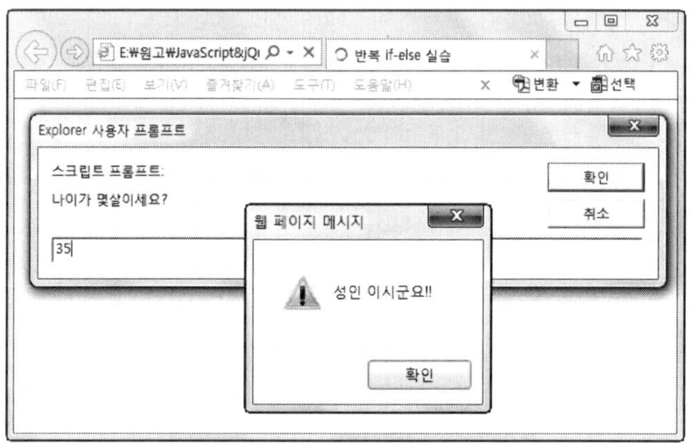

4.1.3 switch

switch 문은 다양한 조건을 나타내기 위해 case 문과 연결하여 구성되는 또 다른 if~else if 문의 일종이다.

```
switch (수식) {
  case label : 문장1 ;
               break;
  case label : 문장2 ;
               break;
     . . .
  default : 문장n;
}
```

switch 문의 수식의 결과 값은 label로 나타내는 case 문과 연결된다. case 문은 문자 또는 수치 값으로 나타내며, 각각의 label은 콜론(:)으로 구분된다. default 문은 생략이 가능하며, 다른 case 문이 switch 수식과 일치하지 않을 경우 수행된다.

수식과 같은 값이 해당 case 문과 같으면 문장을 수행하고, 같지 않을 경우 default 로 제어가 넘어간다.

만약 break; 문이 선언되지 않으면 문장은 다른 break 문을 만날 때까지 모두 선언된 case 문을 수행하며, 만나지 못하면 switch 블록을 빠져 나간다.

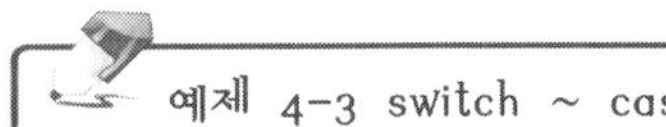

예제 4-3 switch ~ case 문의 실습

```
1.  <html>
2.      <head>
3.          <title>switch문의 실습</title>
4.      </head>
5.
6.      <body>
7.        <script type="text/javascript">
8.              var day_of_week=Math.floor((Math.random() * 7)+1);
9.           // 1~7까지의 임의의 수를 받는다
10.          // 월요일은 1, 화요일은 2 ....
11.
12.             switch(day_of_week) {
13.                case 1:
14.                case 2:
15.                case 3:
16.                case 4:
17.               alert("월요일에서 목요일에는 오전 9시~저녁10시까지 근무중입니다!! ");
18.                  break;
19.                case 5:
20.                  alert(" 금요일에는 오전 9시~오후6시까지 근무중입니다!! ");
21.                  break;
22.                case 6:
23.                   alert("토요일에는 오전 11시~오후3시까지 근무중입니다!! ");
24.                  break;
25.                default:
26.                    alert("일요일은 휴일이라서 문을 닫습니다!!");
27.                    break;
28.             }
29.
30.         </script>
31.     </body>
32. </html>
```

8 : 1~7의 임의 수를 발생한다.
12~27 : 발생한 수의 같이 case 문과 일치하면 해당 문장을 수행하고 일치하지 않으면, default 문을 수행한다.
13~17 : 수식의 값이 1~4 일 경우 17번 문장을 수행하고, 28번 문장으로 제어가 넘어간다.

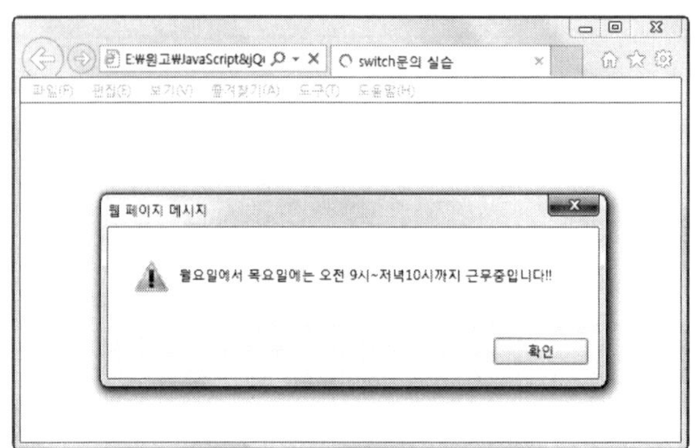

4.2 반복문

반복문은 조건이 맞을 때까지 반복적으로 문장을 수행한다. 자바스크립트의 반복문에는 while, for 그리고 do~while 문이 있다.

4.2.1 while 문

while 문은 true일 때까지 문장 블록을 수행한다. 만약 조건이 true일 때 false로 바뀌지 않으면 블록은 무한대로 수행하지만 false 상태가 되면 문장 블록을 빠져나간다.

break나 continue 문은 문장 블록을 제어할 수 있다.

```
while (조건) {
  문장;
  증감식;
}
```

예제 4-4 while 문의 실습

```
<html>
    <head>
        <title>반복문</title>
    </head>
    <body>
```

```
6.          <h2>While 문</h2>
7.
8.          <script type="text/javascript">
9.               var i=0;      // 증감식의 초기화
10.              while ( i < 10 ) {        // 10보다 작을 동안 true
11.                 document.writeln(i);
12.                 i++;      // 1의 증가
13.              }        // 블록의 마지막
14.           </script>
15.
16.      </body>
17. </html>
```

10 : I는 0~9일 동안 true 상태로 11~13 문장을 반복하고, I가 10이면 false 상태로 바꾸어서 14번 문자로 제어가 넘어간다.
12 : 반복할 때 마다 I는 1을 증가한다.

4.2.2 do~while 문

do~while 문은 조건이 false가 될 때 까지 블록문을 반복 수행한다. 이 문장은 적어도 한번은 수행하고 블록의 마지막에 조건을 체크한다.

```
do
{ 문장; }
while (조건) ;
```

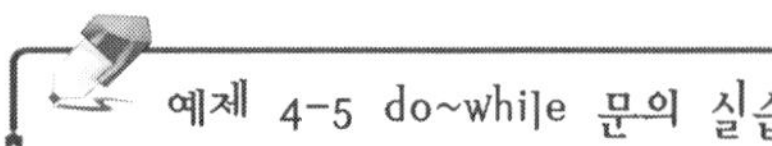

예제 4-5 do~while 문의 실습

```
1.  <html>
2.      <head>
3.          <title>반복문</title>
4.      </head>
5.      <body>
6.          <h2>Do While 문</h2>
7.          <font size="+2">
8.          <script type="text/javascript">
9.              var i = 0;
10.               do  {
11.                     document.writeln(i);
12.                       i++;
13.                     } while ( i < 10 )
14.           </script>
15.         </font>
16.     </body>
17. </html>
```

10~13 : do~while 문은 적어도 한번은 수행하고 13번의 마지막에 조건을 체크한다. 12 : 반복할 때 마다 I는 1을 증가한다.

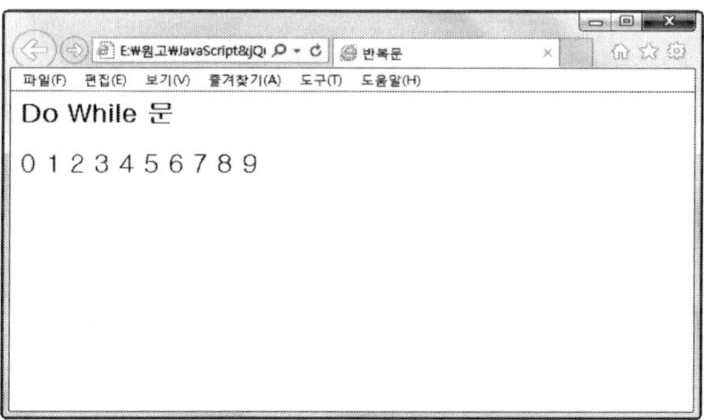

4.2.3 for 문

for 문은 세미콜론(;)으로 구분된 3개의 수식으로 구성되어 있고 괄호로 감싼다. 수식은 모두 또는 선별적으로 생략될 수 있으나 세미콜론은 그대로 남아야 한다.

첫 번째 식은 변수의 값을 초기화하고, 두 번째 수식은 계속할 것인지 멈출 것인지 결정하는 수식이며, 세 번째 수식은 반복 변수인 증감식으로 반복을 몇 번 할 것인지 결정한다.

```
for ( 초기값; 목적식; 증감식)
{ 문장; }
```

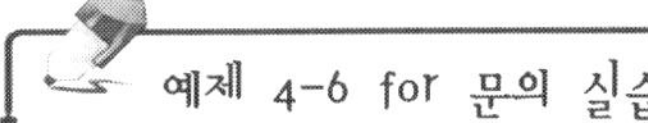

예제 4-6 for 문의 실습

```
1.  <html>
2.      <head>
3.          <title>반복문</title>
4.      </head>
5.      <body>
6.          <h2>For 문</h2>
7.          <font size="+2">
8.          <script type="text/javascript">
9.                for ( var i = 0; i < 10; i++ ) {
10.                document.writeln(i);
11.               }
12.         </script>
13.         </font>
14.     </body>
15. </html>
```

9 : for 문의 조건은 I를 0으로 초기화하고, 10보다 작을 동안 조건을 체크하고 I는 반복할 때 마다 1을 증가한다.
9~11 : 조건이 true 일 동안 반복한다.

4.2.4 반복문에서의 break와 continue 문

블록 안에서 마지막에 닫기 전에 break 문은 블록을 빠져 나가기 위해 사용되고, continue 문은 처음으로 돌아가서 다음 조건을 다시 수행한다.

제어문	기능 설명
break	선언된 곳의 블록 안에서 무조건 탈출한다.
continue	선언된 곳의 블록 안에서 블록의 처음으로 되돌아가서 조건을 다시 체크하여 true이면 블록을 다시 수행한다.

예제 4-7 break와 continue 문의 실습

```
1.  <html>
2.      <head>
3.          <title>반복 구문</title>
4.      </head>
5.      <body>
6.  <script type="text/javascript">
7.       while (true) {
8.          var grade=eval(prompt("점수를 입력하세요? ",""));
9.          if (grade < 0 || grade > 100) {
10.                 alert("점수가 틀렸습니다!!");
11.                 continue;   // 블록의 처음으로 이동된다
12.         }
13.         if (grade > 89 && grade < 101) {
14.                 alert("오!  A 입니다");
15.         }
16.             else if (grade > 79 && grade < 90){
17.                     alert("B 입니다");
18.             }
19.                 else if (grade > 69 && grade < 80){
20.                         alert("C 입니다");
21.                 }
22.                     else if (grade > 59 && grade < 70){
23.                             alert("D 입니다");
24.                     }
25.                         else {alert("분발하세요 F입니다");}
26.         answer=prompt("다시 하시겠습니까? (y/n)","y");
27.         if (answer != "y") {
28.                 break;    // 블록을 빠져 나간다
29.         }
30.  }
31.  alert("프로그램이 종료된다!!");
32. </script>
33. </body>
34. </html>
```

7~30 : while 블록의 범위이다.
9~12 : 1~100점 범위를 넘은 점수를 입력하면 7번으로 이동한다.
13~25 : if 블록의 범위이다.
27~29 : 입력값이 y이면 블록을 탈출하고 31번 문장으로 이동한다.

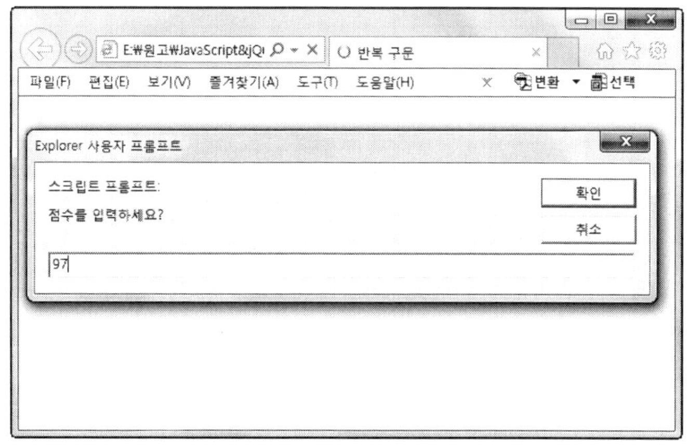

4.2.5 중첩 loop와 label

1) 중첩 lOOP

loop안에 loop가 있는 경우를 중첩 loop라고 한다. 중첩 loop를 사용할 때 일반적으로 데이터의 행과 열을 나타낸다. 하나의 loop는 열을 다루고 다른 loop는 행을 취급한다.

외부의 loop는 초기화하고 수행한 다음 내부의 loop는 모든 사이클을 반복하고, 외부 loop는 다시 시작된다. 내부 loop는 외부 loop보다 빠르게 실행된다.

loop는 사용자의 요구에 따라 깊게 내포될 수 있으나 별도의 조건에 따라 끝날 수 있다.

예제 4-8 중첩 loop의 실습

```
1. <html>
2.     <head>
3.         <title>중첩 loop</title>
4.     </head>
5.     <body>
6.    <script type="text/javascript">
7.
8.         var str = "@";
9.         for ( var row = 0; row < 6; row++){
10.          for ( var col=0; col < row; col++){
11.                  document.write(str);
12.          }
13.          document.write("<br />");
14.        }
15.
16.   </script>
17. </body>
18. </html>
```

9 : 외부 loop의 시작 줄이다.
10 : 내부 loop의 시작으로 문자를 외부 변수만큼 추가하여 출력한다.
13 : 외부 loop의 명령으로 다음줄로 이동한다.

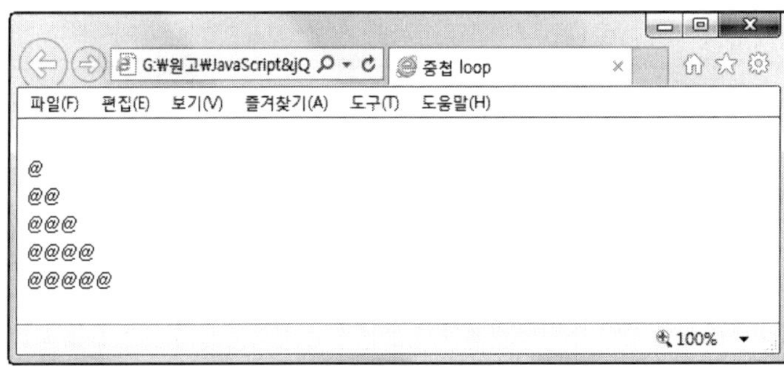

2) label

label은 while, do~while for와 switch 문에서 사용할 수 있으며, 프로그램에서 다른 위치의 이름을 참조하게 해준다. 예약어는 사용할 수 없다.

본래 label은 사용하지 않는 것이 좋지만 때에 따라서 loop의 흐름을 제어할 때 불가피하게 사용할 수 있으며, break나 continue 문과 loop내에서 제어하기 위해 사용된다.

label은 어디서든지 선언될 수 있으며, break나 continue문과 같이 프로그램의 흐름을 제어할 수 있다.

예제 4-9 label문 실습

```
1.  <html>
2.      <head>
3.          <title>반복문</title>
4.      </head>
5.      <body>
6.          <script type="text/javascript">
7.              outerLoop: for ( var row = 0; row < 10; row++){
8.                  innerLoop: for ( var col=0; col <= row; col++){
9.                      document.write("열 "+ row +":행 " + col, "</br>");
10.                     if(col==3){
11.                         document.write("행의 loop를 모두 탈출 "+col +"</br>");
12.                         break outerLoop;
13.                     }
14.                 }
15.             document.write("************</br>");
16.         }
17.     </script>
18.  </body>
19. </html>
```

7 : 외부 loop의 label 선언
8 : 내부 loop의 label 선언
12: 외부 loop를 탈출하고 17번 문장으로 이동한다.

제5장 Function문

5.1 Function문의 정의

Function이란 자바스크립트에서 사용자가 어떠한 목적을 위해 사전에 작성하는 사용자 정의 함수를 의미한다.

사용자 정의함수는 "function"으로 시작하며 문장들 사이에 함수의 시작과 끝을 구분하기 위하여 블록을 의미하는 중괄호 "{ }"을 사용하여 구분한다. 함수가 정의하는 위치는 정의되기 전에 사용할 수 없도록 <head>와 </head> 태그 사이에 정의되고 복귀형(return value type)과 인수의 형(argument type)을 지정하지는 않는다.

함수의 정의 구조는 다음과 같은 형식을 따른다.

```
function   함수명(가인수1, --- ,가인수n) {
  함수몸체;
}
```

사용자 정의 함수는 다음과 같은 형식으로 함수 호출이 이루어진다.

```
함수명(실인수1, --- ,실인수n);
```

5.2 인수의 선언

Function 함수는 자신이 직접 실행할 수 없으며, 함수를 호출하는 함수명이 별도로 정의된다. 이때 함수명과 사용자 정의 함수 오른쪽에는 ( )가 반드시 정의되어야 하며, 괄호 안에 데이터를 전달하는 인수를 선언할 수 있다.

이때 호출하는 함수의 인수를 실인수라고 하고, 사용자정의 함수(Function)에서 선언되는 인수를 가인수라고 한다. 이들 인수는 생략될 수 있으며 여러 개를 선언할 수도 있다.

인수가 없더라도 괄호는 반드시 선언되어야 하며, 인수가 여러 개 선언된 경우 컴마(,)에 의해 구분되고 각각의 인수 개수는 같아야 하며, 전달되는 값이 대칭되어야 한다.

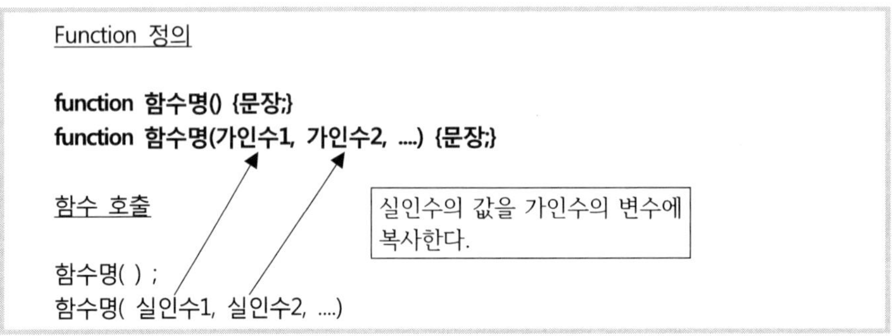

예제 5-1 인수가 없는 Function의 실습

```
1. <html>
2.     <head>
3.         <title>인수가 없는 Function</title>
4.         <script language=JavaScript>
5.             function welcome(){  // Function 의 정의
6.                 var place="대한민국";
7.                 alert("안녕하세요  "+ place
8.                         + "에 오신것을 환영합니다!!");
9.             }
10.        </script>
11.    </head>
12.    <body bgcolor="lightblue">
13.    <script type="text/javascript">
14.        welcome();
15.    </script>
16.  </body>
17. </html>
```

5~9 : function 블록을 정의한다.
14 : function 블록을 호출하고 5~9번 문장을 수행하고 되돌아온다.

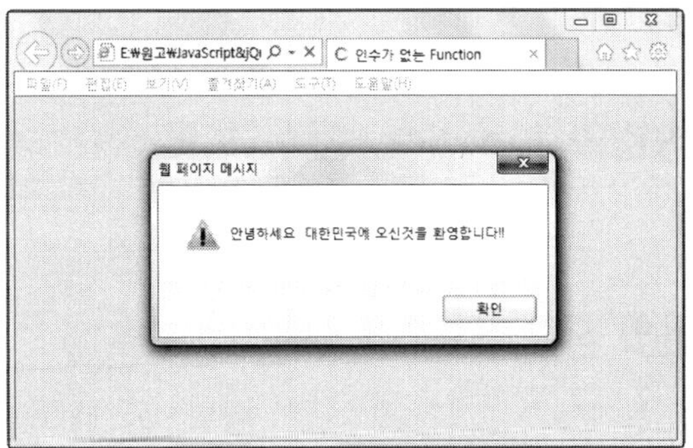

예제 5-2 인수의 전달 실습

```
1.  <html>
2.      <head>
3.          <title>인수의 선언</title>
4.              <script language=JavaScript>
5.                  function greetings(pal){  // pan에 "대한만국" 저장
6.                      alert("안녕하세요 " + pal);
7.                  }
8.              </script>
9.      </head>
10.     <body>
11.         <script type="text/javascript">
12.             greetings("대한민국 !!");  // 문자열을 직접 인수로 사용
13.         </script>
14.     </body>
15. </html>
```

5~9 : 인수가 있는 function 블록을 정의한다.
12 : 인수를 문자열로 직접 지정하여 호출한다.

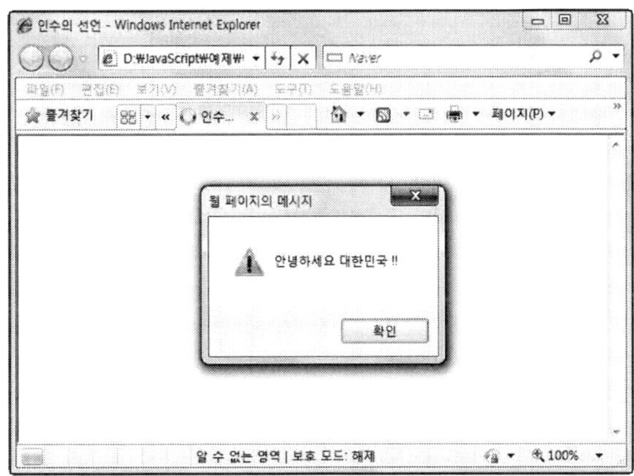

5.3 다양한 방법의 function 함수 호출

5.3.1 〈a〉 태그를 이용한 호출

function문은 자바스크립트에서 일반적인 호출이외 에도 <a> 태그를 사용하여 호출할 수 있다. "JavaScript:" 프로토콜과 function 호출을 정의하고 <a> 태그의 href 속성을 연결하여 나타낸 다음, 마우스로 클릭하면 function이 수행된다.

예제 5-3 〈a〉 태그를 이용한 function 호출 실습

```
1. <html>
2.   <head>
3.     <title>a 태그를 이용한 function 호출</title>
4.         <script language=javascript>
5.            function greetings() {
6.             document.bgColor="lightblue";
7.             alert("안녕하세요 function이 호출되었습니다!!!");
8.         }
9.         </script>
10.    </head>
11.    <body bgcolor="yellow">
12.        <div align="center">
13.         <a href="javascript:greetings()">
14.           <b><big>여기를 클릭하세요!!</big></b>
15.         </a><br />
16.       </div>
17.    </body>
18. </html>
```

5~8 : function 블록 영역이다.
6 : 호출되면 배경색이 하늘색으로 바뀐다.
11 : 처음 시작되면 sqorudtor이 노랑색으로 나타난다.
13 : a 태그의 href 속성으로 function을 호출할 수 있다.

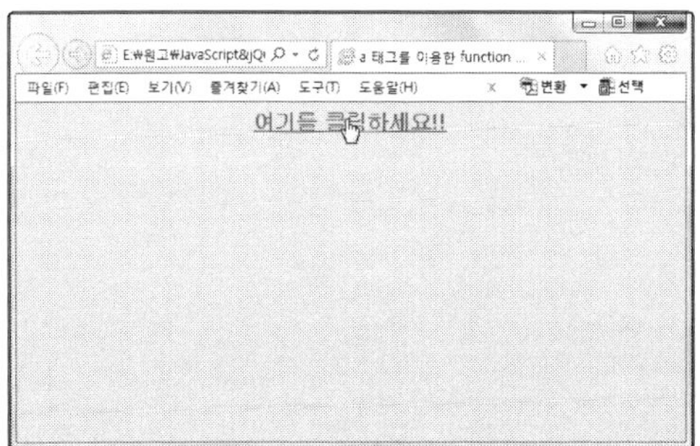

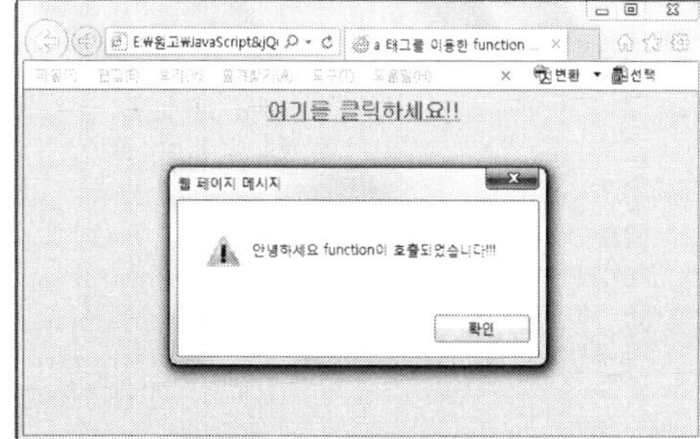

5.3.2 이벤트를 이용한 호출

일반적으로 이벤트란 컴퓨터에서 어떤 작업을 시도하는 것을 말한다. 이때 사전에 이벤트가 발생하는데 후속조치로 별도의 작업을 지시하는 것을 이벤트 핸들러라고 한다.

이벤트란 마우스를 버튼에 이동하고 클릭하면 어떠한 액션이 수행된다. 이때 이벤트 핸들러에 의해 이벤트가 발생하고, function이 연결되어 호출된다.

```
<form>
  <input type="button"
    value="버튼을 누르세요"
    onClick="greetings('자바스크립트');"
  >
</form>
```

function 이름과 실인수를 을 직접 선언

버튼을 클릭하면 이벤트 발생

예제 5-4 이벤트를 이용한 function 호출 실습

```
<html>
    <head>
        <title>Functions 과 이벤트</title>
      <script type="text/javascript">
          function greetings(you){  // Function 정의
              document.bgColor="lavender";
              alert("환영합니다!! " + you);
          }
        </script>
    </head>

    <body>
        <div align="center">
```

```
14.             <form>
15.                <input type="button"
16.                     value="버튼을 누르세요"
17.                     onClick="greetings('자바스크립트');"
18.                >
19.             </form>
20.          </div>
21.     </body>
22. </html>
```

5~8 : function 블록 영역으로 호출되면 바탕색이 바뀌고 메시지 박스가 나타난다.
14~19 : 이벤트를 발생시키는 form 영역이다.
17 : 버튼을 클릭하면 onclick 이벤트가 발생하고 function을 호출한다.

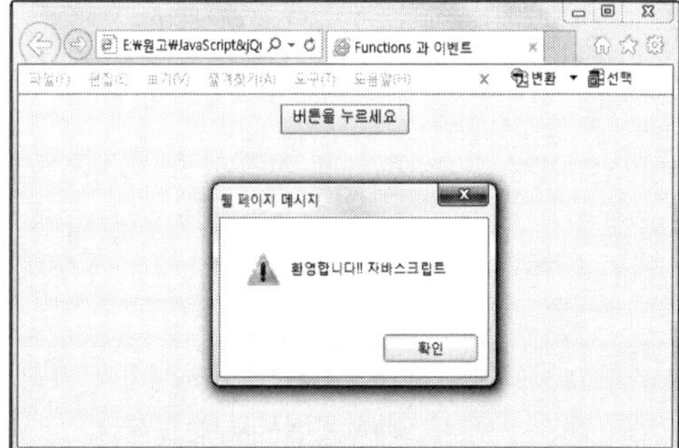

5.3.3 function 영역에서 지역 변수와 전역 변수의 선언

자바스크립트에서 변수를 설정할 경우 일반적으로 var 명령을 이용하여 변수를 선언하는데 이 변수는 function 영역 안에서만 적용이 가능하며, 함수를 벗어나면, 그 변수는 사용되지 않는 변수가 된다. 이러한 변수를 지역 변수(local variable)라고 한다.

이와는 반대로 function 영역 밖에서 변수를 선언할 수 있는데 이 변수는 문장 전체에 변수의 내용이 적용되는 기능을 가지고 있다. function 영역 안에서 var를 붙여서 변수를 선언하면 지역변수가 되지만 var를 붙이지 않고 변수를 선언할 경우 이러한 변수를 전역 변수(global variable)라고 한다.

```
var 변수 // 전역 변수

function  함수명() {
  변수      // 전역변수
  var 변수 // 지역 변수
  ... 정의할 내용
}
```

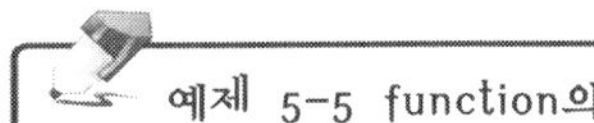

예제 5-5 function의 영역 실습

```
<html>
  <head>
    <TITLE>변수의 영역 실습</TITLE>
      <script language="javascript">
        function test() {
          global_2 = 30;          // 전역변수 선언
          var local_1 = 10;       // 지역변수 선언

          document.write("<b>함수 내부에서의 출력</b><br><br>");

          document.write("첫번째 지역변수 local_1 = ");
          document.write(local_1);
          document.write("<br>");

          document.write("첫번째 전역변수 global_1 = ");
          document.write(global_1);
          document.write("<br>");

          document.write("두번째 전역변수 global_2 = ");
          document.write(global_2);
          document.write("<br><br>");
        }
      </script>
  </head>

  <body>
     <H2>지역변수 선언과 전역변수 선언</H2>
     <script language="javascript">
       global_1 = 20;
       test();
       document.write("<b>함수 외부에서의 출력</b><br><br>");

       document.write("첫번째 지역변수 local_1 의 데이터형= ");
       document.write(typeof(local_1));
       document.write("<br>");

       document.write("첫번째 전역변수 global_1 = ");
       document.write(global_1);
       document.write("<br>");

       document.write("두번째 전역변수 global_2 = ");
       document.write(global_2);
       document.write("<br>");
     </script>
  </body>
</html>
```

6 : 2번째 전역변수 선언한다.
7 : 1번째 지역변수를 선언한다.
11~21 : 1번째 지역변수와 1,2번째 전역변수를 출력한다.
29 : 1번째 전역변수를 선언한다.
30 : function 영역을 호출한다.
31~43 : 1번째 지역변수와 1,2번째 전역변수를 출력한다.

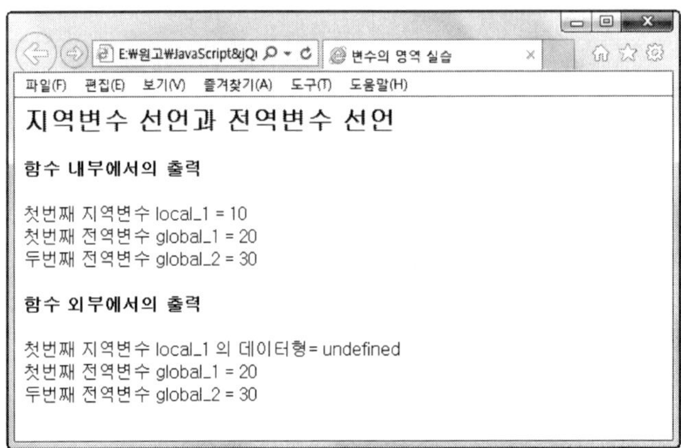

5.4 Return 값

function문에 return 문을 이용하여 값을 반환할 수 있다. return 문은 생략될 수 있으나 사용할 경우 function 영역 안에 선언되어야 한다. return 문이 실행된 경우 function문은 더 이상 실행되지 않는다.

return문은 연산이나 어떠한 조건에 의해 function문을 종료할 때 주로 사용되고, return 문이 수행되지 않았을 때 undefined 값을 반환한다.

return의 일반 형식과 선언 예는 다음과 같다.

```
return;
return 수식;

function sum (a, b) {
  var result= a + b;
  return result;
}
```

만약 수식의 일부분으로 function을 호출한 경우, 반환 값을 받는 변수가 선언되어야 한다. 호출하는 수식의 예는 다음과 같다.

```
var total = sum(5, 10);
```

위의 예는 sum() function을 5와 10의 인수를 첨부하여 호출하고, 반환 값은 total 변수에 저장된다.

예제 5-6 return 문의 실습

```
1.  <HTML>
2.    <HEAD>
3.      <SCRIPT Language="JavaScript">
4.          function TEST1() { // 인수가 없는 경우
5.            document.write("<b> TEST1은 인수가 없습니다!!<br><br>")
6.          }
7.          function TEST2(sname,sage) { // 인수가 있는 경우
8.            document.write
9.             ("책의 저자 이름은 "+sname+" 이고, 나이는 "+sage+"<br>")
10.         }
11.         function TEST3(inta,intb) {  // return 값이 있는 경우
12.           return inta+intb // 호출한 쪽에 값을 반환
13.         }
14.
15.     </SCRIPT>
16.   </HEAD>
17.
18.   <BODY>
19.     <SCRIPT  Language="JavaScript">
20.         TEST1();
21.         TEST2("이영애",35);
22.         returnV = TEST3(50,25);
23.          // 실행결과 리턴값을 returnV 라는 변수에 대입!
24.         document.write("결과 값 = " +returnV+"<br>");
25.     </SCRIPT>
26.   </BODY>
27. </HTML>
```

4~6 : 인수가 없는 function 영역이다.
7~9 : 인수가 있으나 반환값이 없는 function 영역이다.
11~13 : 인수도 있고 반환값도 있는 function 영역이다.
20~22 : 각각의 function 영역을 호출한다.

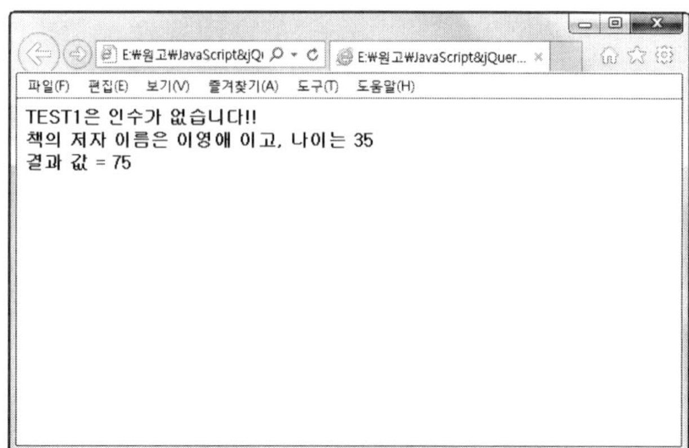

5.5 이름 없는 function()의 변수 지정

function을 정의할 경우 변수에 직접 할당한다. 이 변수는 변수를 정의하는 것이 아닌 별도의 변수를 의미하며, function 영역을 참조하여 사용한다. ()는 자바스크립트 연산자로 호출된 function을 가리킨다.

() 연산자가 없는 function 이름을 실습하여 그 결과를 확인하여 보기로 한다.

예제 5-7 function의 변수화 실습

```
<html>
<head>
  <title>Function의 변수화</title>
  <script type="text/javascript">
    var greetings=function(visitor) {
    // Function구조는 greetings에 할당
        message="안녕하세요  " + visitor + "! ";
        return message;
    }
  </script>
</head>
<body>
   <big>
   <script type="text/javascript">
       var salutation=greetings("홍길동 님");
         document.write(salutation + "<br />");
```

```
17.          var hello = greetings;
18.        // Function 변수를 다른 변수에 할당
19.          var welcome = greetings;
20.          document.write(hello("이순신 장군님") +"<br />");
21.        // function 호출
22.          document.write(welcome("여러분들은 모두 의인입니다!!" + " <br />"));
23.    </script>
24.    </big>
25.  </body>
26. </html>
```

5 : Function구조는 greetings에 할당
8 : 반환값을 message에 전달
15 : function 영역을 호출하여 반환 값을 salutation에 할당
18 : Function 변수를 hello 변수에 할당
20 : hello function 변수로 호출

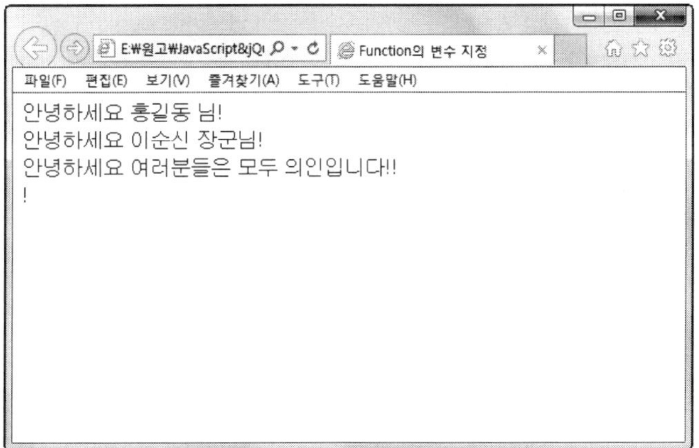

5.6 closure

closure는 function안에 무명의 function을 정의하는 것을 의미한다. 또한 외부 function을 벗어날 때 내부의 이름없는 function을 참조하도록 가능하게 해준다.

지역변수를 의미하는 closure는 영역을 벗어나더라도 내부 이름없는 function을 검색할 여지를 남겨두어서 필요하지 않을 때 까지 변수를 연결하여 주도록 한다.

예제 5-8 closure의 실습

```
1. <html>
2. <head>
3.     <title>Closures</title>
4.     <script type="text/javascript">
5.          function paint(type, color) {
6.            var type, color;
7.            var str =    type + "는(은) " + color + "이다."; // 지역변수
8.            var tellme = function() {    // closure
9.                    document.write("<big>"+str+".</big></br>")
10.             } // 무명 function
11.          return tellme;  // function의 참조를 반환
12.        }
13.     </script>
14. </head>
15. <body bgColor="lightgreen">
16.     <h2>closure의 실습</h2>
17.     <script type="text/javascript">
18.         paint("바다", "파랑");
19.         var say1 = paint("장미","빨강");
20.         //  반환된 tellme를 참조
21.         var say2 = paint("태양", "노랑");
22.         alert(say1);
23.         say1();
24.         // 무명 function 호출
25.         say2();
26.     </script>
27. </body>
28. </html>
```

5~12 : 외부 function 영역이다
8~10 : closure 인 내부 function 영역이 선언되었다.
11 : 내부 function의 참조를 반환한다.
18 : 외부 function을 수행하나 내부function은 수행하지 않는다.
19 : 외부 function을 say1 변수에 참조한다.
21 : 외부 function을 say2 변수에 참조한다.
22 : say1에 참조된 내용을 메시지 박스에 출력한다.
23~25 : say1과 say2에 참조된 외부function이 수행되어 결과가 나타난다.

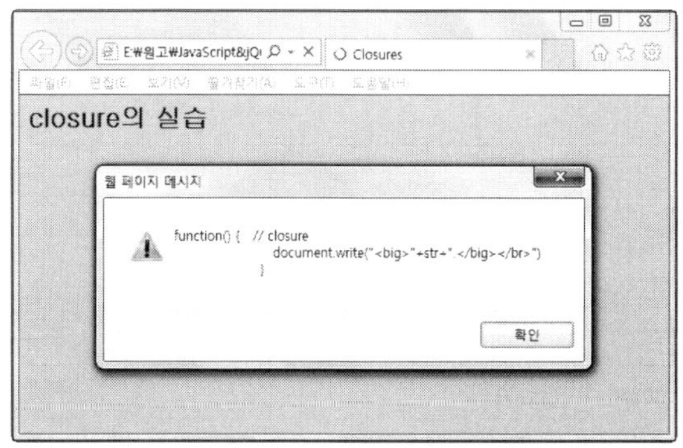

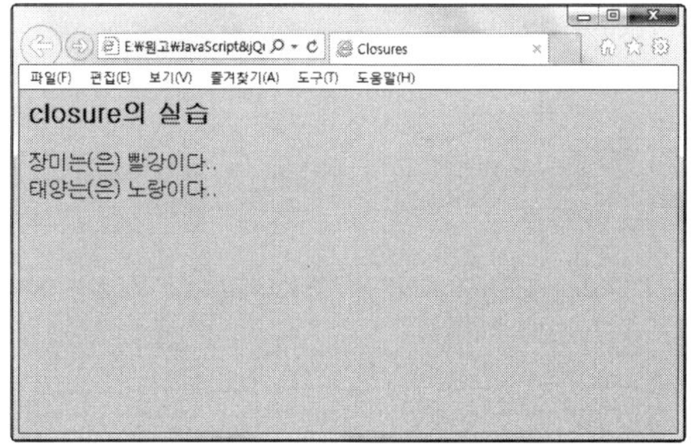

5.7 재귀적 함수 호출

함수의 재귀적 호출은 함수 안에서 다시 함수를 호출하는 방법이다. 일반적으로 재귀적 함수 호출은 계승(factorial) 함수를 생각 할 수 있는데 계승 공식(n! = n*(n - 1)!)을 이용한 계산 결과 값을 이용하는 것이다. 예를 들어 10! = 10*(9!) = 10*9*(8!)의 경우에 해당하는 자바스크립트 프로그램은 다음과 같은 형식으로 작성할 수 있다.

```
function ex_factorial(Su) {
  if(Su == 0)
     return 1 ;
       else
     {
       var Su
       return(Su*ex_factorial(Su - 1))
     }
}
```

자기 자신의 함수를 호출한다.

예제 5-9 Fibonacci 수열의 실습

```
1. <html>
2.   <head>
3.     <title="Fibonacci 수열"</title>
4.       <script type="text/javascript">
5.
6.         var count = 0;
7.         function fib(num){
8.          count++;
9.          switch(num){
10.              case 0 :
11.               return(0);
12.                break;
13.              case 1:
14.                return(1);
15.                break;
16.              default:
17.                return(fib(num - 1) + fib( num - 2 ));
18.                break;
19.          }
20.        }
21.      </script>
22.   </head>
23.   <body bgcolor="yellow">
24.      <big>
25.      <div align = "center">
26.      <table border="1">
27.       <tr>
28.        <script type = "text/javascript">
29.          for( n=0; n < 20; n++){
30.               value = fib(n);
31.            document.write("<td>"+value+"</td>");
32.          }
33.          alert("자기 자신을  "+ count + "번 실행했습니다!!");
34.        </script>
35.       </tr>
36.      </table>
37.      </div>
38.      </big>
39.   </body>
40. </html>
```

7~20 : function 영역으로 인수를 받아서 select 문을 실행한다
17 : 0과 1이 아닌 경우 자기 자신의 function을 호출한다.
29~32 : 19번 수행 결과를 테이블에 나타낸다.

예제 5-10 Factorial(재귀) 함수의 실습

```
1. <HTML>
2.   <HEAD>
3.     <TITLE> 재귀 함수  </TITLE>
4.       <SCRIPT Language="JavaScript">
5.         function ex_factorial(Su) {
6.          if(Su == 0)
7.               return 1;
8.             else
9.              { var Su
10.               return(Su*ex_factorial(Su-1))
11.              }
12.         }
13.      </SCRIPT>
14. </HEAD>
15. <BODY>
16.   <h3> 재귀 함수 호출</h3>
17.   <SCRIPT Language="JavaScript">
18.     N=prompt("수를 입력하세요?",0);
19.     S=ex_factorial(N);
20.     document.write(N+ "! = " +S+"입니다");
21.   </SCRIPT>
22.  </BODY>
23. </HTML>
```

5~12 : function 영역으로 안에서 자기 자신을 호출하고 Su 값이 0이 될 때까지 반복한다.
18 : 재귀 함수 호출 결과 값을 입력 받는다.
19 : 재귀함수가 들어있는 function을 호출한다.

Explorer 사용자 프롬프트
스크립트 프롬프트:
수를 입력하세요?
확인
취소
10

E:₩원고₩JavaScript&jQ
재귀 함수
파일(F) 편집(E) 보기(V) 즐겨찾기(A) 도구(T) 도움말(H)
재귀 함수 호출
10! = 3628800입니다

제6장 객 체

6.1 객체의 정의

자바스크립트는 모두 객체에 관련되어 윈도우즈와 버튼, 폼 그리고 이미지 등이 연결되어 있다. 자바와 C++등과 같이 객체 관련 프로그램을 객체지향 언어라고 한다.

그러나 자바스크립트는 완전한 객체 지향 언어는 아니므로 객체 기반 언어라고 부르지만 다양하게 객체 지향언어의 기능을 많이 수행한다. 객체는 숫자와 문자열로 데이터를 나타내어 자신의 객체를 작성한다.

자바스크립트에서 객체의 종류는 다음과 같다.

1. 사용자가 작성하는 객체
2. Date, String과 Number와 같이 미리 작성된 객체
3. Browser 객체
4. DOM이라고 하는 Document 객체

6.1.1 객체이 개념

1) 객체와 클래스의 정의

객체(object)란 실세계를 표현하고 프로그램 내에서 작업을 용이하도록 만들어 주는 프로그래밍 구조를 의미한다. 객체는 메소드(Method)라는 행위(behavior)를 포함해야 하며 다른 객체와 구분되는 속성(Attribute)라는 고유한 식별자(identifier)를 가진다.

클래스(Class)란 객체를 생성해 주는 틀(Frame)을 의미한다. 어떠한 기계에서 상품을 만드는 것처럼 생성된 객체에는 메소드와 속성을 포함한다.

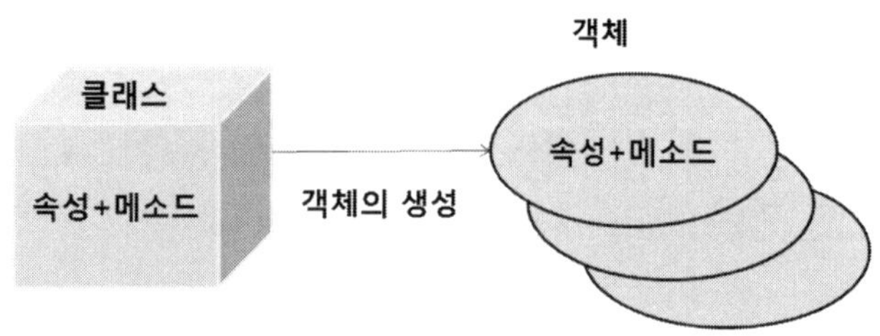

2) 속성

속성은 변수, 데이터 멤버, 혹은 필드라고도 부르며, 객체의 특성(상태)을 말한다. 자바스크립트에서는 객체 다음에 ·과 속성으로 연결하여 다음과 같이 표현한다.

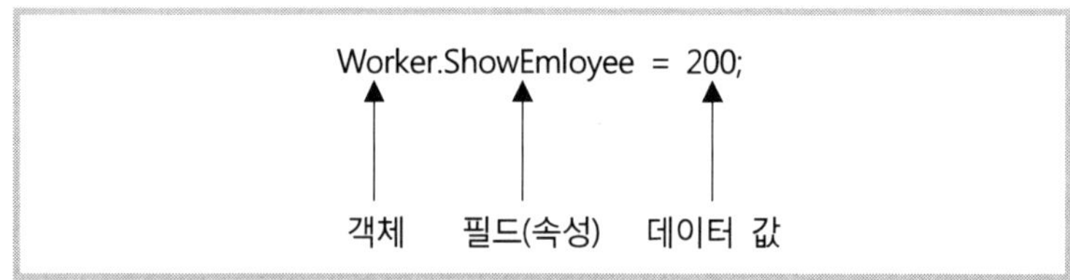

3) 메소드

메소드란 클래스의 행위를 정의하는 것으로 메소드명 뒤에 ( )를 반드시 붙여서 나타내야 하며, 괄호 안에 인수를 포함할 수 있다. 자바스크립트에서 메소드는 행위를 나타내며, function이라는 예약어로 자바스크립트에서 사용자가 어떠한 목적을 위해 사전에 작성하는 사용자 정의 함수를 호출한다.

예약어로 { 와 } 안에 명령문을 작성하여 표현할 수 있으며, function 문 뒤의 ( ) 안에 인수를 포함할 수 있어서 호출하는 메소드와 데이터를 주고 받을 수 있다. 이때 호출하는 메소드안의 인수를 실인수(Actual argument)라고 하고, function에서 받는 인수를 가인수(Dummy argument)라고 한다.

```
function  함수명(가인수1, --- ,가인수n) {
   함수몸체;
}
```

일반적으로 function 함수는 head 요소 사이에 선언되며, 스스로 실행할 수 없으며, function 함수명과 같은 메소드가 호출할 때만 실행되고 실행이 끝나면 호출된 메소드로 되돌아간다.

6.1.2 객체와 Dot(.) 구문

객체 모델은 객체의 모든 구성요소의 계층 구조이다. 자바스크립트의 객체와 사용자정의 객체는 같은 모델을 사용한다.

계층구조에서 객체를 검색할 때, 객체의 최상위 레벨을 Object로서 **부모**(parent)라고 하고, 하위 레벨을 **자식**(child)이라고 한다. 그리고 객체에서 같은 레벨을 sibling이라고 한다. 자식은 또 아래 자식을 가질 수 있다. dot(.)은 전체 계보에서 객체를 분리하여 표현할 경우 사용된다. 예를 들어 dot(.)는 자식과 부모를 분리할 때 나타낸다.

Object 객체는 자바스크립트 객체의 근본으로 다른 객체들을 파생하여 자신의 메소드와 속성을 사용할 수 있게 한다.

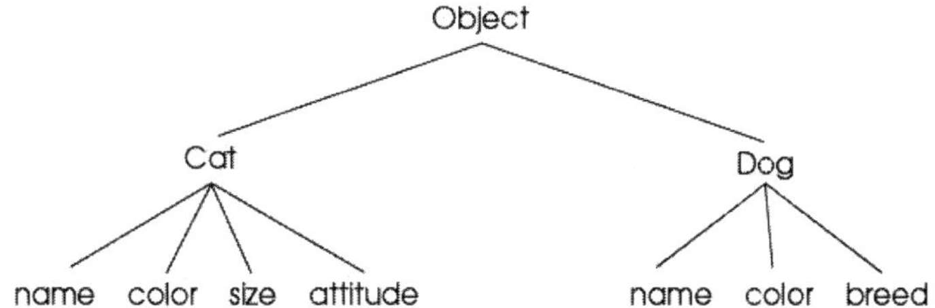

6.1.3 생성자를 이용한 객체의 작성

자바스크립트에서 하나의 생성자로 여러 개의 객체를 작성할 수 있다. 생성자는 특별한 기능의 객체를 작성하기 위한 객체의 설계도를 의미한다. new 키워드는 객체를 작성하는 생성자 앞에 나타낸다.

관례에 따라 기능 앞에 나타내는 생성자의 첫글자는 대문자로 시작한다.

```
var 객체명 = new Object(인수1, 인수2, ...)

var cat = new Object()
```

1) new 연산자

new 연산자는 객체를 작성하는데 사용된다. 작성된 객체는 function 이름과 일치해야 하고 사용자 정의에 의해 설계된다. 자바스크립트에는 Object(), Array(), Date()와 같이 여러 개의 미리 작성된 객체가 있다. 이것은 new 연산자로 작성된 function을 작성하고, 인수도 사용할 수 있다.

반환된 객체를 참조하여 변수를 연결한다.

```
var car = new Object();
var friends = new Array("철수", "영희", "정희");
var holiday = new Date("July 4, 2015");
```

2) Object() 생성자

자바스크립트에는 Object()라는 특별한 function 생성자를 제공하여, new 예약어와 같이 일반적인 객체를 생성하는데 사용한다. Object() 생성자의 반환 값은 새로운 객체의 생성자를 참조하는 변수를 할당한다.

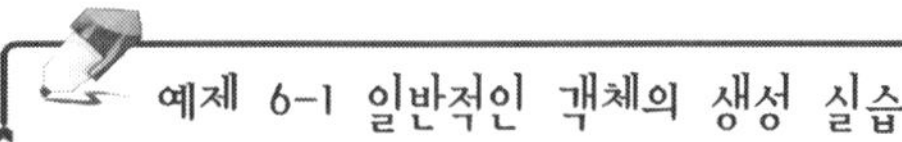


```
1. <html>
2.     <head>
3.         <title>Object() 생성자</title>
4.         <script type = "text/javascript">
5.                 var cat = new Object();
6.                 alert(cat);
7.         </script>
8.     </head>
9.     <body>
10.    </body>
11. </html>
```

5 : cat 객체를 생성한다.
6 : object Object는 cat가 Object() 객체의 자손이라는 것을 의미한다.

6.1.4 객체의 속성

속성은 객체의 요소로 객체명은 dot(.)과 속성으로 나타내며, 객체를 통해 접근한다. 최상위 객체는 Object 객체이다.

cat와 dog 객체를 작성할 경우 Object 객체의 자손이 된다. 또한 cat와 dog가 동등한 객체라도 Object 객체의 속성을 고려해야 하고, name, color, size등의 속성을 나타낼 수 있다.

Object 객체는 굳이 dot(.)을 사용하여 나타내지 않는다.

```
cat.name = "야옹이";
cat.color="노랑";
```

예제 6-2 사용자 정의 객체의 속성 표현 실습

```
1. <html>
2.     <head>
3.         <title>사용자 정의 객체</title>
4.         <script type = "text/javascript">
5.             var toy = new Object();
6.             toy.name = "레고";
7.             toy.color = "빨강";
8.             toy.shape = "직사각형";
9.         </script>
10.    </head>
11.    <body bgcolor="lightblue">
12.        <script type = "text/javascript">
13.            document.write("<b>장난감은  " + toy.name + " 입니다.");
14.            document.write("<br>색상은 " + toy.color
15.                          + "이고,  모양은  " + toy.shape+ "입니다.");
16.         </script>
17.    </body>
18. </html>
```

5 : 새로운 toy 객체를 정의한다.
6~8 : 객체의 속성에 값을 할당한다.
13~14 : 속성에 할당된 값을 출력한다.

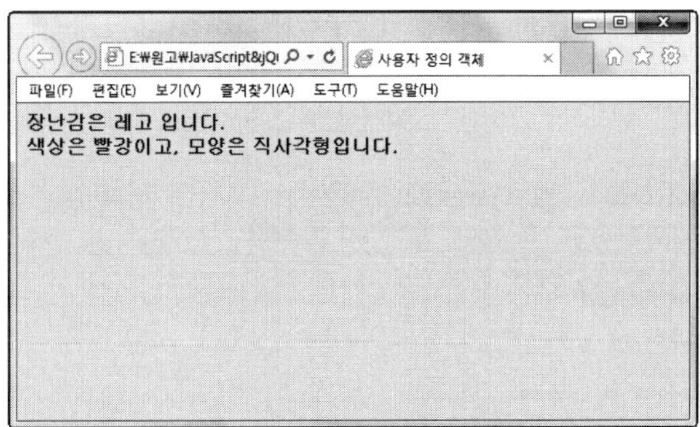

6.1.5 객체의 메소드

메소드는 객체지향 언어에서 객체의 행위를 나타내는 특수한 기능을 의미하며, 객체명과 점으로 연결하여 나타내고, 객체의 수행을 나타내는 단어이다.

위에서 나타낸 cat 객체는 sleep() 또는 play()로 표현한 메소드를 가질 수 있다. 또한 dog 객체는 sit() 또는 stay()로 표현한 메소드를 가질 수 있으면 2개의 객체는 eat()라는 메소드를 공통으로 사용할 수 있다. 점 표시는 속성과 객체를 구분하여 나타내는 것처럼 메소드를 사용할 수 있으며, 메소드 이름 뒤에 괄호를 붙여서 나타내며 생략하면 에러가 발생한다.

```
cat.play();
dog.fetch("ball");

window.close();
document.write("Hello₩n");
```

예제 6-3 사용자 정의 객체의 메소드 표현 실습

```
<html>
  <head>
    <title>사용자 정의 객체</title>
    <script type= "text/javascript">
       var toy = new Object();   // Create the object
       toy.name = "레고"; // Assign properties to the object
       toy.color = "빨강";
       toy.shape = "직사각형";
       toy.display=printObject;

       function printObject() {
        document.write("<b>장난감은  " + toy.name
              + "입니다.<br/>");
        document.write("색상은  " + toy.color + " 이고, 모양은  "
               + toy.shape+ "입니다.<br/><br/>");
       }
     </script>
  </head>
   <body>
     <script type = "text/javascript">
        toy.display();  //Object method is called
        toy.color="파랑";
        toy.display();
     </script>
  </body>
</html>
```

5 : 새로운 toy 객체를 정의한다.
6~8 : 객체의 속성에 값을 할당한다.
9 : function 함수를 메소드에 할당한다.
11~16 : function 함수를 선언한다.
21 : display() 메소드를 호출한다.
22 : color 속성값을 바꾼다.
23 : 다시 display() 메소드를 호출한다.

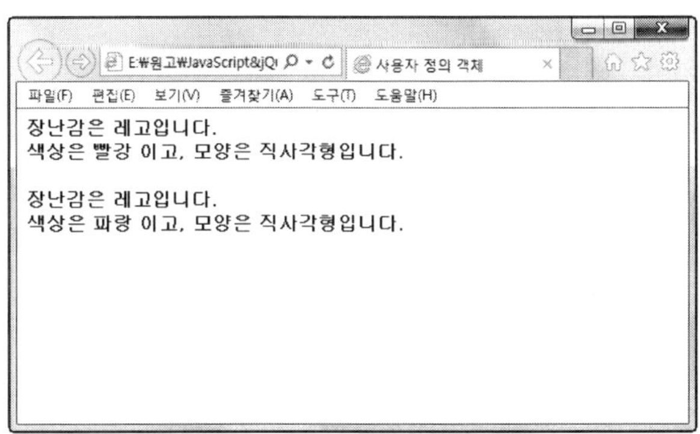

6.2 클래스와 사용자 정의 function

6.2.1 클래스

자바스크립트는 클래스를 갖고 있지 않지만, 자바나 C++과 같이 비슷하게 클래스를 생성한다.

클래스란 모든 객체의 속성과 행위를 정의하는 설계도의 일종으로 Car 클래스, House 클래스 또는 Widget 클래스와 같은 특별한 클래스를 가질 수 있다.

Car 클래스는 차의 속성과 메소드를 정의하는 것으로 클래스를 사용하여 여러 Car 객체를 생성할 수 있다. 하지만 자바스크립트는 고유의 클래스를 가지고 있지 않고 키워드도 없기 때문에 다양하게 클래스를 정의해야 한다.

자바스크립트에서는 단순한 function으로 클래스를 정의한다. function 명이 객체와 클래스 이름으로 지정되고, 속성과 메소드를 설정한다. 이것들은 객체의 틀 또는 원형이 된다. new 예약어에 의한 function은 생성자가 되어, 객체를 생성하고 참조한다.

6.2.2 this

내부적으로 자바스크립트는 객체를 생성하기 위해 function 생성자를 호출한다. 생성자안에는 객체를 생성하기 위해 this 변수를 정의한다. this문은 현재의 객체를 참조하는 일종의 축약어로 function을 생성자로 사용할 때 작성되는 객체의 속성의 대칭어로 사용된다.

이 방법은 현재 객체를 참조하기 위해 자바스크립트에서 많은 객체를 생성할 수 있다.

```
<script type="text/javascript">
  function Book(){ // Book 클래스의 생성
    this.title = "자바스크립트 프로그래밍"; // 속성
    this.author = "홍길동";
  }

  var bookObj = new Book; // Book 객체의 작성
  alert(bookObj.title + " 와 " + bookObj.author);
</script>
```

예제 6-4 사용자 정의객체 선언 실습

```
<HTML>
  <HEAD>
    <TITLE> 사용자 정의객체  선언 및 이용  </TITLE>
    <SCRIPT Language="JavaScript">
       function Display() {
        document.writeln("이름:"+ this.name
                              + "***전공:***"+this.major);
        document.writeln("학번:"+ this.hakbun
                              + "***나이:***"+this.age+"<BR>");
       }

       function Pinfor(pname,pmajor,phakbun,page) {
          this.name=pname;
          this.major=pmajor;
          this.hakbun=phakbun;
          this.age=page;
          this.print=Display;
       }
    </SCRIPT>
  </HEAD>

  <BODY>
    <h3>사용자 정의객체  선언 </h3>
    <hr>
```

```
25.      <SCRIPT Language="JavaScript">
26.          p1=new Pinfor("홍길동","전산학",20141234,33);
27.          p2=new Pinfor("이순신","통계학",20143456,20);
28.          p3=new Pinfor("강감찬","물리학",20147890,25);
29.          p1.print();
30.          p2.print();
31.          p3.print();
32.      </SCRIPT>
33.    </BODY>
34. </HTML>
```

5~10 : Display() 생성자를 정의한다.
12~18 : Pinfor() 생성자를 정의한다.
17 : Display() 생성자를 print에 복사하여 print 메소드를 작성한다.
26~28 : 3개의 객체를 인수를 정의해서 작성한다.
29~31 : 객체의 메소드를 호출하면 객체의 속성이 각각 출력된다.

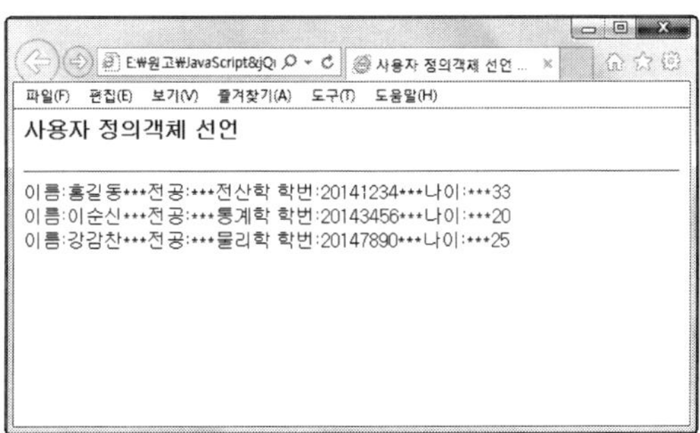

예제 6-5 사용자 정의객체 선언 실습

```
<html>
  <head>
      <title>사용자 정의객체  선언 및 이용</title>
    <script type ="text/javascript">
        function book(title, author, publisher){

          this.pagenumber = 0;
          this.title = title;
                this.author = author;
                this.publisher = publisher;
                this.pageForward = pageForward;
                this.pageBackward = pageBackward;
          }

          function pageForward(){
                this.pagenumber++;
```

```
17.                     return this.pagenumber;
18.             }
19.
20.             function pageBackward(){
21.                     this.pagenumber--;
22.                     return this.pagenumber;
23.             }
24.
25.           </script>
26.         </head>
27.         <body>
28.           <script type = "text/javascript">
29.               var myBook =
30.                 new book("JavaScript & jQuery", "임정목, ", "유병주" );
31.               myBook.pagenumber = 5;
32.             document.write( "<b>" + myBook.title + "<br/>" + myBook.author
33.               + myBook.publisher + "<br/>" + "<br/>현재 페이지는 "
34.               + myBook.pagenumber );
35.               document.write("<br>다음 페이지 : " );
36.               for(i=0;i<3;i++){
37.                   document.write("<br>" + myBook.pageForward());
38.               }
39.
40.               document.write("<br>이전 페이지 : ");
41.               for(;i>0; i--){
42.                   document.write("<br>" + myBook.pageBackward());
43.                   // 이전 페이지로 이동
44.               }
45.         </script>
46.     </body>
47. </html>
```

5~13 : Display() 생성자를 정의한다.
7~10 : 속성값을 설정한다.
11~12 : 속성에 각각의 메소드를 할당한다.
15~18 : 현재 페이지변수를 1 더하여 반환하는 메소드이다.
20~23 : 현재 페이지변수를 1 빼고 반환하는 메소드이다.
29~30 : 객체를 생성한다.
32~35 : 현재 객체의 속성 값들을 출력한다.
36~45 : 현재 메소드를 반복적으로 호출하여 결과를 반환받아 출력한다.

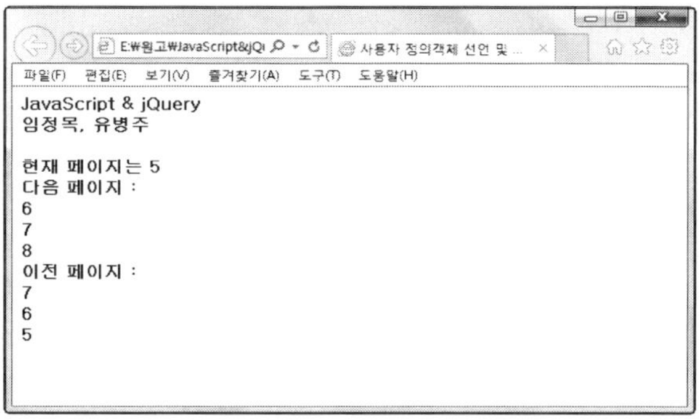
파일(F) 편집(E) 보기(V) 즐겨찾기(A) 도구(T) 도움말(H)
JavaScript & jQuery
임정목, 유병주
현재 페이지는 5
다음 페이지 :
6
7
8
이전 페이지 :
7
6
5

6.2.3 이름없는 function의 메소드

클래스에서 function 이름이 있는 메소드와는 별도로 이름없는 function을 할당할 수 있으며, 이때 { } 안에는 명령이 최소한 1줄 이상 선언되어야 한다.

```
this.calculate=function() { return r * t; }
// 이름없는 function의 할당
```

예제 6-6 이름없는 function의 할당 실습

```
<html>
   <head>
      <title>functions</title>
      <script type="text/javascript">
          function Distance(r, t) {
            this.rate = r;
            this.time = t;
            this.calculate = function()
                        { return r * t; }
          }
      </script>
   </head>
   <body>
      <script type ="text/javascript">
         var trip1 = new Distance(50, 1.5);
         var trip2 = new Distance(75, 3.2);
         document.write("첫번째 여행 결과 : "
                              + trip1.calculate() + "</p>");
         document.write("두번째 여행 결과 : "
                              + trip2.calculate() + "</p>");
      </script>
   </body>
</html>
```

5~10 : Distance() 생성자 function을 선언한다.
8~9 : 이름없는 function 메소드를 선언한다.
15~16 : 각각의 객체를 선언한다.
17~20 : 이름없는 function 메소드의 결과를 출력한다.

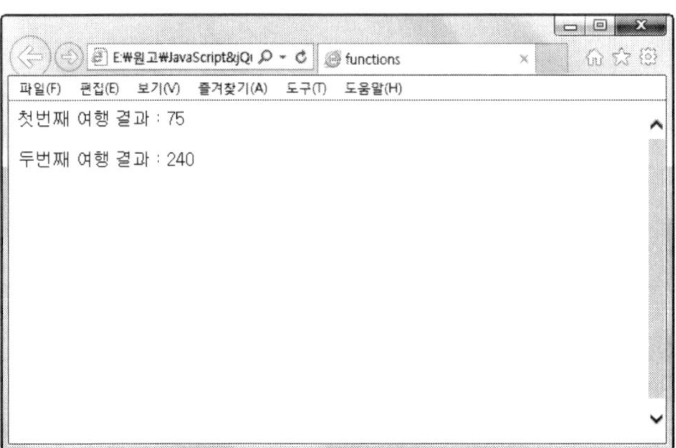

6.3 객체의 응용

6.3.1 with 문

with 문은 객체의 속성 또는 메소드를 참조하는 것을 요약해주는데 사용된다. 객체는 현재 블록의 범위 내에서 현재 객체의 인수들을 지정한다. 객체의 속성 또는 메소드는 객체명 또는 점없이 사용될 수 있다.

자바스크립트 문장을 간결하게 나타낼 수 있으며, 사용 예는 다음과 같다.

```
with (객체){
    < 객체명 또는 점이 없는 속성 명>
}

with(employee){
    document.write(name, ssn, address);
}
```

예제 6-7 with 문의 실습

```
1.  <html>
2.      <head>
3.          <title>The with Keyword</title>
4.          <script type = "text/javascript">
5.              function book(title, author, publisher){
6.                  this.title = title;    // Properties
7.                  this.author = author;
8.                  this.publisher = publisher;
9.                  this.show = show;   // Define a method
10.             }
11.
12.             function show() {
13.                 with(this) {    // The with keyword with this
14.                   var info = "제목 :  " + title;
15.                                  info += "₩n저자 :  " +  author;
16.                                info += "₩n출판사 : " + publisher;
17.                   alert(info);
18.                 }
19.             }
20.         </script>
21.     </head>
22.       <body bgcolor="lightblue">
23.         <script type = "text/javascript">
24.             var childbook = new book("홍길동전",
25.                                          "홍길동", "북스홀릭");
26.             var adultbook = new book("자바스크립트 프로그래밍",
27.                                          "임정목, 유병주", "북스홀릭");
28.             childbook.show();
29.             adultbook.show();
30.       </script>
31.     </body>
32. </html>
```

5~10 : book 생성자 function 영역이다.
9 : show 메소드를 show 속성에 할당한다.
12~19 : show 메소드 function 영역이다.
24~27 : 각각의 객체를 선언한다.
20~22 : 각각의 객체에 대한 show() 메소드를 호출한다.

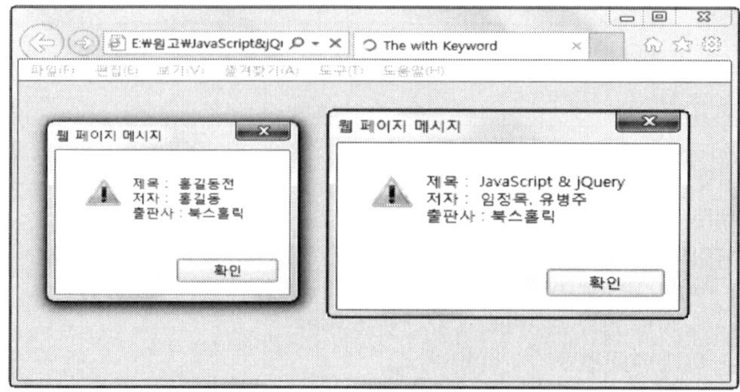

6.3.2 for/in 반복문

자바스크립트에서는 객체의 속성 또는 배열의 요소를 반복하여 나타낼 수 있는 for/in 반복문을 사용할 수 있다.

for/in 반복문에서 각각의 객체 속성 또는 배열의 요소를 블록을 사용하여 저장되어 있는 순서만큼 실행할 수 있다. 객체의 속성을 순환할 수 있는 편리한 구조이다.

사용 예는 다음과 같다.

```
for(var 속성변수 in 객체){
    문장;
}
```

예제 6-8 for/in 문의 실습

```
<html>
  <head>
    <title>for/in 문</title>
    <script type = "text/javascript">
      function book(title, author, publisher) {
        this.title = title;
        this.author = author;
        this.publisher = publisher;
        this.show = show;    // Define a method for the object
      }
      function show(obj, name) {
      // Function to show the object's properties
        var result = "";
        for (var prop in obj) {
          result += name + "." + prop + " = " +
                       obj[prop] + "<br>";
```

```
17.             }
18.             return result;
19.         }
20.     </script>
21. </head>
22. <body bgcolor="lightblue">
23.     <script type="text/javascript">
24.         myBook = new book("자바스크립트 프로그래밍",
25.                                         "임정목, 유병주","북스홀릭");
26.         document.write("<br><b>"
27.                                 + myBook.show(myBook, "myBook"));
28.     </script>
29. </body>
30. </html>
```

5~10 : book 생성자 function 영역이다.
9 : show 메소드를 show 속성에 할당한다.
12~19 : show 메소드 function 영역이다.
14~18 : fon/in 반복문을 사용하여 result 변수에 객체의 내용을 저장한다.
24~25 : book 객체를 선언한다.
26~27 : book 객체에 대한 show() 메소드를 호출한다.

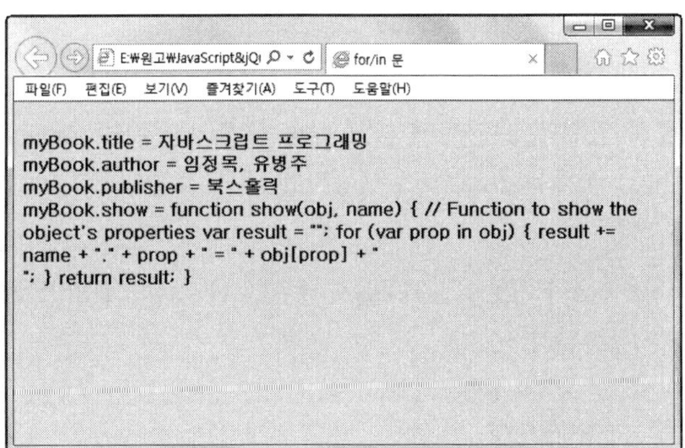

6.4 자바스크립트에서 제공하는 내장 객체

객체지향 프로그램의 주된 장점중의 하나는 이미 만들어진 객체를 필요에 따라 사용할 수 있다. 웹 프로그램에 효율적으로 사용할 수 있는 객체는 자바스크립트 자체에서 지원하는 객체와 웹 브라우저 환경에서 지원하는 객체로 구분 할 수 있다.

자바스크립트 자체에서 지원하는 객체는 String, Math, Date, Array 객체와 eval, parseInt, parseFloat 등이 포함되는 반면에 웹 브라우저 환경에서 지원하는 객체로는 parents, frame 등의 윈도우 객체와 흔히 사용하는 document, form 객체 등이 여기에 포함된다.

자바스크립트 자체에서 지원하는 객체 중에서는 String, Math, Date 객체는 문자, 숫자, 부울 대수와 같은 기본 자료형으로 지원할 수 없는 정보의 확장된 자료형을 제공하고자 할 때 일반적으로 사용된다.

6.4.1 Array 객체

배열이란 배열의 색상, 문자열, 또는 이미지와 같이 요소로 나타내는 값의 집합을 말한다. 각각의 배열 요소는 괄호로 나타내는 색인으로 표현되며, 이를 첨자라고 한다.

첨자는 문자열과 음수가 아닌 정수값으로 나타낸다.

James	Merry	Jane	Tom	Diana
name[0]	name[1]	name[2]	name[3]	name[4]

1) 배열의 선언과 초기화

배열도 변수처럼 사용하기 전에 선언해야 하고 new 문을 사용하여 Array() 객체를 연결하면 직접 메모리에 저장된다. 배열 객체는 function 생성자에 의해 호출되고, Array() 문에 의해 새로운 배열 객체를 작성한다.

크기는 생성자의 인수로 작성될 수 있으나, 반드시 필요한 것은 아니다. 배열 값에 의해 작성된 배열은 자동으로 크기가 설정된다.

```
var 배열명 = new Array();

var months = new Array();
months[0]="1월";
months[1]="2월";
months[2]="3월"
```

다음 예는 Array() 문에 배열의 길이가 100으로 지정된 예이다.

```
var array_name = new Array(100);
```

다음 예는 초기값이 지정된 만큼 선언된 예이다.

```
var weekday = new Array("일", "월", "화");
```

- new 예약어의 사용

크기가 정해진 배열을 선언할 경우 new 예약어와 함께 Array() 객체를 선언한다. 값이 정해지지 않은 빈 요소는 undefined 형으로 지정된다.

예제 6-9 Array() 객체의 생성 및 출력의 실습

```
1.  <html>
2.    <head>
3.      <title>Array() 객체의 생성 및 출력</title>
4.      <h2>book Array</h2>
5.      <script type="text/javascript">
6.         var book = new Array(6);
7.         book[0] = "자바스크립트";
8.         book[1] = "자바";
9.         book[2] = "HTML & CSS";
10.        book[3] = "Visual Basic.Net";
11.        book[4] = "C#";
12.        book[5] = "컴퓨터 개론";
13.        book[7] = "JSP";
14.     </script>
15.   </head>
16.   <body bgcolor="lavender">
17.      <p style="font-size:150%">
18.        <script type="text/javascript">
19.          for(var i in book){
20.              document.write("book[" + i + "] "+ book[i]  + "<br/>");
21.          }
22.        </script>
23.     </p>
24.   </body>
25. </html>
```

6 : book 배열 객체를 생성한다.
7~13 : 배열에 데이터를 삽입한다.
19~21 : book 객체의 데이터를 for/in 문으로 출력한다.

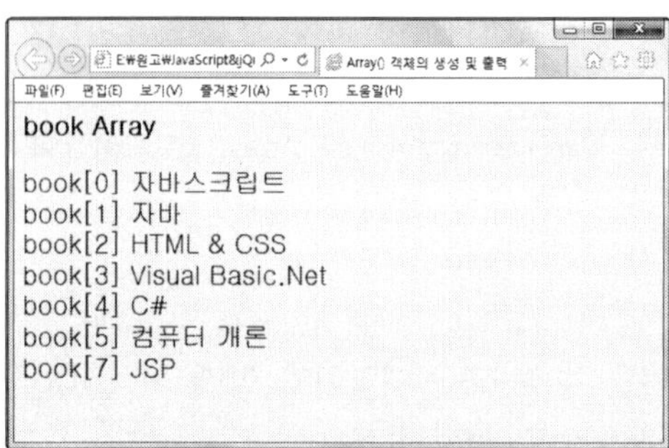

– 배열에 직접 문자열의 작성

배열 문자열은 배열을 빠르게 생성할 수 있다. 문자열 기호를 사용해서 배열에 이름과 요소 목록을 할당할 수 있다. 요소는 대괄호 안에 컴마로 구분하여 작성한다.

```
var myarray=["홍길동", "이순신", "강감찬"]
```

첫 번째로 Array 객체안에 배열 크기와 new 문으로 생성하면 0 번지부터 선언된 배열-1 크기 만큼 생성된다.

```
var array1 = new Array(10);
var array2 = [ 10 ];
```

두 번째로 대괄호 안에 숫자를 넣어서 선언한다.

예제 6-10 Array() 객체의 문자열 선언 실습

```
<html>
  <head>
    <title>문자열 선언 방법</title>
    <h2>동물 객체 선언</h2>
    <script type="text/javascript">
       var pet = [ "개", "고양이", "원숭이","사슴" ];
    </script>
  </head>
  <body bgcolor="lavender">
    <font size="+2">
      <script type="text/javascript">
       for (var i in pet) {
         document.write("pet[" + i + "] "+ pet[i]  + "<br/>");
       }
```

```
15.         </script>
16.       </font>
17.    </body>
18. </html>
```

6 : book 배열 객체에 문자열들을 선언한다.
12~14 : pet 객체의 데이터를 for/in 문으로 출력한다.

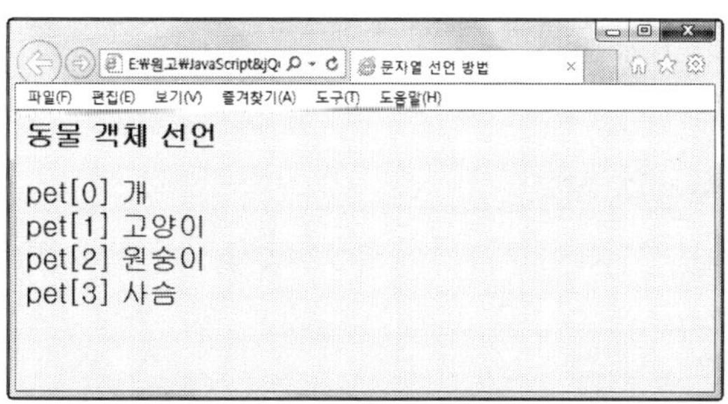

- for 문 안에서 배열의 작성

배열 작성을 위해 직접 값을 할당하기 위해 for 문에서 배열 값을 채울 수 있다. 초기값은 0부터 색인 값을 시작하여 최종 값 까지 반복하여 배열을 생성할 수 있다.

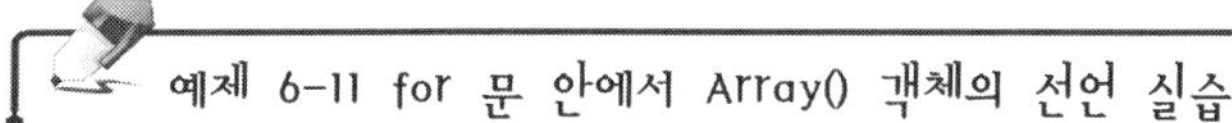

예제 6-11 for 문 안에서 Array() 객체의 선언 실습

```
1.  <html>
2.    <head>
3.      <title>Array 객체</title>
4.    </head>
5.    <body>
6.      <h2>수식 배열 생성</h2>
7.      <script type="text/javascript">
8.          var years = new Array(10);
9.
10.         for(var i=0; i < years.length; i++ ) {
11.            years[i] = i + 2006;
12.            document.write("[" + i + "] = "
13.                + years[i]   + "년 <br/>");
14.         }
15.       </script>
16.    </body>
17. </html>
```

8 : years 배열 객체에 문자열들을 선언한다.
10~14 : for 문 안에서 수식의 결과를 배열에 대입하고 출력한다.

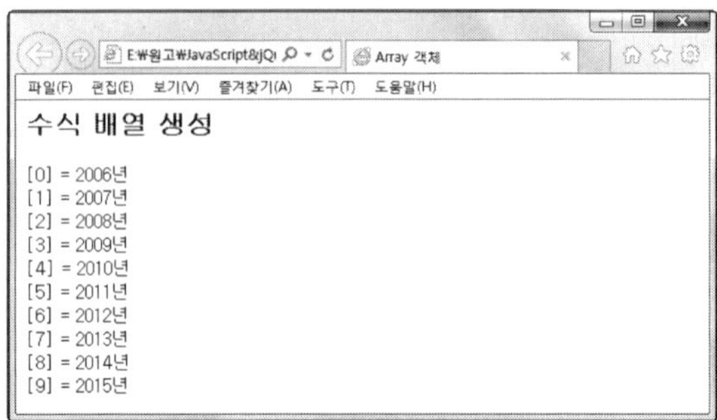

– 값의 선언으로 배열 객체의 작성

배열을 작성할 때, 요소를 선언하여 Array() 생성자를 한 번에 작성할 수 있다. 나중에 요소를 추가 또는 삭제할 수 있다.

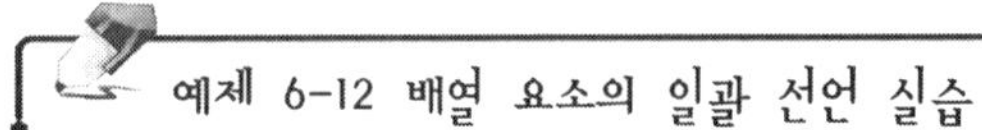

예제 6-12 배열 요소의 일괄 선언 실습

```
1.  <html>
2.    <head>
3.      <title>Array 객체</title>
4.    </head>
5.    <body>
6.      <h2>색상 배열 객체</h2>
7.      <script type="text/javascript">
8.        var colors = new Array("red", "green", "blue", "purple");
9.        for(var i in colors){
10.           document.write("<font color='" + colors[i] + "'>");
11.           document.write("colors[" + i + "] = "
12.               + colors[i] + "<br />");
13.           }
14.       </script>
15.   </body>
16. </html>
```

8 : colors 배열 객체에 문자열을 대입하여 일괄 선언한다.
9~13 : for 문 안에서 font 태그로 배열 요소의 색상을 문자열로 나타낸다.

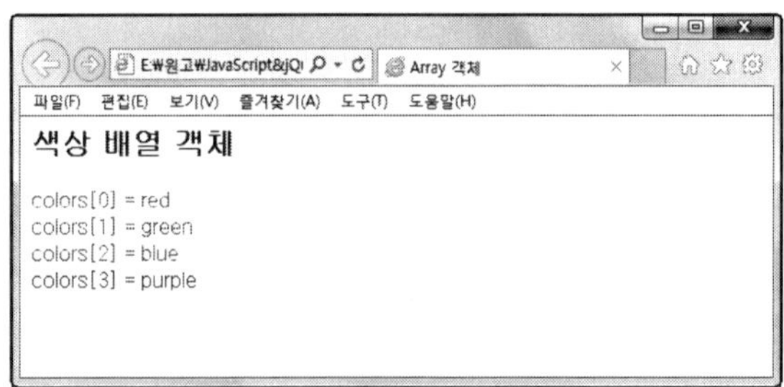

2) 배열의 속성

배열의 속성에는 length, constructor, prototype의 3가지 속성이 있으며, 그 기능은 다음과 같다.

속성	기능 설명
length	객체의 갯수를 수치로 나타낸다.
constructor	객체의 생성자를 참조한다.
prototype	속성과 메소드를 추가하여 배열 선언을 확장한다.

예제 6-13 배열 속성 선언 실습

```
1.  <html>
2.      <head>
3.          <title>배열의 속성</title>
4.          <h2>배열의 속성 종류</h2>
5.          <script type="text/javascript">
6.              var book = new Array();
7.              book[0] = "자바스크립트 프로그래밍";
8.              book[1] = "HTML & CSS";
9.              book[2] = "JAVA  프로그래밍";
10.             book[3] = "컴퓨터 구조";
11.             book[4] = "엑셀과 파워포인트";
12.             book[5] = "JSP";
13.         </script>
14.     </head>
15.     <body>
16.         <big>
17.         <script type="text/javascript">
18.                 document.write("book 배열의 갯수는  "
19.                                 + book.length + "개 입니다 <br/>");
20.                 document.write("book 생성자 내용 : "+
21.                     book.constructor + "<br />");
22.             book.length=0;
23.             document.write("첫번째 책의 이름은  " +   book[0] );
24.             document.write("<br />protype : "+ book.protype);
25.         </script>
26.         </big>
27.     </body>
28. </html>
```

6~12 : book 배열 객체를 선언하고 6개의 데이터를 입력한다.
18~19 : length 속성으로 배열 요소의 개수를 나타낸다.
20~21 : constructor 속성으로 생성자의 명령어를 출력한다.
23 : 첫 번째 배열 요소의 내용을 출력한다.
24 : 배열의 protype을 나타낸다.

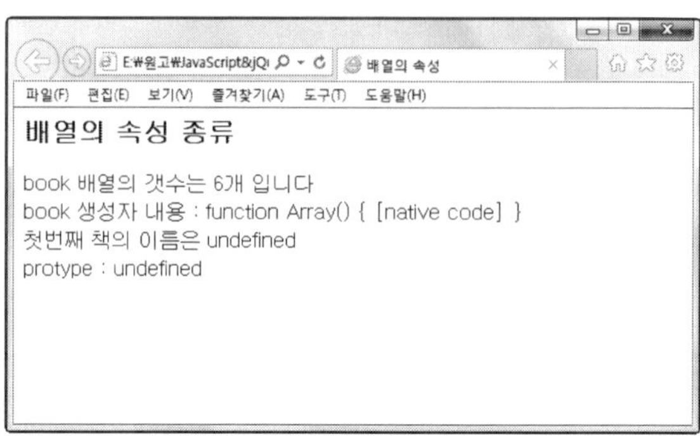

3) 연관 배열

자바스크립트는 배열의 색인으로서 문자열 값을 사용할 수 있다. 수치 대신 색인 값으로서 문자열을 사용하는 배열을 연관 배열이라고 한다. 색인과 그 위치에 저장된 값은 연결되어 있다.

색인은 키(key)라고 하여 값은 키에 의해 지정된다.

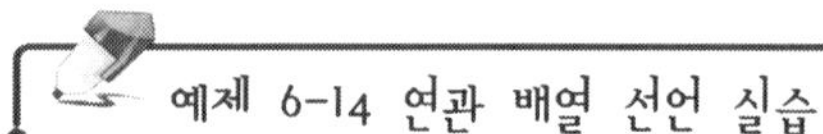


```
1.  <html>
2.      <head>
3.          <title>연관 배열</title>
4.      </head>
5.      <body>
6.          <h2>색인 배열의 문자열</h2>
7.          <script type="text/javascript">
8.               var states = new Array();
9.               states["경기"] = "경기도";
10.              states["전북"] = "전라북도";
11.              states["부산"] = "부산직할시";
12.              for( var i in states ) {
13.               document.write(" <b>  색인 : "+ i );
14.               document.write(" - 값 : " + states[i] + "<b><br/>");
15.              }
16.         </script>
17.     </body>
18. </html>
```

8~11 : states 배열 객체를 선언하고 3개의 데이터를 입력한다.
12~15 : 반복문으로 배열의 색인과 연관된 값을 출력한다.

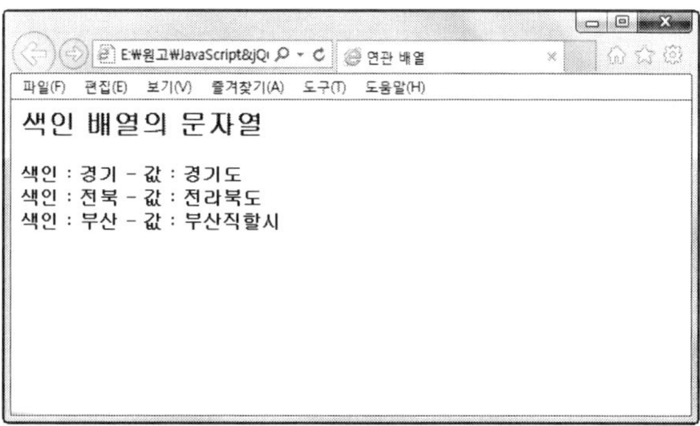

4) 2차원 배열

배열에서 일반적인 1차월 배열에 별도의 열로 확장된 2차원 배열을 선언할 수 있으며, 배열명 [0][0] 형태로 선언하며, 첫 번째 배열의 위치를 나타낸다.

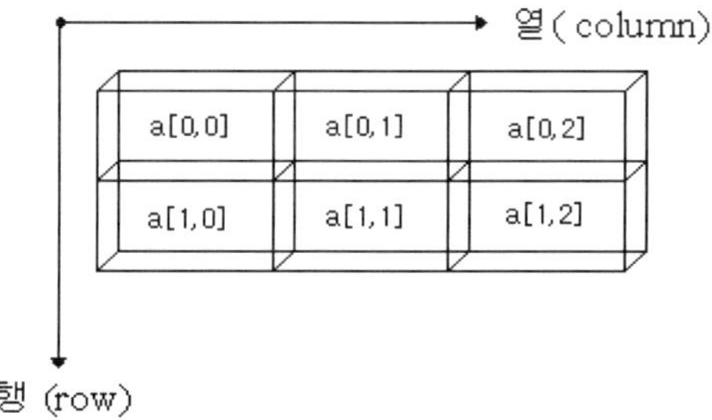

배열을 선언하는 예는 다음과 같다.

```
var array_name = new Array(new Array(77,88,99),
                           new Array(50,60,99),
                           new Array(99,88,78)
                           );

또는

var array_name= [ [77,88,99],
                  [50,60,99],
                  [99,88,78]
                ];
```

첫 번째 행은 array_name [0]으로 나타내고, 첫 번째 요소는 [0][0]으로 나타내며, 마지막 요소는 [2][2]로 나타낸다.

예제 6-15 2차원 배열 선언 실습

```
1.  <html>
2.      <head>
3.          <title>2 차원 배열</title>
4.      </head>
5.      <body>
6.          <table border="2" bordercolor="blue">
7.            <caption>등급표</caption>
8.           <tr> <b>
9.          <script type="text/javascript">
10.             var grades= [ [77,88,99,75] ,
11.                           [50,60,99,89],
12.                           [99,88,78,92]
13.                          ];
14.
15.            for (var i=0; i < grades.length; i++) {
16.                for (var j=0; j < grades[i].length; j++) {
17.                    document.write(
18.                      "<td bgcolor='#fff00'>"+grades[i][j] + "</td>");
19.                }
20.             document.write("</tr>");
21.          }
22.      </script>
23.      </table>
24.     </body>
25. </html>
```

10~12 : 2차원 배열과 []로 둘러쌓인 데이터를 선언한다.
15~21 : 반복문으로 내포된 배열 요소를 테이블과 결합하여 출력한다.

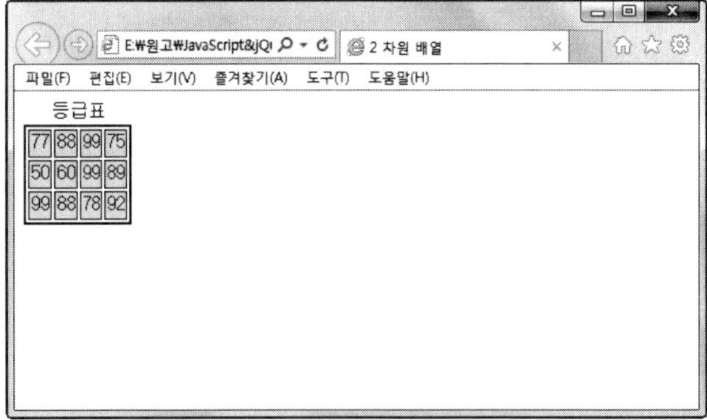

5) Array 메소드

배열에서 객체의 선언 이외에도 속성과 메소드를 가지고 있다.

메소드의 종류는 다음과 같다.

메소드	기능
concat()	하나의 배열에 다른 배열의 요소를 결합한다.
join()	문자열로 배열의 요소를 분리하여 결합한다.
pop()	배열의 마지막 요소를 삭제한 후 그 값을 리턴하고 배열의 크기를 줄인다.
push()	배열에 하나 또는 여러 개의 값을 넣고 새로운 배열의 길이를 반환한다.
reverse()	배열의 요소를 역순으로 나타낸다.
shift()	배열의 첫 요소를 제거한다.
slice()	배열값의 일부분을 선택하여 새로운 배열을 만들어 준다.
sort()	숫자 또는 문자열 순서대로 정렬한다.
splice()	이전 배열요소를 삭제하고 새로운 내용물을 추가하는 형태로 배열 내용을 변경하고, 삭제된 요소들은 반환한다.
toLocaleString()	배열의 요소를 format 형태의 문자열로 나타낸다.
toString()	배열을 문자열로 나타낸다.
unshift()	배열의 처음에 요소를 추가한다.

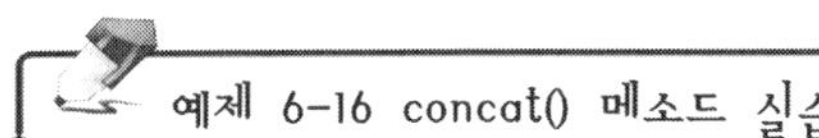

예제 6-16 concat() 메소드 실습

```
1. <html>
2.     <head>
3.         <title>concat() 메소드</title>
4.     </head>
5.     <body>
6.         <script type="text/javascript">
7.             var names1=new Array("서울", "경기", "강원" );
8.             var names2=new Array("충남", "충북");
9.             document.write("<b>첫 번째 배열 : "+ names1 + "<br/>");
10.            document.write("<b>두 번째 배열 : "
11.                           + names2 + "<br/><br/>");
12.            document.write("<b>결합 후 배열 : ");
13.            names1 = names1.concat(names2);
14.            document.write(names1);
15.        </script>
16.    </body>
17. </html>
```

7~8 : 2개의 배열을 선언한다.
13~14 : 첫 번째 배열에 두 번째 배열을 결합하고 출력한다.

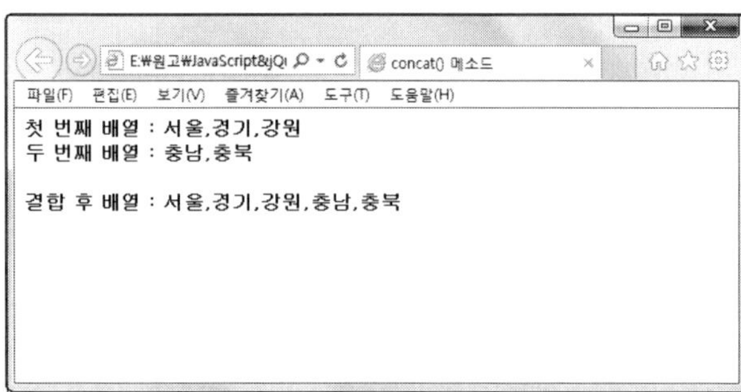

예제 6-17 pop()/push() 메소드 실습

```
<html>
    <head>
        <title>pop() 메소드</title>
    </head>
    <body>
        <script type="text/javascript">
            var names=new Array("서울", "경기", "강원", "대전");
            document.write("<b>본래 배열 : "+ names +"<br/><br/>");

            var newstring=names.pop();
            document.write("popped 요소 : "+ newstring);
            document.write("<br/>새로운 배열 : "+ names + "<br/>");

            var pushed = Array("충남","충북")
          document.write("<br/>pushed 요소: "+ pushed+ "</b>");

            names.push(pushed);
          document.write("<br/><b>새로운 배열 : "
                              + names + "</b>");
        </script>
    </body>
</html>
```

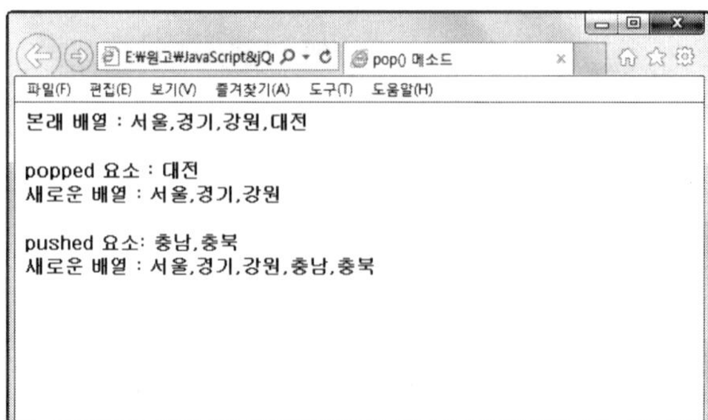

예제 6-18 shift()/unshift() 메소드 실습

```
<html>
    <head>
        <title>shift() / unshift() 메소드</title>
    </head>
    <body>
        <script type="text/javascript">
            var names=new Array("서울", "경기", "강원" );
            document.write("<b>본래의 배열 : "
                         + names + "<br /><br />");
            names.shift();
            document.write("shift 메소드 후의 배열 : " + names);
            names.unshift("충남","충북");

           document.write("<br /><br />unshift 메소드 후의 배열 : "
                         + names);
        </script>
    </body>
</html>
```

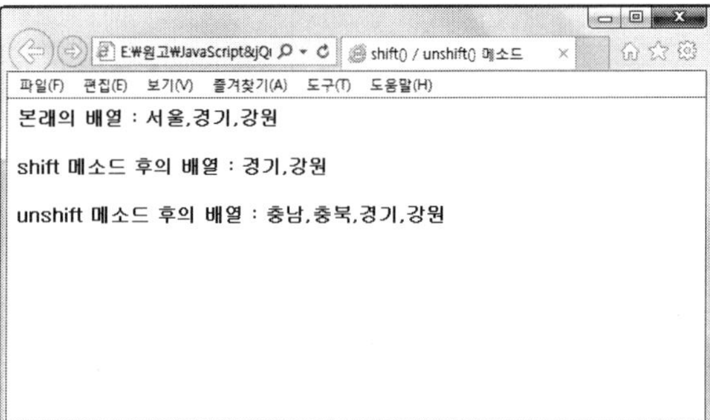

예제 6-19 slice()/splice() 메소드 실습

```
<html>
    <head>
        <title>slice() / splice() 메소드</title>
    </head>
    <body>
        <script type="text/javascript">
           var names=new Array("서울", "경기", "강원", "충남", "충북");
          document.write("<b>본래의 배열 : "+ names + "<br />");
           var sliceArray = names.slice(2, 4);
           document.write("slice(2,4) 후의 배열 : ");
```

```
            document.write(sliceArray);

            var names=new Array("서울", "경기", "강원", "충남");
            document.write("<br /><br />본래의 배열 : "
                            + names + "<br />");
            names.splice(1, 2, "전남","전북","대전");
          document.write("splice(1,2) 후의 배열 : "
                            + names + "</b>");
        </script>
    </body>
</html>
```

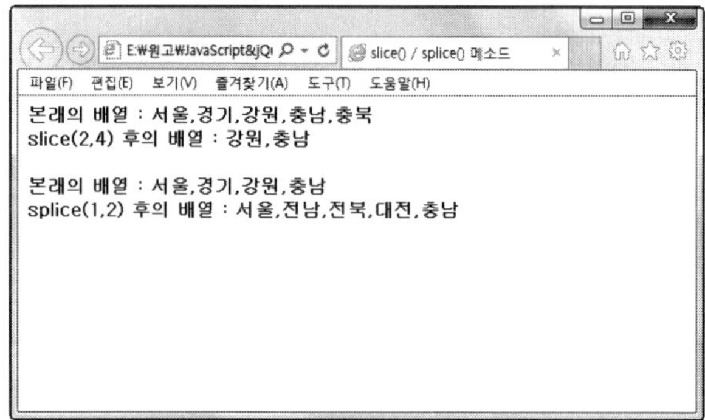

6.4.2 Date 객체

자바스크립트에서는 날짜와 시간을 지정하기 위해 Date 객체를 제공하며, 또한 특정 정보를 지정하기 위해 많은 메소드를 사용할 수 있다. 날짜는 1970년 1월 1일에 시작되는 UNIX 날짜에 기준하고, 그 시간 전에 날짜들을 지원하지 않는다. 만약 Date 객체에서 인수를 지정하지 않으면 컴퓨터에 지정된 날짜와 시간을 반환한다.

Date 객체에는 5가지의 Format이 있다.

```
new Date("Month dd, yyyy hh:mm:ss")
new Date("Month dd, yyyy")
new Date(yy,mm,dd,hh,mm,ss)
new Date(yy,mm,dd)
new Date(milliseconds)

mydate = new Date()
mydate = new Date("March 15, 2015 09:25:00")
mydate = new Date("March 15, 2015")
mydate = new Date(15,2,15)
mydate = new Date(15,2,15,9,25,0)
mydate = new Date(500);
```

1) Date 객체의 메소드

Date 객체는 많은 종류의 메소드와 단지 protype 속성으로 선언한다.

메소드	기능 설명
getDate	1부터 31일까지 특정 달의 날짜를 반환한다.
getDay	요일(0-6)을 숫자로 반환한다. ; 0은 일요일, 1은 월요일
getFullYear	4자리 숫자의 연도를 반환한다.
getHours	시간(0-23)을 반환한다.
getMilliseconds	millisecond를 반환한다.
getMinutes	분(0-23)을 반환한다.
getMonth	월(0-11)을 반환한다.; 0 은 1월, 1은 2월
getSeconds	초(0-59)를 반환한다.
getTime	1970년 1월 1일 이후의 시, 분, 초를 반환한다.
parse()	매개변수로 제공된 날짜의 시간을 00 : 00 : 00으로 반환한다.
setDate(value)	일(1-31)을 지정한다.
setFullYear()	연도를 4자리 숫자로 지정한다.
setHours()	시간(0-23)을 지정한다.
setMilliseconds	밀리초를 지정한다.
setMonth(month,date)	시간을 월로 지정한다.
setSeconds()	초를 지정한다.
setTime()	시간을 지정한다.
setYear()	년을 지정한다.
toLocaleString	11/09/99 12:43:22 형태로 시간과 날짜를 문자로 지정한다.
toSource()	Date() 객체의 원형을 반환한다.
toString()	시간과 날짜를 문자열로 반환한다.

예제 6-20 시간과 날짜 선언 실습

```
<html>
   <head>
      <title>Time 과 Date</title>
   </head>
   <body>
      <h2>Date 와 Time</h2>
      <big>
      <script type="text/javascript">
         var now = new Date();
         document.write("<b>Local time :</b> " + now + "<br />");
         var hours = now.getHours();
         var minutes = now.getMinutes();
```

```
            var seconds   =now.getSeconds();
            var year=now.getFullYear();
            document.write("<b>연도는  : " + year +" </b><br />");
            document.write("<b>시간은 :  " +
                        hours + ":" + minutes + ":" + seconds + "</b>");
        </script>
        </big>
    </body>
</html>
```

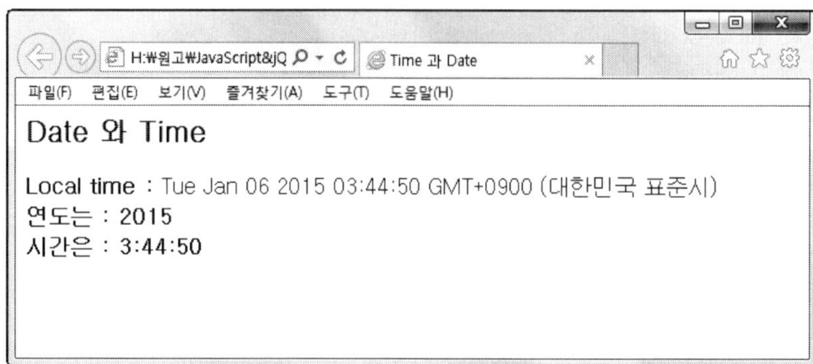

2) protype 속성에서 Date 객체의 지정

모든 객체는 객체의 성능을 확장하는 protype 속성을 가지고 있다. 날짜 객체의 protype 속성으로, 새로운 메소드와 이 객체가 상속되는 속성을 제공함으로써 시간과 날짜를 작성할 수 있다.

예제 6-21 날짜와 요일 선언 실습

```
<html>
    <head>
        <title>Prototype 속성</title>
          <script type = "text/javascript">
                    function weekDay() {
                        var now = this.getDay();
                        var names = new Array(7);
                        names[0]="일요일";
                        names[1]="월요일";
                        names[2]="화요일";
                        names[3]="수요일";
                        names[4]="목요일";
                        names[5]="금요일";
                        names[6]="토요일";
                        return(names[now]);
             }
```

```
            Date.prototype.DayOfWeek = weekDay;
        </script>
    </head>
    <body>
        <font face="arial">
      <big>
        <div align="center">
        <script type="text/javascript">
           var today=new Date();
           var year = today.getFullYear();
         var month = today.getMonth() + 1;
         var day = today.getDate();
           document.write(year + "년 "+ month + "월 " + day + "일");
           document.write("은<b> " + today.DayOfWeek()
                               + "</b> 입니다<br />");
        </script>
      </div>
      </big>
    </body>
</html>
```

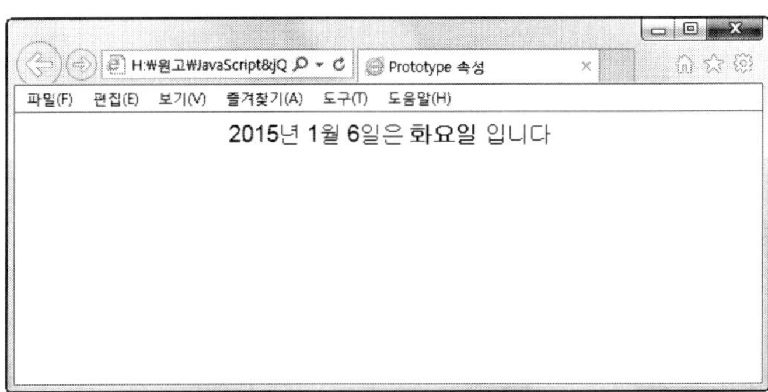

6.4.3 Math 객체

Math 객체는 제곱근, 삼각함수, 대수함수들, 그리고 무작위 추출에 의한 수치들을 기본적인 숫자 연산자들에 의해 제공한다. 다른 객체와 달리, 새로운 키워드를 이용해서 Math 객체의 예를 작성할 필요가 없다. 내장 객체로 많은 속성과 메소드를 가지고 있다.

속성	기능 설명
E	자연로그 밑으로 사용하는 오일러 상수
LN10	10의 자연로그
LN2	2의 자연로그
PI	파이()값
SQRT2	2의 제곱근index 위치의 글자 확인
SQRT1_2	1/2의 제곱근

예제 6-22 Math 객체의 속성 선언 실습

```
<html>
  <head>
    <title> Math 객체</title>
  </head>
  <body>
    <h3>  Math 객체의 속성 사용 </h3> <hr>
    <SCRIPT Language="JavaScript">

      document.write("오일러 상수     **> : " + Math.E + "<br>") ;
      document.write("10의 자연로그 **> : " + Math.LN10 + "<br>") ;
      document.write("2 의 자연로그 **> : " + Math.LN2 + "<br>") ;
      document.write("..................................................." + "<br>") ;
      document.write("파이값          **> : " + Math.PI + "<br>") ;
      document.write("2의 제곱근      **> : " + Math.SQRT2 + "<br>") ;
      document.write("1/2의 제곱근   **> : " + Math.SQRT1_2 + "<br>") ;

    </SCRIPT>
  </body>
</html>
```

Math 메소드의 종류	기능 설명
abs(su)	절대값을 반환해 주는 메소드
acos(su)	아크코사인 값을 레디안 값으로 반환해 주는 메소드
asin(su)	아크사인 값을 레디안 값으로 반환해 주는 메소드
atan(su)	아크탄젠트 값을 레디안 값으로 반환해 주는 메소드
ceil(su)	su의 소수부분을 올린수를 반환해 주는 메소드
exp(su)	지수값을 반환해 주는 메소드
floor(su)	su의 소수부분을 버린 수를 반환해 주는 메소드
log(su)	밑수 10의 로그값을 반환해 주는 메소드
max(su1, su2)	두 수 중 큰 수를 반환해 주는 메소드

min(su1,su2)	두 수 중 작은 수를 반환해 주는 메소드
pow(su1, su2)	멱수값을 반환해 주는 메소드
random()	0과 1 사이의 난수 발생값을 반환해 주는 메소드
round(su)	su를 반올림한 수를 반환해 주는 메소드
sin(su)	사인값을 반환해 주는 메소드
sqrt(su)	제곱근 값을 반환해 주는 메소드
tan(su)	탄젠트 값을 반환해 주는 메소드

예제 6-23 Math 객체의 메소드 선언 실습

```
<html>
    <head>
        <title> Math 객체</title>
    </head>
    <body>
        <h4>  Math 메소드 사용 </h4> <hr>
        <SCRIPT Language="JavaScript">

                with(Math) {
                    document.write("abs(-100)     **>:"+abs(-100)+"<br>");
                    document.write("asin(1)  **>:"+asin(1)+"<br>");
                    document.write("acos(1)  **>:"+acos(1)+"<br>");
                    document.write("atan(1)  **>:"+atan(1)+"<br>");
                    document.write
                      ("--------------------------------------------------"+"<br>");
                    document.write("ceil(44.54)  **>:"+ceil(44.54)+"<br>");
                    document.write("exp(0)       **>:"+exp(0)+"<br>");
                    document.write("floor(44.54)  **>:"+floor(44.54)+"<br>");
                    document.write("log(2)  **>:"+log(2)+"<br>");
                    document.write("max(1,2)      **>:"+max(1,2)+"<br>");
                    document.write("min(1,2)      **>:"+min(1,2)+"<br>");
                    document.write
                      ("--------------------------------------------------"+"<br>");
                    document.write("pow(2,3)  **>:"+pow(2,3)+"<br>");
                    document.write("random(0)      **>:"+random()+"<br>");
                    document.write("round(11.4)  **>:"+round(11.4)+"<br>");
                    document.write("sqrt(100)  **>:"+sqrt(100)+"<br>");
                    document.write("sin(0)     **>:"+sin(0)+"<br>");
                    document.write("cos(0)     **>:"+cos(0)+"<br>");
                    document.write("tan(1)     **>:"+tan(1)+"<br>");
                }

        </SCRIPT>
    </body>
</html>
```

1) 반올림과 절사

Math 메소드중에서 수치의 반올림과 절사를 위한 3개의 메소드가 있으며, 다음과 같다.

ceil 메소드 : ceil() 메소드는 소수의 수를 무조건 반올림하고 소수점 이하 수를 제거한다. 예를 들어 5.02는 6이 된다. 그리고 -5가 -6보다 더 크기 때문에 -5.02는 -5가 된다.

floor 메소드 : floor() 메소드는 소수의 수를 무조건 절사하고 소수점 이하 수를 제거한다. 예를 들어 5.02는 5가 되고 -5.02는 -6이 된다.

round 메소드 : round() 메소드는 소수이의 수가 5이상일 경우 반올림하고 아니면 절사한다. 예를 들어 5.9는 6이 되고 5.02는 5가 된다.

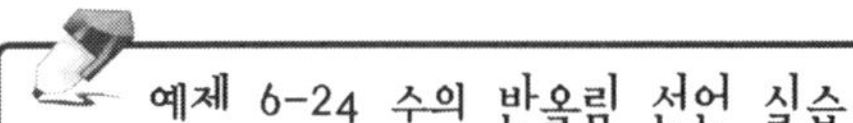

예제 6-24 수의 반올림 선언 실습

```
<html>
    <head>
        <title>Math 객체</title>
    </head>
    <body>
        <h2>수의 반올림</h2>
        <p>
        <h3>
      <script language="JavaScript">
          var num = 16.3;
          document.write("<b>선언된 수는 : ", num,
                         "</b><br><br>");
          document.write("The <b>Math.floor</b> 의 결과는 : " +
                                 Math.floor(num) + "<br>");
```

```
            document.write("The <b>Math.ceil</b> 의 결과는 : " +
                                    Math.ceil(num) +"<br>");
            document.write("The <b>Math.round</b> 의 결과는 : " +
                                    Math.round(num) + "<br />");
        </script>
          </h3>
    </body>
</html>
```

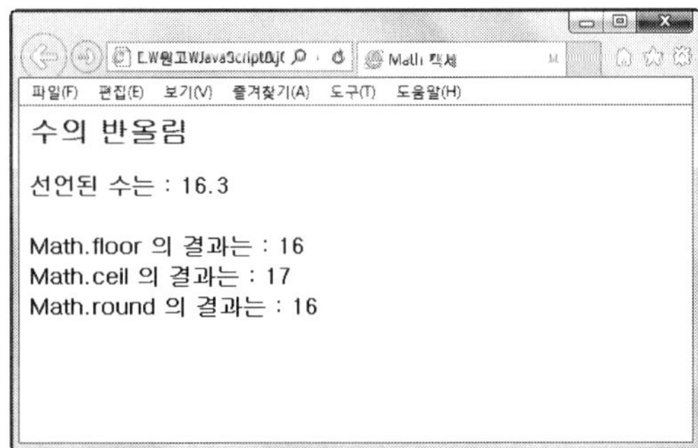

2) random() 메소드에 의한 수의 발생

random 메소드를 반복적으로 호출하면 기본적으로 0~1 사이의 수를 발생하여 나타낸다. 만약 0~10 사이의 수를 나타내려면 10을 곱해서 절사하여 나타낼 수 있다.

예제 6-25 난수의 선언 실습

```
<html>
    <head>
        <title>Random Numbers</title>
    </head>
      <body>
         <p style="font-size:120%;color:black">
         <script type="text/javascript">
              for(i=0; i < 10;i++){
                document.write(Math.random(),"</br>");
              }
              document.write("</br>");

              for(i=0; i < 20; i++){
                   document.write(Math.floor(Math.random() * 10 ) +" ");
             }
        </script>
      </p>
    </body>
</html>
```

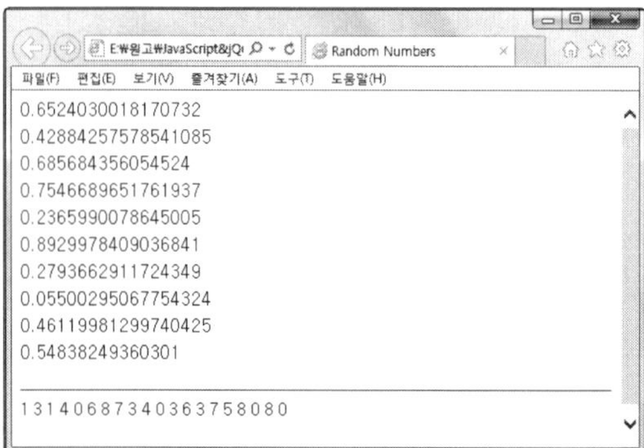

6.4.4 Wrapper 객체(String, Number, Function, Boolean)

Wrapper 객체란 그것을 표현한 원시 자료형과 같은 이름을 나타내는 객체이다. 원시자료형(string, number과 boolean)에 대한 string 객체, number 객체, 그리고 boolean 객체가 있다.

이 객체들은 wrapper라고 하는 객체로 정의되는 속성과 메소드를 제공한다.

1) String 객체

자바스크립트에서 String 객체는 문자열을 객체로 간주하는 핵심 자바스크립트 객체이다. 많은 속성과 메소드를 적용하기 때문에 문자열 양쪽을 쌍따옴표로 감싸서 나타내는 문자열 객체는 wrapper 객체의 일종이다.

string 객체와 일반적 string 선언의 예는 다음과 같다.

```
var title="JavaScript & jQuery";
var title=new String("JavaScript & jQuery");
```

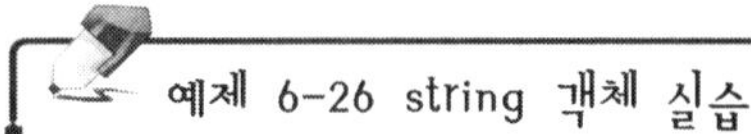
예제 6-26 string 객체 실습

```
<html>
    <head>
        <title>String 객체</title>
    </head>
   <body bgcolor=yellow>
     <font face="arial">
     <big>
     <h2>기본형과 String 객체</h2>
     <script type="text/javascript">
         var first_string = "The winds of war are blowing.";
```

```
            var next_string = new String("There is peace in the valley.");
            document.write("첫번째 문자열의 형은 <em> "+
                         typeof(first_string));
            document.write(".</em><br />두번째 문자열의 형은<em> "+
                          typeof(next_string) +".<br />");
            </script>
        </big>
    </body>
</html>
```

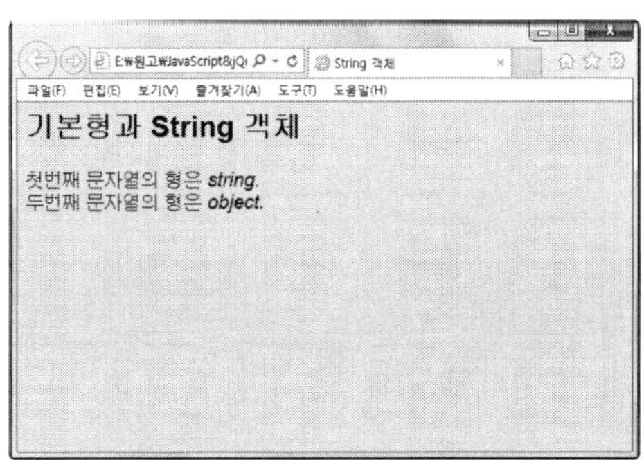

– String 객체의 속성

string 속성은 문자열 객체의 속성을 나타낸다. 가장 일반적인 문자열 속성은 length 속성으로 문자열의 길이를 정수로 나타낸다. protype 속성은 문자열 객체에 속성과 메소드를 추가할 수 있어서 문자열을 변형할 수 있다.

속성	기능 설명
length	문자열의 길이를 정수로 나타낸다.
constructor	String 객체를 작성한 function을 반환한다.
prototype	문자열에 속성과 메소드를 추가하여 정의할 수 있도록 한다.

예제 6-27 string 객체의 속성 실습

```
<html>
    <head>
        <title>Prototype 속성</title>
           <script type = "text/javascript">
             function ucLarge() {
                var str=this.bold().fontcolor("green").
                          toUpperCase().fontsize("22");
                return(str);
                }
```

```
                String.prototype.ucLarge=ucLarge;
            </script>
        </head>
        <body bgcolor=yellow>
        <div align="center">
            <script language="JavaScript">
                var str="동물(Animal)을 사랑합시다!!";

                document.write(str.ucLarge());
                document.write("<b>(길이 : "+ str.length +")" +"<br />" );
            </script>
            <img src="dog.jpg">
        </div>
    </body>
</html>
```

– String 객체의 메소드

string 객체의 메소드를 이용하여, HTML 태그의 기능을 대신 할 수 있다. HTML의 태그에 비해 string 객체의 메소드 기능이 강력하고 반복해서 지정할 수 있다.

string 객체의 메소드 종류는 다음과 같다.

메소드	HTML의 태그 기능
String.anchor(Name)	<a name="Name">String</a>
String.big()	<big>String</big>
String.blink()	<blink>String</blink>
String.bold()	<b>String</b>
String.fixed()	<tt>String</tt>
String.fontcolor(color)	<font color="color">String</font>
String.fontsize(size)	<font size="size">String</font>
String.italics()	<i>String</i>
String.link(URL)	<a href="URL">String</a>
String.small()	<small>String</small>

String.strike()	<strike>String</strike>
String.sub()	_{String}
String.sup()	^{String}

예제 6-28 string 객체의 메소드 실습

```
<html>
    <head>
        <title>String object</title>
    </head>
    <body bgcolor="yellow">
      <big>
        <font face="arial">
        <h2>String 객체의 메소드</h2>
        <script type="text/javascript">
            var str1 = new String("Hello world!");

            var str2 = "안녕하세요 자바스크립트입니다!!.";
            document.write(str1) + "<br />";
            document.write(str1.fontcolor("blue")+"<br />");
            document.write(str1.fontsize(8).fontcolor("red").bold()
                                                        + "<br />");
            document.write(str1.big()+ "<br />");
            document.write("Good-bye, ".italics().bold().big() +
                                str2 + "<br />");
        </script>
      </big>
   </body>
</html>
```

문자열을 취급하는 메소드의 종류는 다음과 같다.

메소드	기능 설명
charAt(index)	지정된 위치의 문자를 반환한다.
concat(string1, ..., stringn)	메소드에 지정된 문자열들을 결합한다.
fromCharCode(codes)	컴마로 분리된 문자코드의 문자열을 생성한다.
indexOf(substr, startpos)	문장 중에서 문자열의 색인 위치를 검색하여 반환한다.
lastIndexOf(substr, startpos)	문장 중에서 문자열의 마지막 색인 위치를 검색하여 반환한다.
replace(searchValue, replaceValue)	수정값을 시작 위치에서 바꾼다.
search(regexp)	수식을 검색해서 색인 위치를 반환한다.
slice(startpos, endpos)	문장에서 시작위치와 끝 위치의 문자열을 반환한다.
split(delimiter)	분리자에 의해 단어의 배열 문자열을 자른다.
substr(startpos, endpos)	시작 위치에서 끝 위치의 문자열을 반환한다.
toLocaleLowerCase()	문자열을 소문자로 변환하여 반환한다.
toLocaleUpperCase()	문자열을 대문자로 변환하여 반환한다.
toLowerCase()	모든 문자열을 소문자로 변환한다.
toString()	문자열로 변환하여 반환한다.
toUpperCase()	모든 문자열을 대문자로 변환한다.
valueOf	객체의 값을 문자열로 반환한다.

예제 6-29 string 객체의 문자열 위치 관련 메소드 실습

```
<html>
  <head>
    <title>문자열 다루기</title>
  </head>
  <body>
    <h2>string 취급 관련 메소드</h2>
    <script type="text/javascript">
        function break_tag(){
          document.write("<br />");
        }

       document.write("<h3>");
       var str1 = new String("Time and tide wait for no man.");
       document.write("문자열 :<em> "+ str1 );
       document.write("</em> <br>처음 'm'의 위치 : " +
                      str1.indexOf("m"));

       document.write(" - 마지막 'm'의 위치 :  " +
                      str1.lastIndexOf("m"));
       break_tag();
```

```
        document.write("<em>str1.substr(4,5)</em>위치의 반환 값 : <em> " + str1.substr(4,5));
        break_tag();
        document.write("<b> 대문자 변환 : " + str1.toUpperCase());
        document.write("</h3>");
    </script>
  </body>
</html>
```

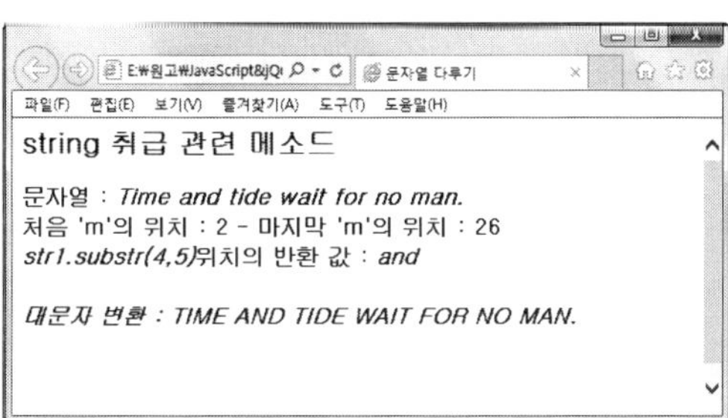

예제 6-30 string 객체의 문자열 분리 관련 메소드 실습

```
<html>
   <head>
      <title>문자열 발췌</title>
   </head>
   <body bgcolor=yellow>
      <font face="yellow">
      <big><b>
         문자열 발췌
       <big><br/>
     <script type="text/javascript">
         var straddr = "lJm3151@hanmail.net",
         document.write("<br/>메일 ID : <em> " +
                straddr.substr(0,7) + "</em>.<br />");
         var namesarr = straddr.split("@" );
         document.write( "사용자 이름 : <em> " +  namesarr[0] +
                     "</em>.<br />");
         document.write( "메일 서버 : <em> " +  namesarr[1] +
                     "</em>.<br />");
         document.write( "메일의 첫 글자 :  <em>" +
                     straddr.charAt(0)+ "</em>.<br />");
         document.write( "메일의 마지막 글자 : <em>"
                    + straddr.charAt(straddr.length - 1)
                    + "</em>.<br /></b>");
      </script>
      </big>
   </body>
</html>
```

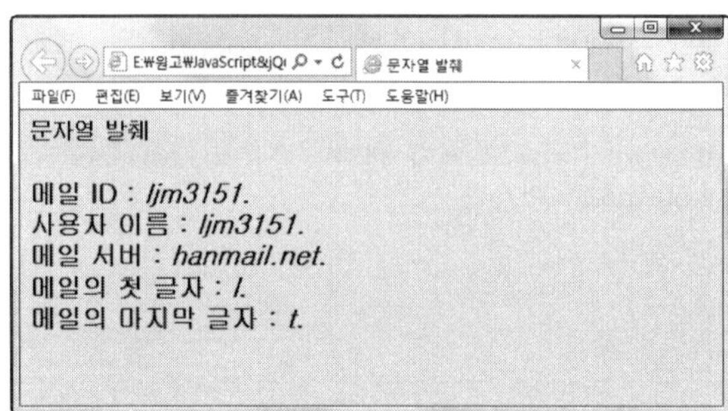

예제 6-31 string 객체의 검색 및 수정 메소드 실습

```
<html>
    <head>
        <title>Search 와 Replace</title>
    </head>
    <body bgcolor=yellow>
        <font face="arial" size="+1">
            Search 와 Replace 메소드<br><br>
            <small>
        <script type="text/javascript">
            var straddr = "ljm3151@hanmail.net";
            document.write( "본래 문자열 :  "+ straddr + "<br>");
            document.write( "새로운 문자열 :  "+
                    straddr.replace("ljm","kwc") + "<br>");

            var index=straddr.search("hanmail");
            document.write("search() 메소드 ₩"hanmail₩" 의 위치 :  "
                            + index +"<br>");
            var mysubstr=straddr.substr(index,7);
            document.write("수정전 ₩"hanmail₩" 후 ₩"daum₩" <br>");
            document.write(straddr.replace(mysubstr,"daum")+"<br>");
        </script>
      </small>
   </body>
</html>
```

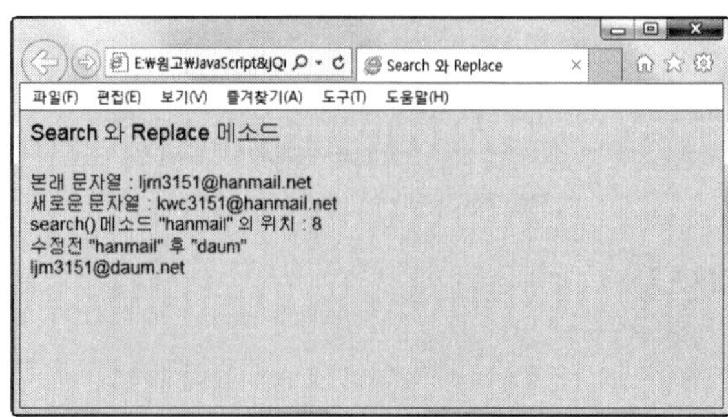

2) Number 객체

Number 객체는 기본적인 수치 값에 대한 wrapper 객체이며, new Number(숫자)를 사용하여 생성한다.

```
var number = new Number(numeric value); // 객체
var number = numeric value; // 기본 데이터형

var n = new Number(65.7);
var n = 65.7;
```

Number 객체의 속성 종류는 다음과 같다.

Property	What It Describes
constructor	Number 객체의 prototype의 function을 반환한다.
MAX_VALUE	가장 큰수를 반환한다.
MIN_VALUE	가장 작은 수를 반환한다.
NaN	숫자가 아닌 값
NEGATIVE_INFINITY	음수의 무한대 값을 나타낸다(overflow를 반환한다.).
POSITIVE_INFINITY	무한대 값을 나타낸다(overflow를 반환한다.).
prototype	객체에 속성과 메소드를 추가할 수 있게 한다.

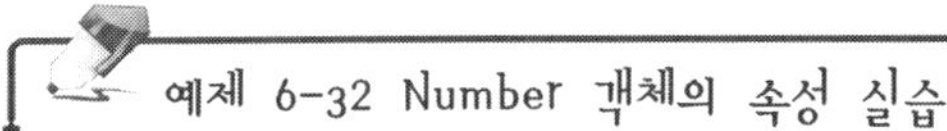

예제 6-32 Number 객체의 속성 실습

```
<html>
    <head>
        <title>Number 객체의 속성</title>
    </head>
    <body bgcolor=yellow>
        <font color="black" size="+1">
        <h2>Number 속성</h2>
        <script type="text/javascript">
            var largest = Number.MAX_VALUE;
            var smallest = Number.MIN_VALUE;
            var num1 = 20;   // 기본 값
            var num2 = new Number(13);   // Number 객체의 생성
            document.write("<b>최대 수치 값 :  " + largest+ "<br/>");
            document.write("최소 수치 값 "+ smallest + "<br/>");
            document.write("수치 값의 문자열 (base 2) : "+
                                    num1.toString(2));
            document.write("<br/>수치 값의 문자열 (base 8) : "+
                                    num2.toString(8));
            document.write("<br/> -25 Squrt : "+
```

```
                                        Math.sqrt(-25) + "<br/>");
        </script>
    </body>
</html>
```

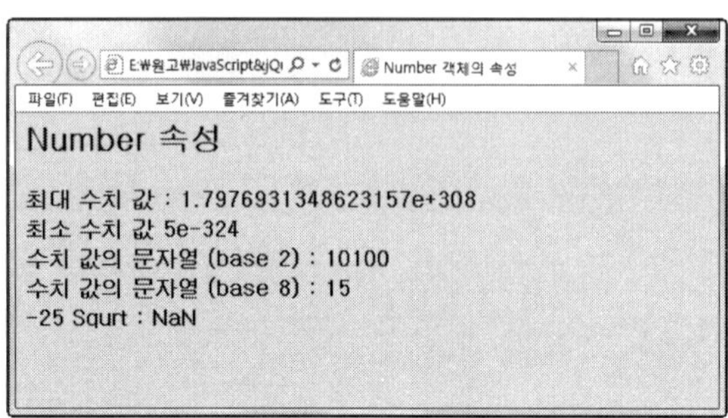

Number 객체의 메소드 종류는 다음과 같다.

메소드	기능 설명
toString()	Number 객체를 문자열로 반환한다.
toFixed()	소숫점 뒤의 digit 숫자로 반환한다.
toExponential()	숫자를 exponential notation으로 반환한다.
toPrecision()	x 길이로 숫자를 변환한다.
ValueOf()	Number 객체의 기본 숫자로 변환한다.

예제 6-33 Number 객체의 메소드 실습

```
<html>
    <head>
        <title>Number 객체</title>
    </head>
    <body bgcolor=yellow>
        <font color="black" size="+1">
        <h2>소수 값의 변환</h2>
        <script type="text/javascript">
            var n = new Number(22.425456);
            // var n = 22.425456;
            document.write("<b>기본 값 : " + n + "<br/>");
          document.write("2 digit  소수 값 : "+ n.toFixed(2) + "<br/>");
        document.write("3 digit  소수 값 :  "+ n.toFixed(3) + "</b><br/>");
        </script>
        </font>
    </body>
</html>
```

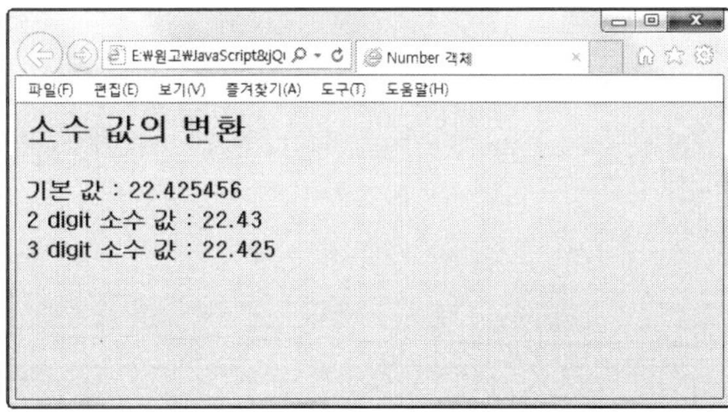

3) Boolean 객체

자바스크립트의 기본 데이터형으로 Boolean 객체는 참과 거짓의 둘 중 하나의 상태를 알고자 할 때 사용하며, Wrapper 객체로도 선언할 수 있다.

참일 때는 True를, 거짓일 때는 False를 반환한다. 둘 중에 하나를 처리한다는 의미는 둘 중에 하나의 결과를 얻을 수 있는 질문에 대한 처리를 하는 것을 의미한다.

```
var object = new Boolean(value);

var b1 = new Boolean(5);
var b2 = new Boolean(null);
```

예제 6-34 Boolean 객체의 메소드 실습

```
<html>
    <head>
        <title>Boolean 객체</title>
    </head>
    <body bgcolor=aqua>
         <font face="arial" size="+1"><b>
           Boolean 객체의 종류<br><br>
        <small>
        <script type="text/javascript">
                var bool1 = new Boolean( 0);
                var bool2 = new Boolean(1);
                var bool3 = new Boolean("");
                var bool4 = new Boolean(null);
                var bool5 = new Boolean(NaN);

                document.write(" boolean 0 :  "+ bool1 +"<br/>");
                document.write(" boolean 1 : "+ bool2 +"<br/>");
                document.write("빈 문자열 boolean 값 : "+
```

```
                                    bool3+ "<br/>");
                    document.write(" null 값 boolean : "+ bool4+
                                "<br/>");
                    document.write("NaN 값  boolean : "+ bool5 +"<br/>");
            </script>
        </small>
    </body>
</html>
```

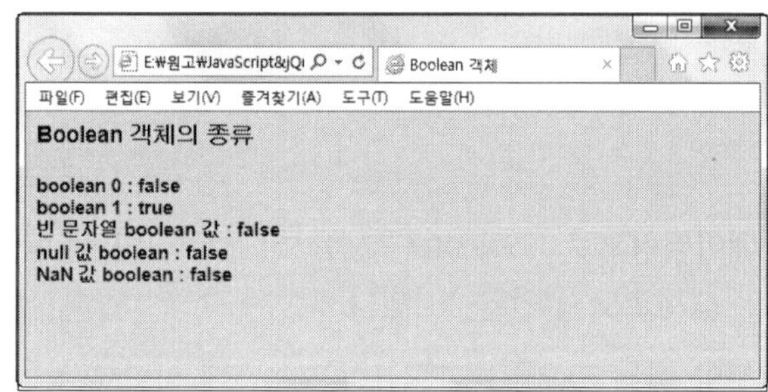

4) Function 객체

Function 객체는 function을 객체로 정의하며, 문자열이 번역되고 실행되는 단계로 구성된다. function 문을 포함한 변수를 생성하여 Function 생성자를 사용한다. 이름 없는 function을 익명 function이라고 하며, 인수는 컴마로 분리되어 선언된다. function이 호출되었을 때 마지막 인수는 실행되는 문장의 구조를 의미한다.

속성의 종류는 다음과 같다.

속성	기능 설명
length	반환되는 인수의 수가 반환된다.
prototype	객체에 속성과 메소드를 추가할 수 있다.

메소드의 종류는 다음과 같다.

apply()	다른 function의 메소드를 사용할 수 있도록 한다.
call()	다른 객체의 메소드를 사용할 수 있도록 한다.

```
var nameOfFunction =
   new Function (arguments, statements_as_string: }

var addemUp =
     new Function ( "a", "b", "return a + b;" );

document.write(addemUp(10, 5));
```

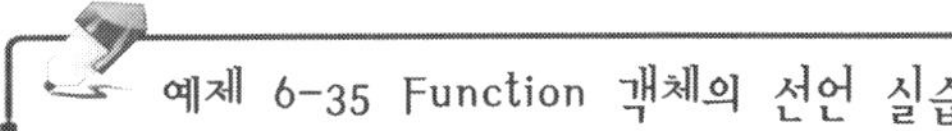

예제 6-35 Function 객체의 선언 실습

```
<html>
   <head>
      <title>Function Object</title>
</head>
<body bgcolor=lightgreen>
   <font face="arial" size="+1">
   <div align="center">
  익명의 Function과 생성자<p>
   <script type="text/javascript">
                  var sum = new Function("a","b", "return a + b; ");
                  window.onload =
                     new Function ( "document.bgColor='yellow';");
                  document.write( "합계는 = " + sum(5,10)+ "<br>");
                  document.write( "배경색은 노랑입니다<br>");
    </script>
    </div>
  </body>
</html>
```

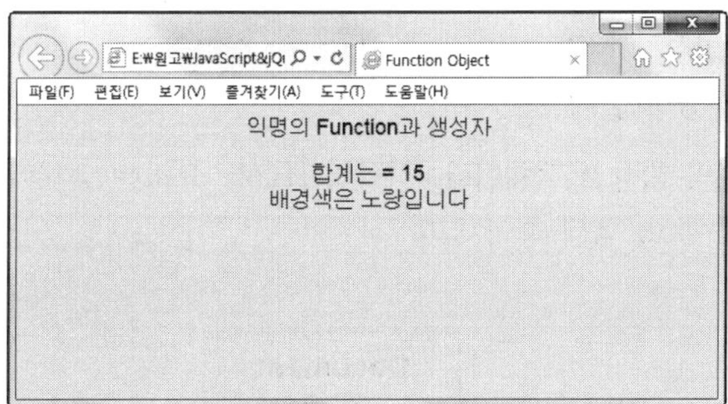

6.5 브라우저 객체

자바스크립트는 탐색기 창에 나타나는 도큐멘트 객체이고, HTML 객체이다. BOM이라고 불리우는 Browser Object Model에서 window 객체는 최상위에 존재하고 하위 객체에 window, navigator, frames[], document, history, location, screen으로 구성되어 있다.

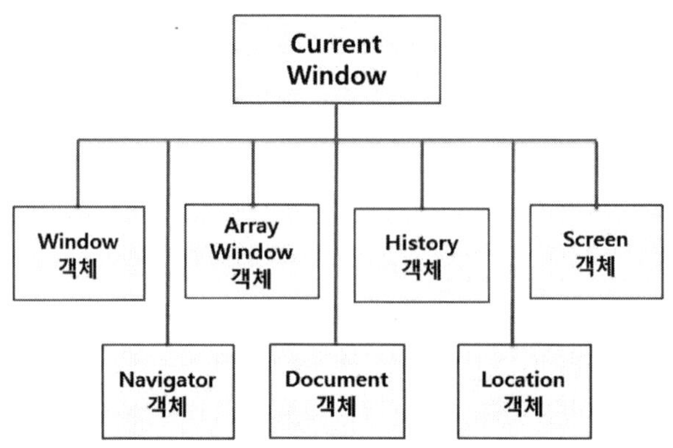

[그림 6-1] 브라우저 객체 모델의 계층 구조

자바스크립트를 이용하여 윈도우를 작성할 경우 윈도우의 속성과 메소드를 사용해야 한다. 예를 들어 상태바에 문장을 나타낼 경우, 윈도우의 메소드를 이용하여 다이얼로그 박스에게 메시지를 보낼 경우 윈도우 객체의 상태 속성을 사용한다.

Document 객체 모델(DOM)은 HTML 문서 그리고 요소와 속성에 대하여 나타낸다. 웹 페이지가 HTML(또는 XML)과 밀접하게 관련되어 있기 때문에, 자바스크립트는 페이지 내의 HTML 요소와 속성에 접근하기 위해 DOM을 사용한다.

Document는 이 모델의 최상위 객체이다. 각각의 HTML 요소는 객체에 할당되며, 객체의 종류는 이미지 객체, 폼 객체, link 객체 등이 있다.

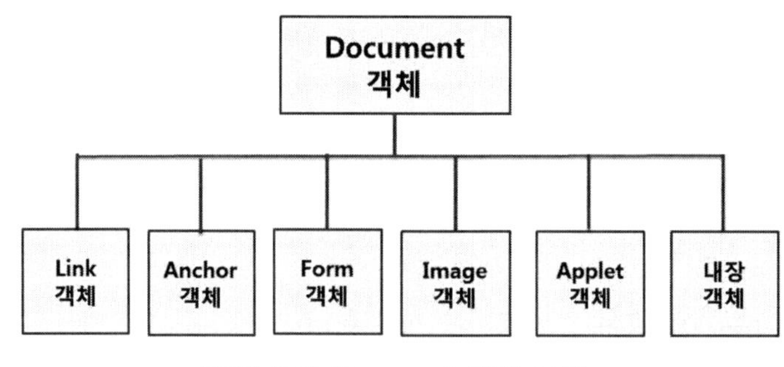

[그림 6-2] Document 객체 모델

6.5.1 navigator 객체

navigator 객체는 익스플로러에서 속성과 메소드를 가지고 있으며, 자바가 실행되었을 때 버전을 결정하기 위해 플랫폼의 스펙을 사용한다.

속성	기능 설명
appCodeName	브라우저의 코드명
appName	브라우저명
appVersion	브라우저의 버전
mimeTypes	브라우제에서 제공되는 MINE 형의 배열
platform	브라우저가 사용되는 운영체제
userAgent	브라우저에서 서버에 제공되는 HTTP user-agent

예제 6-36 navigator 객체의 속성 선언 실습

```
<html>
    <head>
        <title>Navigator 객체</title>
    </head>
    <body>
            <h2>Browser 속성들</h2>
          <script language="JavaScript">
                var BrowserName= navigator.appName;
                var BrowserVersion = navigator.appVersion;
                var BrowserAgent= navigator.userAgent;
                var platform=navigator.platform;

                document.write("<font size='+1'>");
                document.write("<b>Browse의 이름 :</b> " +
                                    BrowserName + "<br>");
                document.write("<b>Browser 버전 :</b> " +
                                    BrowserVersion + "<br>");
                document.write("<b>Browser user agent  : </b> " +
                                    BrowserAgent + "<br>");
                document.write("<b>Browser 사용 운영체제 :</b> " +
                                    platform + "<br>");
                document.write("</font>");
        </script>
</body>
</html>
```

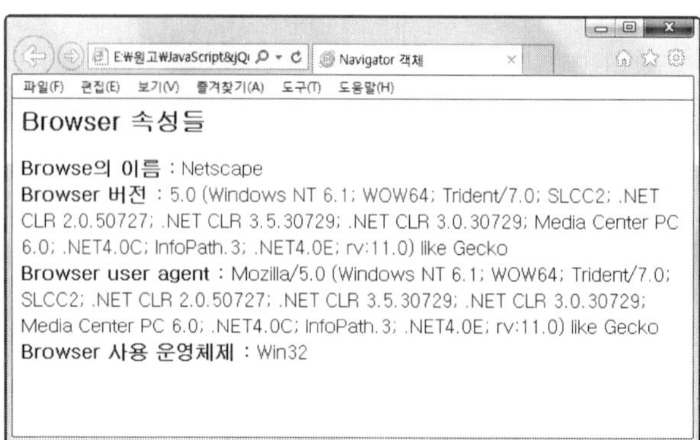

6.5.2 window 객체

window 객체는 웹 브라우저가 제공하는 객체 중에 최상위 객체로 브라우저 윈도우를 대표한다. window 객체는 객체 계층 구조상 최상위 객체이므로, 대부분 Window 속성들을 참조할 때 속성 앞에 window를 붙이지 않아도 상관없다.

그러나 window 대신에 self나 this로 표현할 수 있다. window 객체가 제공하는 defaultStatus라는 속성을 이용하고자 할 때 다음 참조는 동일한 결과를 가진다.

```
window.defaultStatus
defaultStatus
self.defaultStatus
this.defaultStatus
```

window 객체는 윈도우를 열거나 닫을 때 window 객체를 이용하여 모든 행위가 브라우저에서 나타난다. window는 window안에서 독립된 창을 나타낼 수 있다.

그러나 예외로, window 객체의 메소드 중에 open()과 close() 메소드를 이용할 때는 반드시 window라는 객체 이름을 이용해야 한다(예를 들면, window.open(), window.close()). 그 이유는 document 객체도 open()과 close() 메소드를 갖고 있기 때문이다.

window 객체는 top, parent 또는 name과 같은 속성을 통해 참조될 수 있다. 이때 window 객체는 많은 속성과 메소드를 사용한다.

window 속성의 종류는 다음과 같다.

속성	기능 설명
status	브라우저의 상태바에 문자열을 출력하는 경우에 사용
defaultStatus	브라우저의 상태바에 초기 문자열을 설정
length	창안의 프레임 수
name	창 이름
self	현재 창 자신, window와 같음
window	현재 창 자신, self와 같음
parent	프레임에서 현재 프레임의 상위 프레임
top	현재 프레임의 최상위 프레임
opener	open()으로 열린 창에서 볼 때 자기를 연 창
document	document 오브젝트
frames	창안의 모든 프레임에 대한 배열정보
history	history 오브젝트 및 배열
location	location 오브젝트
closed	창이 닫혀 있는 상태
locationbar	location 바
menubar	창 메뉴 바
innerHeight	창 표시 영역의 높이(픽셀), 익스플로러 지원되지 않음
innerWidth	창 표시 영역의 너비(픽셀), 익스플로러 지원되지 않음
outerHeight	창 바깥쪽 둘레의 높이, 익스플로러 지원되지 않음
outerWidth	창 바깥쪽 둘레의 너비, 익스플로러 지원되지 않음
pageXOffset	현재 나타나는 페이지의 X위치, 익스플로러 지원되지 않음
pageYOffset	현재 나타나는 페이지의 Y위치, 익스플로러 지원되지 않음
personalbar	창의 퍼스널 바
scrollbar	창의 스크롤 바
statusbar	창의 상태 바
toolbar	창의 툴 바

예제 6-37 window 객체의 속성 선언 실습

```
<html>
  <head>
    <title> 윈도우 속성</title>
    <h4>  윈도우 화면 속성  </h4>
      <SCRIPT LANGAUGE="javascript">
        <!--자바스크립트 인식 못하는 브라우저에서 이 부분 숨김
          function dateinbar() {
           var d = new Date();
           var y = d.getFullYear();
           var m = d.getMonth() + 1;
           var d = d.getDate();

           var t = m + '/' + d + '/' + y + ' ';

           defaultStatus = "당신의 페이지 방문일은 " + t + "입니다.";
         }

       // 숨기는 부분의 마지막-->
     </SCRIPT>
  </head>
  <BODY BGCOLOR="FFFFcc" onLoad="dateinbar()">

  </body>
</html>
```

윈도우 객체에서는 새로운 창을 만들거나 창을 만들어 메시지를 보여주고자 할 때 이용할 수 있는 여러 가지 메소드를 지원한다.

window 메소드의 종류는 다음과 같다.

메소드	기능 설명
alert()	경고용 대화상자를 보여줌
clearTimeout()	setTimeout 메소드를 정지
confirm()	확인, 취소를 선택할 수 있는 대화상자를 보여줌
open()	새로운 창을 오픈
prompt()	입력창이 있는 대화상자를 보여줌
setTimeout()	일정 간격으로 함수를 호출하여 수행, millisecond 단위로 지정
eval()	문자열을 숫자로 바꿈
toString()	오브젝트를 문자열로 바꿈
blur()	focus를 이동
focus()	focus를 줌
scroll()	창을 스크롤 함
valueOf()	오브젝트 값을 반환
back()	한 단계 전 URL(이전화면)로 돌아감. 익스플로러 지원 안함
find()	창안에 지정된 문자열이 있는지 확인, 있다면 true 없으면 false. 익스플로러 지원 안함
forward()	한 단계 뒤의 URL(다음화면)로 이동. 익스플로러 지원 안함
home()	초기화 홈페이지로 이동. 익스플로러 지원 안함
moveby()	창을 상대적인 좌표로 이동. 수평방향과 수직방향의 이동량을 픽셀로 지정
moveto()	창을 절대적인 좌표로 이동. 창의 왼쪽 상단 모서리를 기준으로 픽셀을 지정
resizeby()	창의 크기를 상대적인 좌표로 재설정. 밑변의 모서리를 기준으로 수평방향, 수직방향을 픽셀로 지정
resizeto()	창의 크기를 절대적인 좌표로 재설정. 창 크기를 픽셀로 지정
scrollby()	창을 상대적인 좌표로 스크롤. 창의 표시영역의 수평방향과 수직방향에 대해 픽셀로 지정
scrollto()	창을 절대적인 좌표를 스크롤. 창의 왼쪽 상단 모서리를 기준으로 픽셀로 지정
stop()	불러오기를 중지. 익스플로러는 지원 안함
captureEvents()	모든 타입의 이벤트를 판단
setInterval()	일정시간마다 지정된 처리를 반복
clearInterval()	setInterval 메소드의 정지
handleEvent()	이벤트 취급자를 정함
print()	화면에 있는 내용을 프린터로 출력
releaseEvent()	다른 계층의 이벤트로 이벤트를 넘김
routeEvent()	판단한 이벤트와 같은 계층의 이벤트
toSource()	오브젝트값을 문자열로 반환

예제 6-38 window 객체의 메소드 다른 문서 열기 실습

```
<html>
  <head>
    <title> 윈도우 속성</title>
      <h4>  윈도우 닫기/열기/인쇄 메소드 사용  </h4>
      <SCRIPT Language="JavaScript">
        <!--
          var windo=null
          function inWindow() {
            windo=window.open("예제6-37.html");
          }
          function outWindow() {
            if(windo != null)
                windo.close();
          }
      </SCRIPT>
  </head>
  <body>
    <form>
      <input type="button"
              value="윈도우 open" onClick="inWindow()">
      <input type="button"
              value="윈도우 exit" onClick="outWindow()">
      <input type="button"
              value="내용 인쇄하기" onClick="window.print()">
    </form>
  </body>
</html>
```

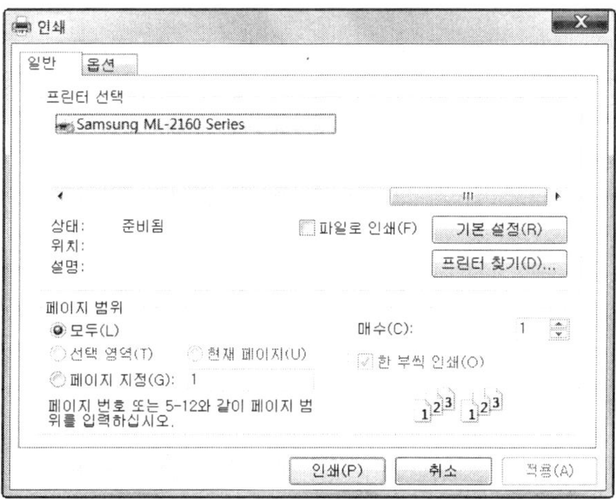

예제 6-39 window 객체의 메소드 이미지 열기/닫기 실습

```
<html>
    <head>
        <title>새로운 윈도우에 이미지 열기/닫기</title>
        <script type="text/javascript">
            function newWindow() {
                    winObj=window.open("winter.jpg",
                        "겨울배경","width='548px',height='361px'",
                            "resizable=yes,scrollbars=yes,location=yes");
                    winObj.focus();
                  //winObj.blur();
            }
           function closeWindow(){
```

```
                winObj.close();
            }
        </script>
    </head>
    <body bgColor="lightblue">
        <h2>시골의 겨울배경입니다!!</h2>
        <h3>연결되어 있는 겨울 배경 단추를 클릭하세요!!<br>
                <a href="javascript:newWindow()">겨울배경 열기</a>
        <p>겨울배경을 닫으실려면 이 단추를 클릭하세요!!<br>
                <a href="javascript:closeWindow()">겨울배경 닫기</a>
        </h3>
    </body>
</html>
```

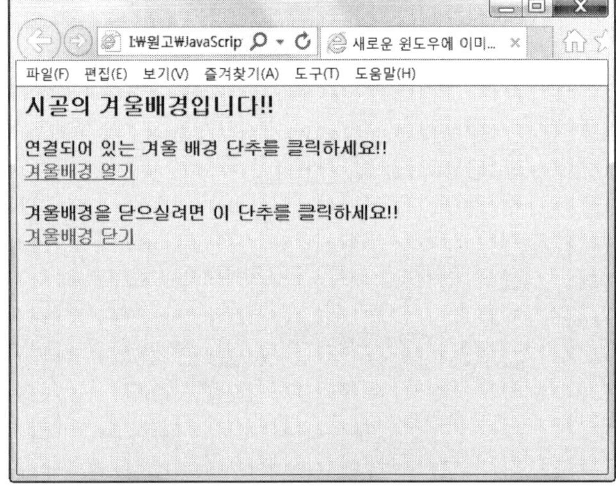

예제 6-40 window 객체에서 다른 문서 열기/이동 실습

```
<html>
    <head>
        <title>열리는 문서의 이동</title>
        <script type="text/javascript">
           var winObj=null
           function directions(){
                  winObj=window.open("예제6-39.html","예제639",
                                  "width=200,height=300,resizable=no");
                  winObj.moveTo(0, 0); // 윈도우의 왼쪽 상단으로 이동
                  winObj.focus();
                  parent.window.moveTo(215, 0);
                   // 상단 모서리로 기준 지정
                  parent.window.resizeTo(400,400);    // 윈도우 크기 변경
           }
           function closeWindow(){
                  winObj.close();
           }
        </script>
    </head>
<body bgColor="lightblue">
   <h2>열리는 윈도우의 이동!!</h2>
    새로운 크기 변경
    <br />
    버튼을 클릭하세요!!
    <form >
        <input type="button"
                value="예제6-39.html"
                onClick="directions();">
        <p>문서가 열렸으면 닫기 단추를 누르세요!!<br />
   </form>
   <a href="javascript:closeWindow()">문서 닫기</a>
</body>
</html>
```

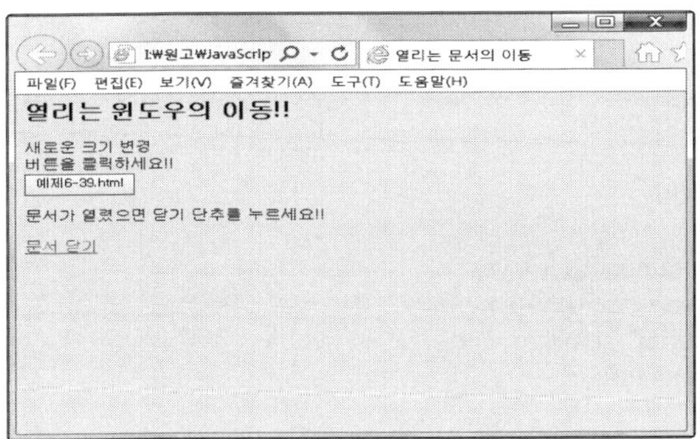

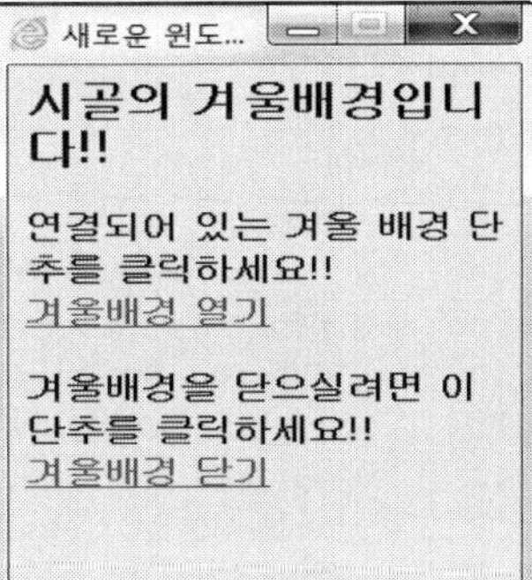

6.5.3 location 객체

Location 객체는 현재의 URL에 대한 정보를 저장하기 위하여 사용된다. 만약 Location 객체를 이용하여 원하는 URL정보를 추출하기 위해서는 pass 이름이나 프로토콜 및 호스트와 같은 URL 관련정보에서 속성이름을 사용하면 된다. Location 정보를 변경하고자 하면 document.location 속성을 사용해야 한다.

location 객체의 속성은 다음과 같다.

속성	기능 설명
hash	표식이름을 설정하거나 검색
host	url 주소의 호스트 이름과 포트를 설정하거나 검색
hostname	url 주소의 호스트 이름이나 호스트의 ip주소 설정 및 검색
href	문서의 url 주소를 설정하거나 검색
pathname	문서의 디렉토리 위치를 설정하거나 검색
port	포트번호를 설정하거나 검색
protocol	프로토콜 종류를 설정하거나 검색
search	검색엔진을 호출할 때 사용

location 객체의 메소드는 다음과 같다.

메소드	기능 설명
toString()	location.href를 반환한다.
assign()	location.href를 설정한다.
reload()	문서를 새로 고치거나 다시 읽게 해 준다.
replace()	현재 문서를 URL 문서로 대체한다.

예제 6-41 location 객체에서 href 메소드 실습

<예제6-41.html>

```
<html>
    <head>
        <title>Main Frames</title>
    </head>
    <frameset rows="130,*" frameborder="yes"
              border="8" framespacing="0">
        <frame src="location.html" scrolling="no">
        <frame src="emptyframe.html" >
    </frameset>
</html>
```

<location.html>

```
<html>
    <head>
        <title>History Object</title>
        <script type="text/javascript">
            function loadPage(urlAddress) {
              parent.frames[1].location.href = urlAddress;
            }
        </script>
    </head>
    <body bgcolor="lightblue">
        <big>
        <form name="form1" id="form1">
                <input type="button" value="네이버"
                    onClick="loadPage('http://www.naver.com');">
              <input type="button" value="다음"
                    onClick="loadPage('http://www.daum.net');">
              <input type="button"  value="네이트"
                    onClick="loadPage('http://www.nate.com');">
        </form>
        </big>
    </body>
</html>
```

<emptyframe.html>

```
<html>
    <head>
        <title>Empty Frame</title>
    </head>
    <body>
    </body>
</html>
```

6.5.4 history 객체

history 객체는 사용자가 방문했던 URL 리스트 정보를 저장해 두는 곳으로서 히스토리 리스트를 조작하는 기능을 제공한다. 이전에 방문했던 사이트를 방문하고자 할 때는 "forward(앞으로)나 back(뒤로)"라는 버튼을 사용하면 쉽게 방문할 수 있다.

history 객체의 속성과 메소드는 다음과 같다.

속성	기능 설명
current	현재 문서의 URL
length	history 객체의 주체에 대한 길이
next	history 객체에서 다음 문서의 URL
previous	history 객체에서 이전 문서의 URL
search	검색 문자

메소드	기능 설명
back()	현재의 웹 브라우저에서 방문한 이전 페이지로 이동
forward()	현재의 웹 브라우저에서 방문한 다음 페이지로 이동
go()	상대 숫자를 설정하여 방문한 페이지로 이동

예제 6-42 history 객체에서 go 메소드 실습

<예제6-42.html>

```
<html>
    <head>
        <title>Main Frames</title>
    </head>
    <frameset rows="130,*" frameborder="yes"
                border="8" framespacing="0">
        <frame src="location2.html" scrolling="no">
        <frame src="emptyframe.html" >
    </frameset>
</html>
```

<location2.html>

```
<html>
    <head>
        <title>History Object</title>
        <script type="text/javascript">
            function loadPage(urlAddress) {
                parent.frames[1].location.href = urlAddress;
```

```
            }
        </script>
    </head>
    <body bgcolor="lightblue">
        <font size="+1" face=arial,helvetica>
          <form name="form1">
              <input type="button" value="네이버"
                    onClick="loadPage('http://www.naver.com');">
              <input type="button" value="다음"
                    onClick="loadPage('http://www.daum.net');">
              <input type="button"  value="네이트"
                    onClick="loadPage('http://www.nate.com');">
         </form>
            <form name="form2" id="form2">
              <input type="button" value="go back"
                  onClick="JavaScript: history.go(-1);">
              <input type="button" value="go forward"
                  onClick="JavaScript: history.go(1);">
         </form>
         </font>
     </body>
</html>
```

<emptyframe.html>

```
<html>
    <head>
        <title>Empty Frame</title>
    </head>
    <body>
    </body>
</html>
```

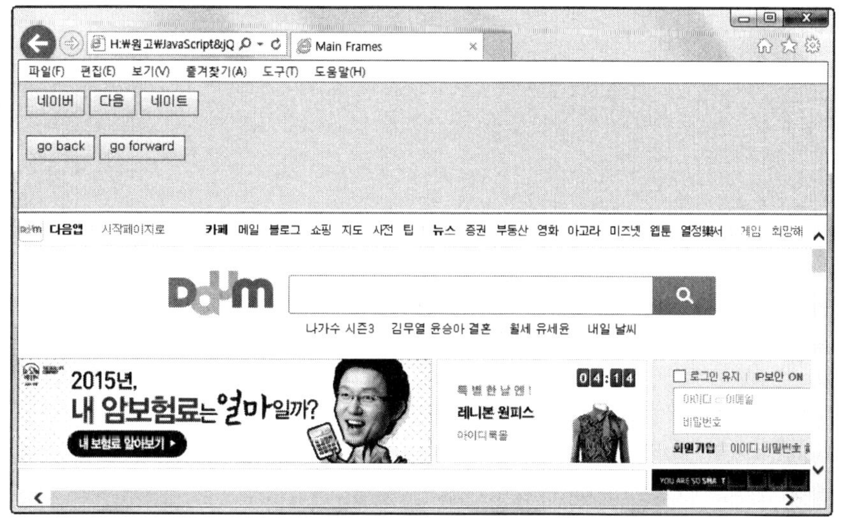

제7장 Form과 입력양식 객체

7.1 Document 객체와 구성요소

입력 양식 개체는 Document 객체 중의 하나이며 클라이언트 측의 사용자가 자바스크립트 프로그램에 입력 자료를 전달하게 함으로서 Document의 행동을 동적으로 변경할 수 있도록 지원된다.

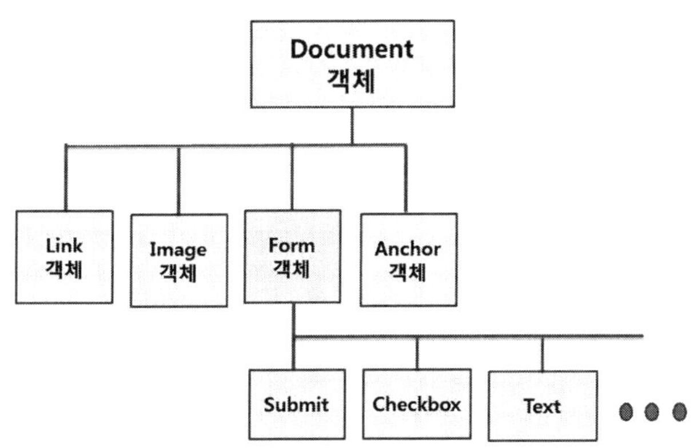

[그림 7-1] 폼과 입력 양식 객체의 구성

자바스크립트에 사용되는 입력 양식(폼)에는 많은 종류가 있다. 이러한 입력 폼 객체는 입력 폼 객체들이 가지고 있는 값을 확인하거나 취소, 전송 등의 기능을 수행하여 서버 의존도를 최소화하여 서버의 부담을 줄여 주기 때문에 홈페이지 생성에 있어서 자바스크립트가 각광을 받고 있다.

입력 폼을 처리하기 위하여 사용되는 입력 폼 객체에는 <form></form> 태그, <input> </input> 태그, text 객체, checkarea 및 checkbox 객체, button 및 submit, rest 객체, password 객체, hidden 객체, radio객체, select 객체, option 객체, 그리고 FileUpload 객체들로 구성되어 있다.

7.2 Form 객체

폼은 웹의 핵심으로 브라우저에서 서버까지 정보를 전해주는 역할을 한다. HTML의 폼은 라디오 버튼, 체크박스들, 팝업 메뉴들, 보이지 않은 필드들, 그리고 텍스트박스에서 정보를 입력을 받는 방법을 제공한다.

일단 폼에 데이터가 채워지면, 자바 서블릿, CGI, ASP와 같은 서버 측 프로그램에 의해 처리된 곳에 전송된다.

자바스크립트에서는 HTML 폼에 form 객체가 상호작용 할 수 있도록 지원되며 document 객체의 속성으로 받아들여진다. 즉, document.forms[ ] 배열을 통해 접근할 수 있다. 입력 폼 객체는 여러 종류의 요소들 즉, 버튼, 체크박스, 라디오 버튼, reset와 submit 버튼, password, hidden 등으로 구성된다.

주의할 점은 폼 태그 안에 다른 폼 태그를 사용할 수 없으며 하나의 폼 객체는 폼 객체 처리를 위한 속성, 메소드, 이벤트 핸들러를 가지고 있다.

다음과 같이 폼 태그의 속성은 다음과 같다.

속성	기능 설명
name	윈도우 객체에 들어 있는 모든 프레임을 나타내는 속성
action	사용자가 입력한 데이터를 처리할 프로그래밍 URL 경로나 문서
method	입력된 내용을 어떤 방식으로 전송할 것인가를 지정하는 속성이며. method 속성에는 post와 get 중 하나로 지정된다. post는 표준입력 방식으로 HTTP로 데이터를 전송하는 입력 방식이다. 입력 폼이 서버에 데이터베이스로 수록 될 때 사용되며 주로 방명록, 게시판에 사용된다. get는 URL로 데이터를 전송하는 입력 방식이다 . 입력 폼의 내용에 대한 결과를 서버로부터 가져와서 사용자에게 직접 볼 수 있도록 하여 주며 검색 엔진의 검색 결과 나 방문회수를 보여주는 카운터 등에 주로 사용된다.
elements	입력 폼의 요소들인 텍스트, 버튼, 체크박스, 라디오 버튼, 보내기 버튼, 리셋 버튼 등을 나타내는 속성

태그의 형식은 다음과 같이 사용된다.

```
<form name ="폼의 이름"
   action = "nothing"
   method="post 혹은 get">.......
</form>
```

예를 들어 <form name="regiform" action="shmem_ok.asp" method="post">이라고 코딩하면 입력폼의 이름은 regiform이고 shmem_ok.asp는 입력된 내용이 파일로 전송되며 post는 입력된 내용이 표준 입력 방식으로 전송되고 있음을 나타내고 있다.

예제 7-1 입력 폼 속성 정보 실습

```
<html>
  <head>
    <title>입력 폼 작성</title>
    <h4>입력 폼  속성 정보 알아보기  </h4> <hr>
    <script language="JavaScript">
      function galipshow() {
        var galip;
        galip=" action 속성 :"+document.regiform.action+"-->";
        galip+="method 속성 :"+document.regiform.method;
          alert(galip);
        }
      </script>
   </head>
   <body>
      <form name="regiform" action="ljm3151_ok.asp" method="post">
         <input type="button" value=" 입력 폼  속성 정보"
                 onClick="galipshow()">
      </form>
   </body>
</html>
```

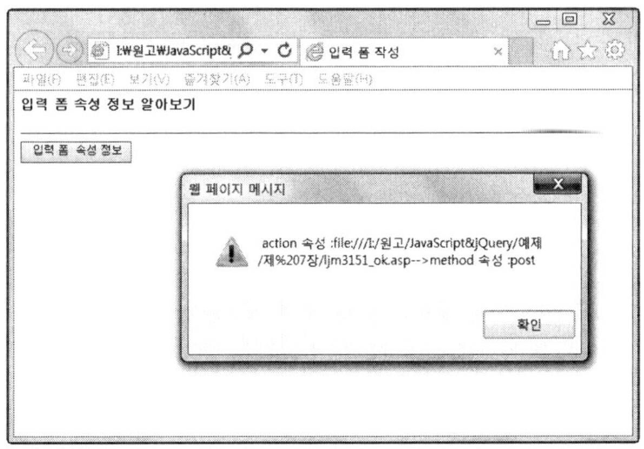

Form에 대한 메소드는 submit()와 reset()가 있으며, 사용 형식은 다음과 같다.

```
<input  type="submit"  value="전송">
<input  type="reset"  value="재작성">
```

submit 버튼 객체는 html 파일의 버튼 입력양식을 속성, 메소드, 이벤트를 지원한다. submit 객체는 사용자가 입력한 데이터들을 서버로 전송하는 역할을 하며 주로 리셋(reset) 버튼과 함께 사용되는 버튼이다.

reset 객체는 html 파일의 리셋 버튼 입력양식을 위한 기능을 가지고 이 기능을 위한 속성, 메소드, 이벤트를 지원한다.

메소드	기능 설명
submit()	이벤트를 발생하지 않고 마우스를 클릭하는 것과 같은 효과를 가져오는 메소드이다. 입력된 데이터를 서버에 전송하는 메소드라고 할 수 있다
reset()	입력 폼을 리셋(Clear) 시키는 메소드이다.

이 메소드들은 다음과 같은 이벤트 핸들러를 발생시킨다.

이벤트 핸들러 onSubmit()와 onReset()은 HTML 문서의 <form> 태그에서 정의되며 다음과 같은 형식으로 정의된다.

```
<form action="cgi-bin/testform.cgi"
   method="post" onSubmit="return(readySubmit());" >

<form action="http://cgi-bin/testform.cgi"
method="post" onReset="return resetAll();" />
```

이벤트 핸들러	기능 설명
onSubmit()	사용자가 데이터를 전송했을 때 발생하는 이벤트 핸들러
onReset()	리셋 버튼을 클릭 했을 때 발생하는 이벤트 핸들러

예제 7-2 reset 속성 실습

```
<html>
  <head>
    <title>reset 예제</title>
      <SCRIPT LANGUAGE="JavaScript">
        function clearForm(form) {
          form.textField1.value = "입력-1";
          form.textField2.value = "입력-2";
        }
      </SCRIPT>
  </head>
  <body>
```

```
    <FORM METHOD=post>
      <INPUT TYPE="text" NAME="textField1"><BR>
      <INPUT TYPE="text" NAME="textField2"><BR>
      <INPUT TYPE="reset" VALUE="다시 입력"
          onClick="clearForm(this.form); return false;">
    </FORM>
  </body>
</html>
```

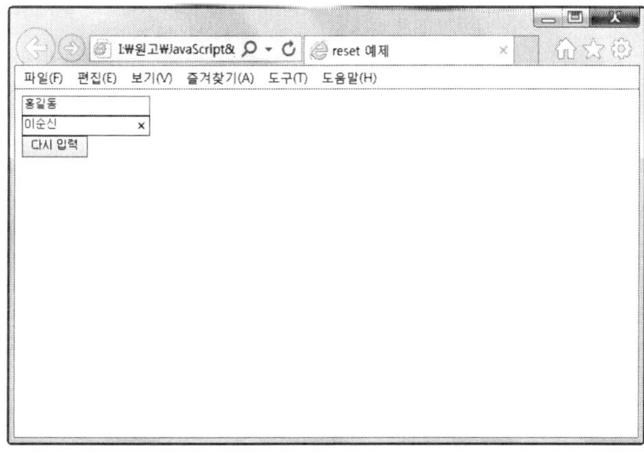

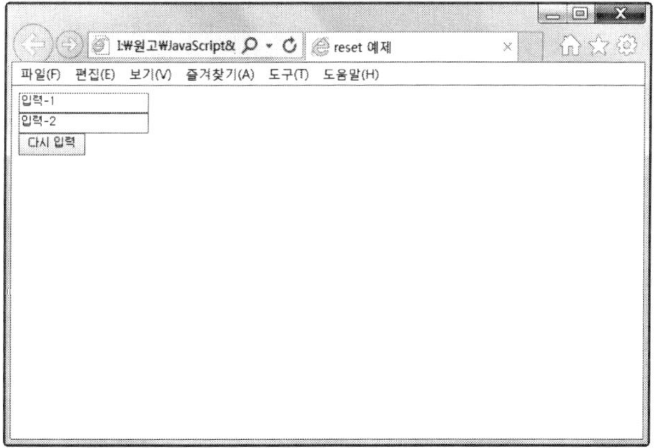

7.3 Form 컨트롤의 종류

HTML은 정적이므로 브라우저에 웹 페이지의 요소를 나타내기 위해 규정한다. 예를 들면, 버튼, 표, 텍스트 박스와 폼을 작성하는데 사용되지만, 자동으로 사용자 입력에 반응되지 않는다.

그러나 자바스크립트는 동적이다. 예를 들면, 사용자가 화면에 정보를 입력하고, 버튼, 링크 또는 이미지를 누르거나 또는 마우스가 링크 위에서 움직일 경우, 자바스크립트는 이벤트에 응답하고, 사용자에 의해 동적으로 상호 작용한다.

Form 컨트롤의 종류는 다음과 같다.

입력 형식	속성	기능 설명
button	name, id	사용자의 입력을 위한 버튼을 작성한다.
text	name, id, size, maxlength	사용자의 입력을 위한 텍스트박스를 생성한다. size는 텍스트박스의 길이를 나타낸다. maxlength는 허용되는 문자의 최대 길이를 나타낸다.
textarea	name, id, size, rows, cols	textarea는 다중 라인을 입력할 수 있는 영역을 나타낸다. trows와 cols 박스의 크기를 나타낸다.
password	name, id, value	textbox와 같이 입력시 데이터를 감춘다. *는 입력문자를 대신하여 나타낸다.
checkbox	name, id, value	□를 나타내어 체크하면 true로 인식한다. name과 value로 다중으로 지정할 수 있다.
radio	name, id, value	Like ◉를 나타내며 여러 개중에서 단지 한 개만 체크할 수 있다.
select	name, id, option, size, multiple	popup 메뉴와 스크롤박스를 나타낸다. 단지 한 개만 지정할 수 있다. 다중 속성은 스크롤 박스에서만 가능하다.
file	name, id	서버에 제공되는 파일목록을 나타낸다.
hidden	name, id, value	화면에 나타내는 이름과 value값을 감추어 준다.
submit	name, id, value	클릭한 경우 서버에 정보를 전송한다.
image	src, name, id, value, align	submit버튼과 같은 기능을 하며, 문자 대신에 임지를 나타낸다. 이미지의 파일이름을 src속성으로 나타낸다.
reset	name, id value	폼에서 Reset을 누르면 입력 필드가 지워진다.

7.3.1 〈input〉 태그

사용자들의 입력 작업을 용이하게 도와주는 기능을 하고 있는 <input> 태그는 텍스트 입력, 체크 박스, 라디오 버튼, 리셋, 패스워드 등의 입력 폼을 만드는 대표적인 기능이며 다음과 같은 형식으로 사용된다.

```
<input type="button" value="회원 가입"
                    name="B1">
```

위 형식에서 입력형식은 버튼, 버튼 이름은 B1, 버튼 값은 "회원가입"을 나타낸다. 입력폼의 태그 형식의 input type = "속성"은 브라우저에 나타나는 입력 폼을 설정하는데 속성형식은 다음과 같이 여러 형식이 존재한다.

Input type 속성	기능 설명 및 코딩
button	<input type="button"> 버튼 입력 폼
checkbox	<input type="checkbox"> 체그박스
hidden	<input type="hidden"> 숨기기 입력 폼
password	<input type="password"> 패스워드 입력 폼
radio	<input type="radio"> 라디오 버튼
reset	<input type="reset"> 리셋 버튼
select	<select> <option> option1</option> <option> option2</option>......선택리스트 버튼
submit	<input type="submit"> 데이터 전송 버튼
text	<input type="text"> 텍스트 입력 폼 박스
textarea	<textarea> 여러줄 입력시</textarea> 텍스트 입력영역

일반적으로 문자는 Byte(바이트) 단위로 나타내며 영문자와 숫자는 1Byte, 한글은 2Byte로 처리된다. 예를 들어 size=30이라고 하면 영문자나 숫자는 30자를 입력할 수 있으며 한글은 15자까지 입력할 수 있음을 의미한다. 그리고 패스워드는 입력값이 문자나 숫자로 나타나지 않고 **으로 나타낸다.

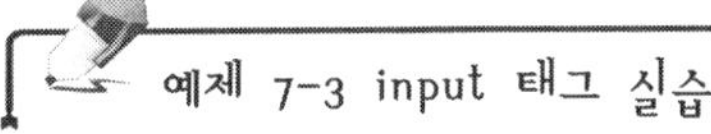

예제 7-3 input 태그 실습

```
<html>
  <head>
     <title>Input 예제</title>
   <script type="text/javascript">
    function resetAll() {
           if(confirm("확실하게 지우시겠습니까? ")){
               return true;
           }
             else {
               return false;
          }
    }
       function Display() {
            var  disp
            var getName = document.frm.textbox.value;
         var getPassword = document.frm.secret.value;
                disp = getName + "₩n" + getPassword;
         alert(disp);
    }
</script>
</head>
<body>
```

```
  <form          name = "frm" method="post"/>
      이름을 입력하세요!! :
      <input type="text"
                 name="textbox"
                   id="textbox" />

      <p>패스워드를 입력하세요!! :
      <input type="password"
                 name="secret"
       id="secret" />
      </p><p>
      <input type="submit"
          value="확인" onClick="Display();"/>
      <input type="reset"
                 value="지움" onClick="resetAll();"/>
    </p>
  </form>
</body>
</html>
```

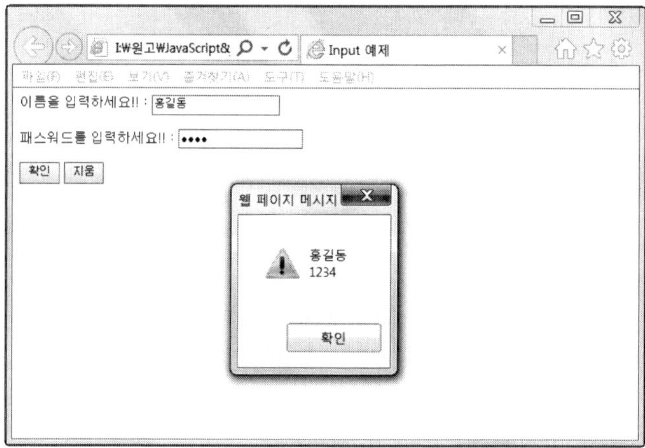

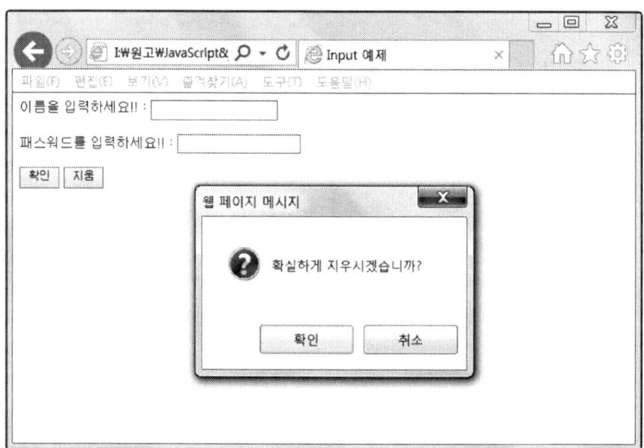

7.3.2 TEXT 객체

Text 객체는 HTML 파일의 텍스트 입력양식을 처리할 수 있도록 속성, 메소드, 이벤트를 제공한다. 즉, 사용자로부터 데이터를 입력받거나 데이터를 출력해 주는 기능을 가지며 <input>태그를 사용하여 text 객체를 생성한다.

Text의 형식은 다음과 같다.

```
<input type="text" name="b1" size=10 value="성명">
```

이러한 텍스트 박스를 처리하기 위한 텍스트 객체가 제공하는 속성은 다음과 같다.

Text 객체의 속성	기능 설명
defaultvalue	<input> 태그에 디폴트로 입력해 준 값
name	객체의 name 속성에 접근할 수 있도록 제공
type	type에 입력해 주는 값
value	객체의 값을 구분 텍스트 value에 입력하는 입력문자열

예제 7-4 Text 객체 실습

```
<html>
  <head>
    <title>Text 객체 실습</title>
    <h4>입력정보 확인하기  </h4> <hr>
    <script language="JavaScript">
      function text_show1() {
        form1.name1.value="이순신"; }
      function text_show2() {
        var gilip;
        gilip=" 성명 :"+form1.name2.name+"₩n";
        gilip=" 형식 :"+form1.name2.type;
        alert(gilip);
      }
    </script>
  </head>
  <body bgcolor="pink" onload="text_show1() ">
    <form name="form1">
      성명1 ▶ <input type="text" name="name2" value="홍길동"><p>
      성명2 ▶ <input type="text" name="name1"><p>
      <input type="button" value=" 확인" onClick="text_show2()">
    </form>
  </body>
</html>
```

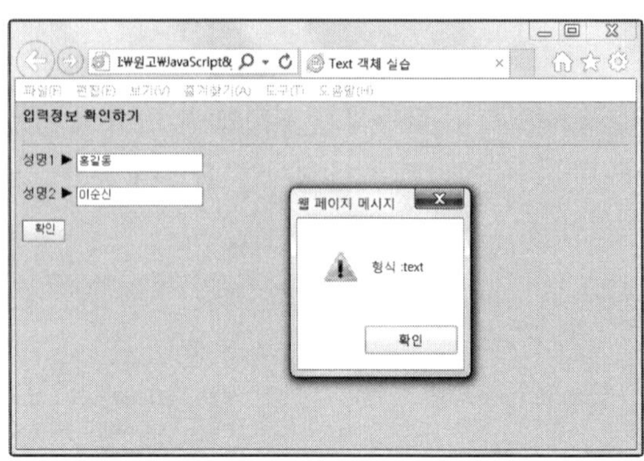

메소드 함수 focus(), select()을 이용하여 사용자가 잘못 입력한 값을 선택하게 할 수 있고 잘못된 내용을 알려주게 할 수 있다.

Text 객체의 메소드	기능 설명
blur()	텍스트 필드에서 커서를 제거
focus()	텍스트 필드에서 커서를 넣어주는 기능
select()	텍스트 필드에서 텍스트 값을 선택해 주는 기능

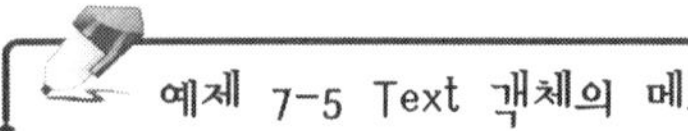

예제 7-5 Text 객체의 메소드 실습

```
<html>
  <head>
    <title>◐ 입력정보 확인하기 ◑</title>
      <h4> text 객체 메소드 이용  </h4> <hr>
      <script language="JavaScript">
        function showValue(form) {
          var ans=form.input.value;
          if(ans=="1") {
              alert("김치찌게를 선택하셨습니다.")
              form.input.focus() }
          else if(ans=="2") {
              alert("된장찌게를 선택하셨습니다.")
              form.input.focus() }
          else if(ans=="3") {
              alert("짜장면를 선택하셨습니다.")
              form.input.focus()}
          else if(ans=="4") {
              alert("라면를 선택하셨습니다.")
              form.input.focus()}
          else if(ans=="5") {
              alert("돈가스를 선택하셨습니다.")
              form.input.focus()}
```

```
            else {
                alert("맞지 않습니다.")
                form.input.focus()
                form.input.select()
            }
        }
    </script>
</head>
<body bgcolor="pink" >
    ■점심시간에 어떤 메뉴를 드시고 싶으세요?<br>
     (번호를 기입하세요)<br>
      1.김치찌게 2.된장찌게 3.짜장면 4.라면 5.돈가스 <br>
    <form name="form3">
      ■점심메뉴 <input type="text" name="input">
     <input type="button" value=" 확인"
               onClick="showValue(this.form)"><br>
    </form>
</body>
</html>
```

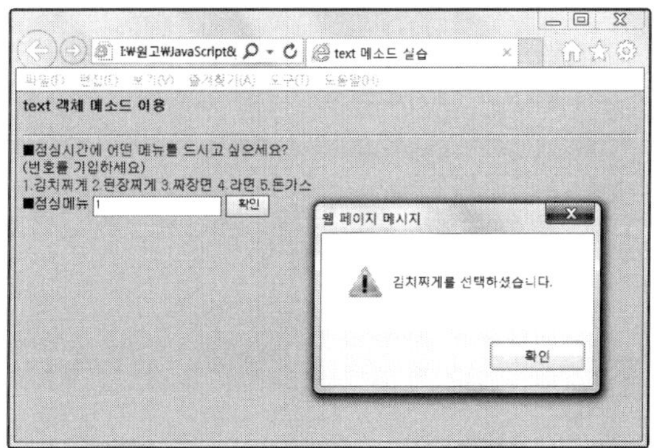

현재 입력 텍스트 필드의 설명을 하단의 상태바에 나타내는 이벤트 핸들러는 onFocus가 있다. 이러한 이벤트 핸들러의 종류는 다음과 같다.

Text 객체의 이벤트 핸들러	기능 설명
onBlur()	텍스트 필드에서 커서를 빠져나가게 하는 이벤트 핸들러
onFocus()	텍스트 필드에서 커서를 넣어주는 이벤트 핸들러
onSelect()	텍스트 필드에서 텍스트 값을 선택해 했을 때 실행되는 이벤트 핸들러
onChange	텍스트 필드에 있는 텍스트 값을 변경해 주는 이벤트 핸들러

예제 7-6 Text 객체의 이벤트 핸들러 실습

```
<html>
  <head>
    <title> Text 이벤트핸들러 실습</title>
    <SCRIPT LANGUAGE="javaScript">

       function inData(data) {
         window.status = data
       }

    </SCRIPT>
  </head>
  <body>
    <H1> onFocus / onBlur 예제 </H1> <BR> <HR>
    <FORM >
      <INPUT TYPE="text" size = 40
             onFocus="inData('커서가 텍스트안에 있습니다!')"
             onBlur ="inData('커서가 텍스트안에 없습니다!')">
    </FORM>
  </body>
</html>
```

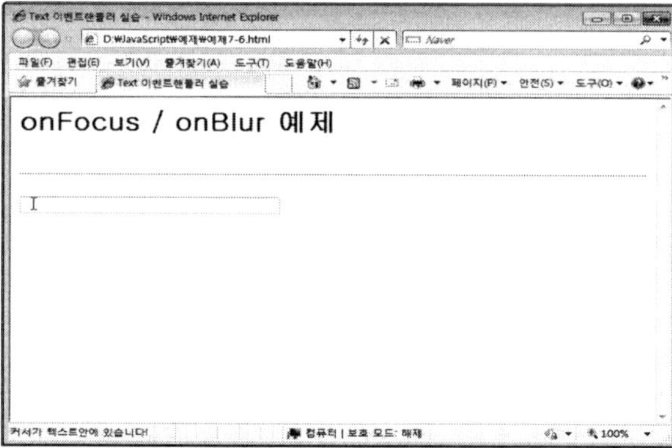

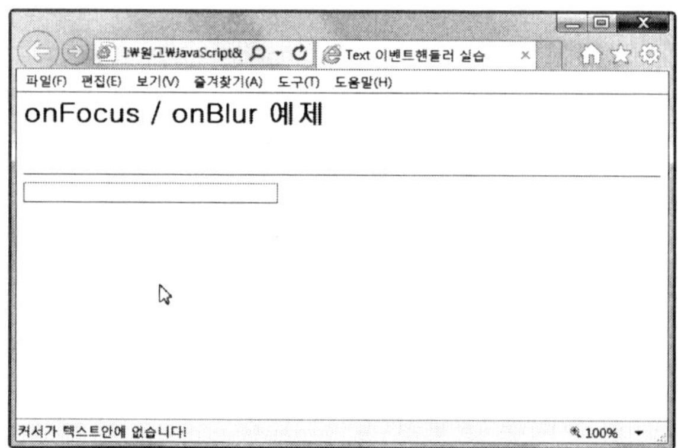

7.3.3 TEXTAREA 객체

Textarea 객체는 HTML 파일의 텍스트 입력양식을 처리할 수 있도록 속성, 메소드, 이벤트를 제공한다. 즉, 사용자로부터 데이터를 입력받거나 데이터를 출력해 주는 기능을 가지며 <input> 태그를 사용하여 textarea 객체를 생성한다.

text는 한 줄의 문자열을 입력하는 반면 textarea는 여러 줄의 문자열을 입력할 수 있고 형식은 다음과 같다.

```
<textarea name="b5" rows=30, cols=20>......... </textarea>
```

이러한 textarea 박스를 처리하기 위한 텍스트 객체의 속성과 메소드는 다음과 같다

Textatea 객체의 속성	기능 설명
defaultvalue	<textarea> </textarea> 사이에 입력되는 값
name	텍스트 영역의 이름
value	텍스트 영역에 입력되는 값

Textarea 객체의 메소드	기능 설명
blur()	텍스트 영역 안에 있는 커서를 제거
focus()	텍스트 영역 안에 커서를 넣어주는 기능
select()	텍스트 영역 안의 텍스트를 선택해 주는 기능

예제 7-7 Textarea 객체 실습

```
<html>
  <head>
    <title>Textarea 객체 실습</title>
    <h4>입력 영역 폼 알아보기  </h4> <hr>
      <script language="javaScript">
        function input_area(form) {
          alert(form.info_memo.value)
        }
      </script>
  </head>
  <body bgcolor="pink">
    <b> 회원정보 </b>
    <form name="regiform2">
      성명 <input type="text" name="b1" size=10><br>
      패스워드 <input type="password" name="b2" size=10><br>
      주소 <input type="text" name="b3" size=30><br>
```

```
        메일 <input type="text" name="b4" size=20><br>
        <textarea name="info_memo" rows=5 cols=50>
         특기사항을 기술하시오!
        </textarea><br>
        <input type="button" value="마침"
                onClick="input_area(this.form)" >
      </form>
   </body>
</html>
```

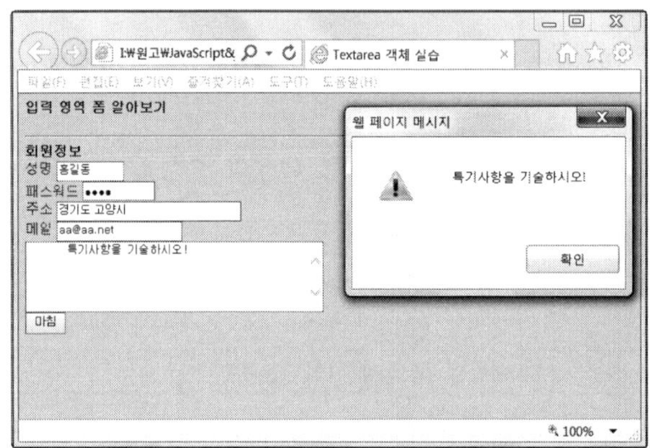

7.3.4 PASSWORD 객체

password 객체는 html 파일의 암호입력상자를 처리할 수 있도록 속성, 메소드, 이벤트를 지원하고 텍스트 입력상자와 태그 형식이 유사하다. 텍스트 입력상자는 입력한 텍스트가 그대로 문자로 출력되는 반면 암호 입력상자는 입력한 텍스트의 문자 대신에 "●"가 출력되는 점이 다르다.

이 password 객체는 암호 입력상자에 대한 각종 정보를 관리하고 이 입력상자를 이용하여 원하는 작업을 할 때 유용한 객체이다. 그리고 이 객체는 form 객체에서 파생된 객체이므로 form 객체를 이용하여 접근해야 한다.

다음 형식으로 사용된다.

```
<input type="password" name="b6"  value="암호">
```

이 형식에서 input type은 "password"이고 패스워드 이름은 "b6"이며 패스워드를 나타내는 문자열 값은 "암호"이다.

자바스크립트에서 암호를 설정하기 위해서 제공되는 password 객체의 속성과 메소드는 다음과 같다.

Password 객체의 속성	기능 설명
defaultvalue	최초로 설정된 문자열 값
name	암호의 이름
type	객체의 타입 구분
value	암호명을 위해 이용되는 문자열의 값

password 객체의 메소드	기능 설명
blur()	패스워드 필드로부터 커서 제거
focus()	패스워드 필드에 커서를 넣어주는 기능
select()	패스워드를 작성한 문자열을 선택하는 메소드

예제 7-8 password 객체 실습

```
<html>
  <head>
    <SCRIPT language=javascript>
       function ok_password(pass_input) {
          var password_ok=pass_input.value.length;
          if((password_ok>= 5) && (password_ok <=10)) {
            alert(document.pass_form.namel.value + "₩n"
                                        +document.pass_form.pass_out.value);}
          else {
            alert(" ▶ 암호를 5자 이상 부터 8자 이내로 재입력 하세요.");
            pass_input.value=" " ;
            pass_input.focus();
          }
       }
   </SCRIPT>
  <BODY bgColor=pink>
    <H4> &&& 암호 입력하기 &&& </h4>
    <FORM name=pass_form>
      이름:<INPUT maxLength=8 size=8 name=namel><BR>
      암호:<INPUT type=password
                     maxLength=8 size=8 name=pass_out>
      <INPUT onclick=ok_password(pass_form.pass_out)
              type=button value=확인>
    </FORM>
  </body>
</html>
```

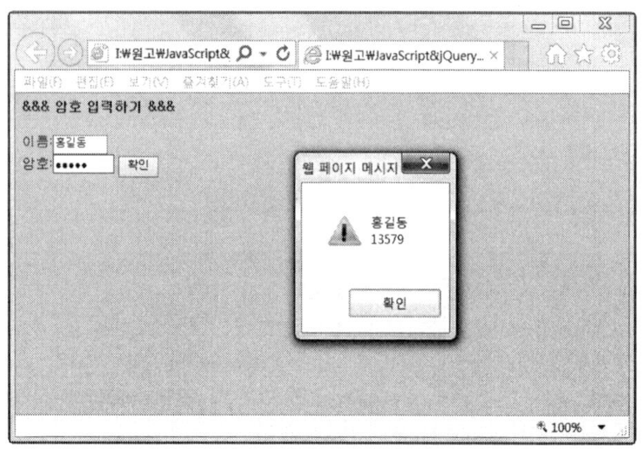

7.3.5 BUTTON 객체

button 객체는 html 파일의 버튼 입력양식을 속성, 메소드, 이벤트를 지원한다. 이 객체는 입력 폼을 만드는 가장 일반적인 객체로서 사용자가 버튼을 클릭 할 때나 버튼 객체의 click() 메소드를 실행할 때 버튼 객체가 호출된다.

버튼 객체는 다음과 같은 형식으로 사용된다.

```
<input type="button" name="name2" value="버튼 클릭">
```

자바스크립트에서 버튼을 설정하기 위한 button 객체의 속성과 메소드는 다음과 같다.

Button 객체의 속성	기능 설명
name	버튼을 정의하는 이름
type	객체의 타입 선택
value	버튼명을 위해 이용되는 문자열의 값

Button 객체의 메소드	기능 설명
blur()	버튼으로부터 커서 제거
focus()	버튼으로부터 커서를 넣어주는 기능
click()	버튼의 클릭을 확인하는 메소드

예제 7-9 button 객체 실습

```
<html>
  <head>
    <title>버튼 객체 사용 </title>
    <h4>button 사용하기</h4>
    <script language="javascript">
      function Click_button(button) {
        window.status-button.name+"***** 버튼 클릭"
        button.value="****** 버튼 클릭"
      }
    </script>
  </head>
  <body bgcolor="pink">
    <form name="kim_form1">
      <input type="button" name="자바스크립트 사랑"
        value="위 버튼 클릭" onClick="Click_button(this)"><br>
      <input type="button" name="자바스크립트 믿음"
        value="아래 버튼 클릭" onClick="Click_button(this)">
    </form>
  </body>
</html>

```

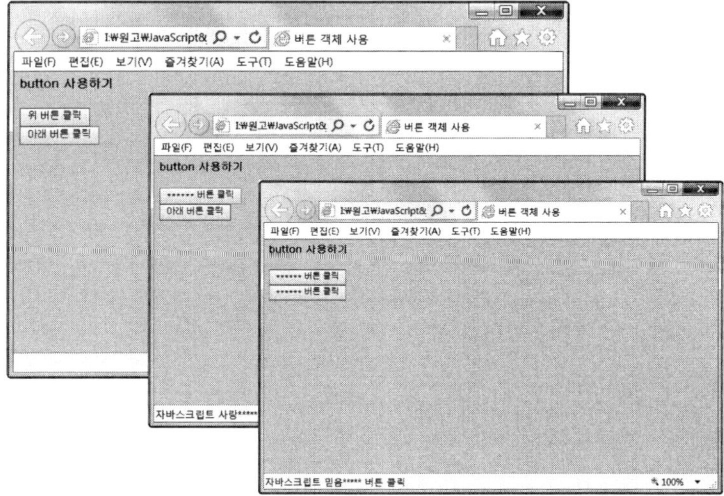

7.3.6 CHECKBOX 객체

checkbox 객체는 html 파일의 checkbox 버튼 입력양식을 위한 기능을 가지고 이 기능을 위한 속성, 메소드, 이벤트를 지원한다. 체크 박스는 한번 선택하면 체크되고 다시 한번 선택하면 체크가 사라진다.

checkbox 설정을 위한 구조는 다음과 같은 형식으로 이루어진다.

```
<INPUT type="checkbox" name="check_ing" value="컴퓨터정보처리">
```

자바스크립트에서 checkbox 버튼을 설정하기 위한 checkbox 객체의 속성과 메소드는 다음과 같다.

checkbox 객체의 속성	기능 설명
name	checkbox 버튼을 정의하는 이름
type	객체의 타입 선택
value	checkbox 버튼명을 위해 이용되는 문자열의 값
checked	체크 박스가 체크되었는지를 확인

checkbox 객체의 메소드	기능 설명
Blur()	Checkbox 버튼으로 부터 커서 제거
Focus()	checkbox 버튼으로부터 커서를 넣어주는 기능
Click()	Checkbox 버튼의 클릭을 확인하는 메소드

예제 7-10 checkbox 객체 실습

```
<html>
    <head>
        <title>입력폼 체크박스</title>
            <h4>checkbox 사용</h4>
            <script language="javascript">

                function jengong(form){
                    if(form.checked == true)
                      window.status += form.value;
                    else
                      alert("다시 선택");
                    }
            </script>
        </head>
        <body bgcolor="87ceeb">
          <form action="jengong.asp">
                    ******선택할 학과*****<br>
              <li><input type="checkbox"name="info" value="컴퓨터정보"
                 onclick="jengong(this)">컴퓨터장보
                    <li><input type="checkbox"name="busi" value="인터넷정보 "
                    onclick="jengong(this)">인터넷정보
```

```
                    <li><input type="checkbox"name="tel" value="정보통신 "
                    onclick="jengong(this)">정보통신
                    <li><input type="checkbox"name="desin" value="멀티미디어 "
                    onclick="jengong(this)">멀티미디어
               </form>
     </body>
</html>
```

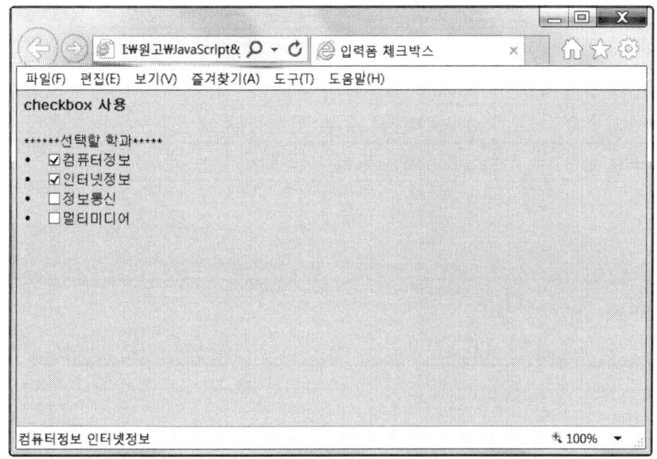

7.3.7 사. RADIO 객체

radio 객체는 html 파일의 radio 버튼 입력양식을 위한 기능을 가지고 이 기능을 위한 속성, 메소드, 이벤트를 지원한다. radio 객체는 여러 개의 그룹 안에서 한 개의 라디오 버튼만을 선택할 수 있다. 여러 개의 라디오 버튼을 같은 그룹으로 구성하려면 name의 속성값을 동일하게 설정하여야 한다.

radio 객체의 설정을 위한 구조는 다음과 같은 형식으로 이루어진다.

```
<INPUT type=radio value=남자 name=남>
```

이 형식에서 input type은 radio이고 버튼 이름은 "남자"이며 버튼을 나타내는 문자열 값은 "남"이다.

자바스크립트에서 radio 버튼을 설정하기 위한 radio 객체의 속성과 메소드는 다음과 같다.

radio 객체의 속성	기능 설명
name	radio 버튼을 정의하는 이름
type	객체의 타입 선택
value	radio 버튼명을 위해 이용되는 문자열의 값
checked	radio 버튼이 체크 되었는지를 확인
length	그룹 안에 들어 있는 radio 버튼의 수

radio 객체의 메소드	기능 설명
blur()	radio 버튼으로부터 커서 제거
focus()	radio 버튼으로부터 커서를 넣어주는 기능
click()	radio 버튼의 클릭을 확인하는 메소드

예제 7-11 radio 객체 실습

```
<html>
    <head>
        <h1>checkbox radio 속성 실습</h1>
        <hr>
    </head>
    <body>
        <form>
                <p><label> <input type=checkbox
                    name="kwamok" value"HTML5"> HTML5 </label></p>
                <p><label> <input type=checkbox
                    name="kwamok" value"JAVA"> JAVA </label></p>
                <p><label> <input type=checkbox
                    name="kwamok" value"JSP"> JSP </label></p>
                <p><label> <input type=checkbox
                    name="kwamok" value"C++"> C++</label></p>
                 <br><br>

                <p><label> <input type=radio
                    name="sex" value"남"> 남 </label></p>
                <p><label> <input type=radio
                    name="sex" value"여"> 여</label></p>
        </form>
    </body>
</html>
```

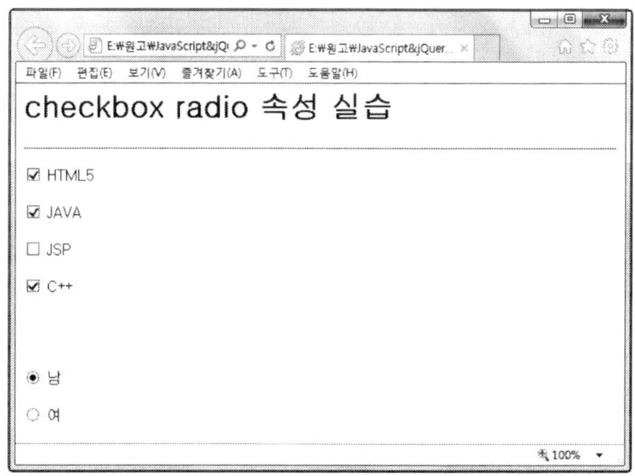

7.3.8 SELECT 객체

select 객체는 html 파일의 select 태그를 이용한 입력양식 기능을 가지고 있고 이 기능을 위한 속성, 메소드, 이벤트를 지원한다. radio 객체는 목록상자와 콤보박스를 만들 수 있는 태그이며 미리 목록이 표시되고 이 목록 중에서 원하는 항목을 선택할 수 있는 기능을 가진 입력 양식이라 할 수 있다.

선택 리스트 객체는 체크박스, 라디오 버튼 기능과 유사하며 <select> 태그와 <option> 태그를 이용하여 리스트를 나타낸다.

객체의 설정을 위한 구조는 다음과 같은 형식이다.

```
<select  name="menu_name" size=5> .....</select>
```

이 형식에서 선택 리스트의 이름은 "menu_name"이고 리스트 목록의 크기는 5이다.

자바스크립트에서 select 객체를 설정하기 위한 radio 객체의 속성과 메소드는 다음과 같다.

select 객체의 속성	기능 설명
name	선택리스트 박스의 이름
multiple	사용자가 한 개 이상의 리스트를 선택할 수 있도록 하는 속성
size	스크롤시 한 번에 출력할 수 있는 리스트의 수
selectedindex	객체의 타입 구분

select 객체의 메소드	기능 설명
blur()	select 리스트로부터 커서 제거
focus()	select 리스트로 커서를 넣어주는 기능

예제 7-12 select 객체 실습

```
1. <html>
2.   <head>
3.     <title> 셀렉트 객체</title>
4.   </head>
5.   <BODY bgColor=pink>
6.     <H4> select 객체사용</H4>
7.     <SCRIPT Language="JavaScript">
8.       function select_menu(menu_form) {
9.         alert
10.        (menu_form.menu_name.selectedIndex+1+"번 전공을 선택함");
11.      }
12.    </SCRIPT>
13.  </head>
14.  <body bgcolor="pink">
15.    <form>
16.      *****당신의 전공은 ?<BR>
17.      <select  name="menu_name" size=5>
18.        <option value="1>>컴퓨터정보">1>>컴퓨터정보
19.        <option value="2>>정보통신">2>>정보통신
20.        <option value="3>>산업디자인">3>>산업디자인
21.        <option value="4>>인터넷정보">4>>인터넷정보
22.        <option value="5>>멀티미디어">5>>멀티미디어
23.      </select><p>
24.        <INPUT type="button" value="전공선택"
25.               onclick="select_menu(this.form)">
26.    </FORM>
27.  </body>
28. </html>
29.
```

6~10 : 자바스크립트의 명령을 선언한다.

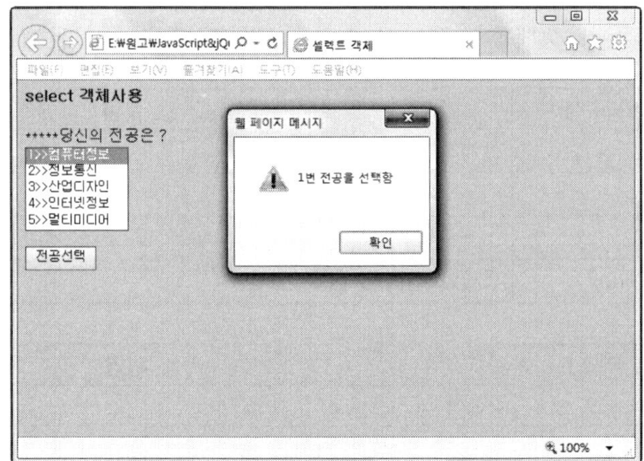

7.3.9 FILEUPLOAD 객체

fileupload 객체는 html 파일의 fileupload 객체를 이용한 입력양식 기능을 가지고 있고 이 기능을 위한 속성, 메소드, 이벤트를 지원한다. fileupload 객체는 버튼을 이용하여 필드와 시스템 디렉토리를 검색하여 업로드하고 싶은 파일을 선택하면 선택한 파일의 정보가 브라우저 화면에 나타난다.

파일 업로드의 설정을 위한 구조는 다음과 같다.

```
<INPUT TYPE="file" NAME="file_name" size=30>
```

이 형식에서 FileUpload의 type은 “file”이다.

자바스크립트에서 fileupload 객체를 설정하기 위한 fileupload 객체의 속성과 메소드는 다음과 같다.

fileupload 객체의 속성	기능 설명
name	파일 업로드 필드에서 지정되는 파일 이름
type	업로드 할 파일
value	파일 업로드 필드에 업로드시킨 파일
selectedindex	객체의 타입 구분

fileupload 객체의 메소드	기능 설명
blur()	파일 업로드 필드로부터 커서 제거
focus()	파일 업로드 필드에 커서를 넣어주는 기능

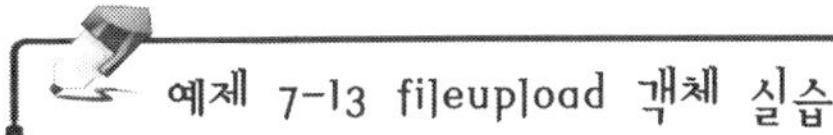
예제 7-13 fileupload 객체 실습

```
<html>
  <head>
    <title>자바스크립트 테스트</title>
      <SCRIPT LANGUAGE="JavaScript">
          function checkfile(form) {
             alert("선택한 파일 : "+form.file_name.value)
          }
       </SCRIPT>
  </head>
  <body>
    <H1>파일 업로드</H1><P>
```

```
12.       <FORM NAME="myform">
13.         File: <INPUT TYPE="file" NAME="file_name"><P>
14.         <INPUT TYPE="button" VALUE="check"
15.             onClick="checkfile(this.form)">
16.       </FORM>
17.   </body>
18. </html>
```

6~10 : 자바스크립트의 명령을 선언한다.

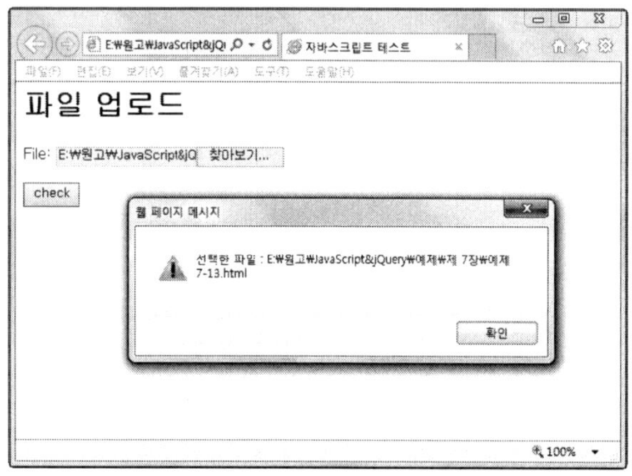

제8장 이벤트 핸들러

8.1 이벤트 핸들러의 정의

자바스크립트에서는 웹페이지가 대화형이고, 동적인 화면을 나타내기 때문에 이벤트가 많이 발생한다.

이벤트는 웹 문서에서 사용자가 버튼을 클릭하거나, 이미지를 클릭하거나, 키보드를 입력하거나 하는 등의 사건을 의미한다. 또는 웹 문서가 로드되거나, 문서나 이미지 등이 포커스를 가지거나, 포커스를 잃는 등의 사건을 포함한다.

웹 문서에서 이러한 이벤트가 발생하면, 자바스크립트는 이러한 이벤트를 처리할 수 있다. 이러한 이벤트를 처리하는 것을 이벤트 핸들러라고 한다.

이벤트는 일반적으로 사용자에 의한 특정행위를 한 그 결과에 의해 발생하며 사용자와 프로그램 사이에 상호작용(Interaction)을 처리하는 경우에 사용한다. 이벤트는 링크나 이미지, 이미지 맵, 폼 요소, 윈도우 등의 웹 페이지에서 사용방법을 볼 수 있다.

예를 들어 웹 페이지에서 이벤트란 사용자가 링크 위에 마우스를 대면 다이얼로 그 박스가 나타나고 사용지기 마우스로 이미지 위에 가져가면 이미지가 화면에 나타나는 작업등이 이벤트라고 할 수 있다.

이벤트는 이벤트 핸들러에 의해서 수행되며 이벤트 핸들러란 이벤트 발생에 의해서 실행되는 메소드 혹은 이벤트 함수를 말한다.

자바스크립트는 이벤트의 프로그램을 작성하기 위해 3가지 이벤트 모델, inline 모델, 스크립팅 모델, 그리고 DOM 2 모델이 있다

8.2 이벤트 핸들러에서의 inline 모델

inline 모델은 가정 쉬운 이벤트 모델로 이벤트 핸들러에 의해 HTML의 속성으로 주로 사용된다. 예를 들어 onClick 사용은 클릭 이벤트를 발생하고, onSubmit 사용은 명령의 전송을 담당한다.

inline 모델은 많은 이벤트 핸들러들이 어떤 것을 수행하고, 어떻게 웹페이지의 객체에 영향을 주기 위하여 다음과 같이 자주 사용된다.

. 마우스 action
. 키보드 action
. 폼에서의 action
. 초기 페이지의 load와 unload
. 특별한 시간이 경과한 후
. 에러가 발생한 후

8.2.1 HTML과 이벤트 핸들러

자바스크립트의 이벤트 핸들러는 <script>~ </script> 태그사이에 나타내지 않는다. 이벤트 핸들러는 HTML 태그의 속성으로 나타낸다. 만약 이벤트가 <form> 태그와 관련하면 <form>의 속성으로 나타내고, link와 관련하면 <href> 태그의 속성으로 나타낸다.

이벤트가 발생하면, 일반적으로 이벤트 핸들러에 할당한다. 이것은 이벤트를 연결한 것으로 지정하고 명령어는 이벤트 핸들러와 연관되고 이벤트가 발생하면, 명령이 수행된다.

속성 또는 메소드가 하나의 객체와 연결되나, 이벤트는 한 개 이상의 객체와 연결된다. 예를 들어 onClick 이벤트 핸들러는 폼의 입력 태그와 연결될 수 있으나 link 태그, 또는 image, Button과 연결될 수 있다.

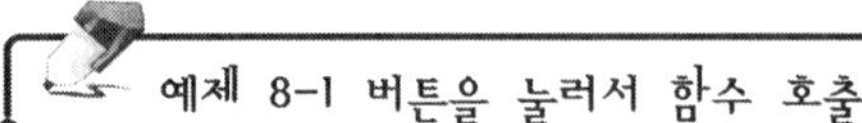

예제 8-1 버튼을 눌러서 함수 호출

```
<html>
    <head>
        <title>버튼을 눌러서 함수 호출</title>
        <script type="text/javascript">
                function wakeUpCall(){     // Function 정의
                                setTimeout('alert("5초 후 나타납니다!!")',5000);
                }
```

```
        </script>
    </head>
    <body bgcolor="lightblue">
        <form>
            <input type="button"
                   value="타이머"
                   onClick="wakeUpCall()">
        </form>
    </body>
</html>
```

[표 8-1] 자바스크립트 이벤트 핸들러의 종류

이벤트 핸들러	기능 설명
onAbort	사용자의 작업을 빠져나오는 이벤트
onBlur	입력 폼 양식을 다른 곳으로 이동하는 이벤트
onChange	입력 폼 양식을 변경해 주는 이벤트
onClick	입력 폼 양식을 마우스로 클릭해 주는 이벤트
onDblClick	마우스를 더블 클릭해 주는 이벤트
onDragDrop	마우스를 드래그하여 끌어주는 이벤트
onError	이미지나 윈도우를 읽는 도중 에러가 발생할 때 수행하는 메소드
onKeyDown	사용자가 키를 눌렀을 때 발생하는 이벤트
onKeyPress	사용자가 키를 눌렀다가 놓았을 때 발생하는 이벤트
onKeyUp	사용자가 키를 눌렀다가 떼었을 때 발생하는 이벤트
onLoad	이미지나 문서 프레임 등을 로드시키는 이벤트
onMouseDown	사용자가 마우스 버튼을 눌렀을 때 발생하는 이벤트
onMouseMove	마우스를 이동시키는 이벤트
onMouseOut	링크나 클라이언트 측에서 마우스를 옮기는 이벤트
onMouseOver	마우스를 링크나 클라이언트 측으로 옮기는 이벤트
onMouseUp	사용자가 마우스를 놓는 이벤트

onMove	윈도우나 프레임을 옮기는 이벤트
onReset	폼을 리셋 시키는 이벤트
onResize	윈도우나 프레임의 크기를 재조정하는 이벤트
onSelect	필드나 영역을 선택하는 이벤트
onSubmit	폼을 보내는 이벤트
onUnload	문서나 프레임 세트를 종료하는 이벤트
onFocus	문서나 윈도우, 폼 요소 등에 입력 포커스를 설정하는 이벤트

8.3 이벤트 핸들러의 종류

이벤트 핸들러는 웹 문서, form, image, 또는 link와 같은 HTML 태그의 속성으로 사용된다.

만약 이벤트를 문서에 적용하려면, <body> 태그의 속성으로 사용할 수 있으며, 이벤트를 버튼에 적용하려면, 폼의 <input> 태그 속성으로 사용하고, 이벤트를 링크하려면, <a href>태그의 속성으로 사용해야 한다. 예를 들어 웹문서를 로딩 후에 이벤트 핸들러를 적용하려면 onLoad를 사용하고, 버튼을 클릭해서 이벤트 핸들러를 사용할 때는 onClick을 지정해야 한다.

```
<body onLoad="alert('사이트에 오신 것을 환영합니다');">
  <form>
    <input type="button"
      value="클릭하세요"
      onClick="alert('클릭하셨습니다');" />
  </form>
</body>
```

또 다른 방법으로 이벤트 핸들러에 값을 등록하거나 할당할 수 있다. 값은 사용자 정의 function 또는 자바스크립트 문장의 문자열로 정의해야 한다. 또한 이벤트 핸들러가 HTML 태그의 속성일 경우 만약 사용자 정의 함수가 function이 자바스크립트 프로그램 또는 세미콜론으로 분리된 스크립트 문장에 정의해야 한다.

```
메소드 지정 → onClick="window.open('myhome.html', 'newWin')"

사용자 정의 function → onUnLoad="timeOver();"

그룹화된 문장 → onChange="if (!checkVal(this.value, 1, 10)){
                    this.focus(); this.select();}"
```

8.3.1 onClick 이벤트

입력을 마우스로 클릭해 주는 이벤트로 클릭하였을 경우 연결된 이벤트 핸들러가 수행된다.

예제 8-2 onClick 이벤트 처리

```

<html>
  <head>
    <title> 이벤트의 처리</title>
      <SCRIPT Language="JavaScript">
        function calculate(form) {
         form.num.value=eval(form.lim.value);
        }
      </SCRIPT>
  </head>
  <body>
    <h4>  onClick  이벤트 처리  </h4> <hr> <p>
    <Form name="limform">
      <br><b> 계산 할 수식을 입력하세요 ?:</b>
      <input type="text" name="lim" value= "" size="20"> <br>
          수식 계산 결과 값= <input type="text" name="num"
        onFocus="this.blur();"> <br><br>
      <input type="button" value="계산처리"
            onClick="calculate(this.form);">
    </Form>
  </body>
</html>
```

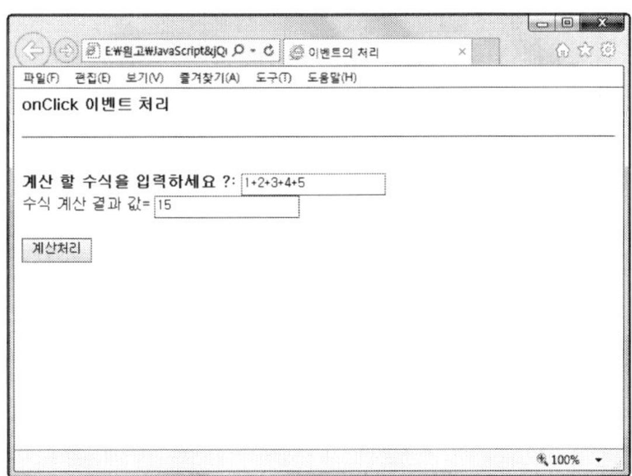

8.3.2 onError 이벤트

문서나 이미지를 로드할 때 발생하는 에러를 찾아 알려주는 이벤트로서 에러 이벤트가 발생되는 이벤트이다. 자바스크립트 문법 오류나 런타임 오류시, 혹은 <img> 태그에 지정된 이미지의 로딩시 이미지에 대한 URL이 잘못되었거나 이미지가 손상되었을 경우 onError 핸들러가 호출된다.

예제 8-3 onError 이벤트 처리

```
<html>
  <head>
    <title> onError 이벤트의 처리</title>
    <SCRIPT Language="JavaScript">
       function searchError(Image){
           alert("에러"+Image.Name+"찾을 수 없습니다");
       }
    </SCRIPT>
  </head>
  <body>
    <h4>  onError  이벤트 처리  </h4>
    <Form Name="ljmform">
       <img Name="aaa" src="JavaScript.wmf"
            align="center" border="2" onError="searchError(this)">
    </Form>
  </body>
</html>
```

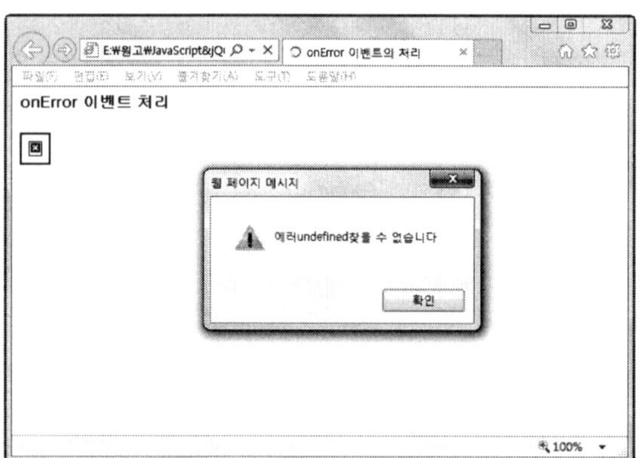

8.3.3 onBlur 이벤트와 onFocus 이벤트

사용자가 입력 포커스를 윈도우나 입력 양식 요소에서 제거했을 때 입력양식을 다른 곳으로 이동해주는 것이 onBlur 이벤트이고, 입력양식 필드에 포커스가 위치할 때 발생하는 것이 onFocus 이벤트로서 form 부분의 영역에서 빠져 나오는 이벤트이다.

예제 8-4 onBlur와 onFocus 이벤트

```
<HTML>
 <HEAD>
  <style>
    .inputOut {
      background-color:''; border:1px solid #7F9DB9;
    }
  </style>
  <SCRIPT language="javascript" type="text/javascript">
    function setStyle(oj){
      oj.style.backgroundColor='ffffEE';
      oj.style.border='1px solid #ff9900';
         alert("테두리가 작성되고 노랑색으로 채워졌습니다!!");
    }
    function removeStyle(oj) {
      oj.style.backgroundColor="";
      oj.style.border="1px solid #7F9DB9";
         alert("테두리가 작성되고 흰색으로 채워졌습니다!!");
    }
  </SCRIPT>
 </HEAD>

 <BODY>
   <INPUT type="text"
        onfocus="setStyle(this)" onblur="removeStyle(this)">
 </BODY>
</HTML>
```

– 프로그램 실행 초기 상태

- onFocus 상태

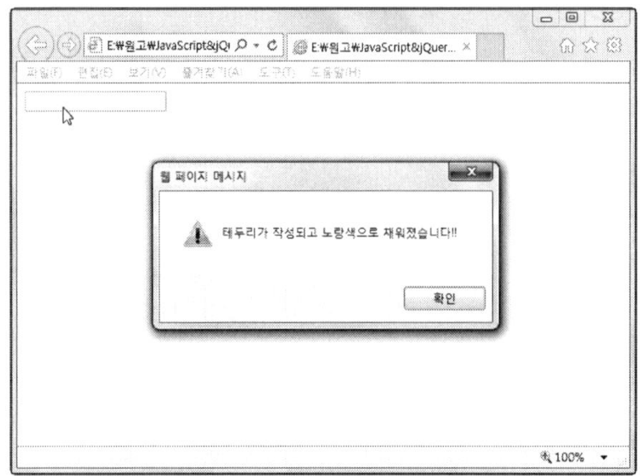

- onBlur 상태

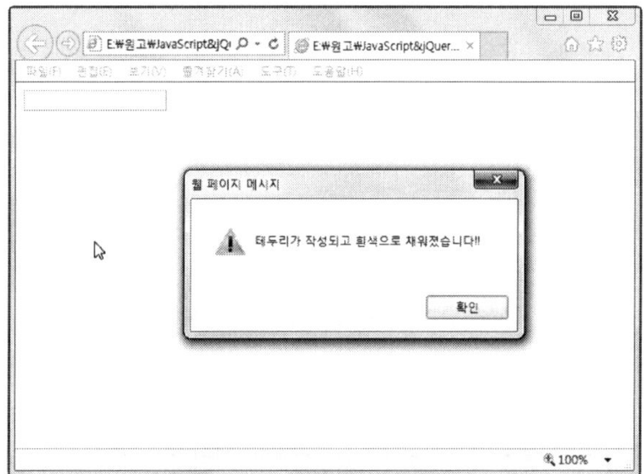

8.3.4 onMouseOver 이벤트와 onMouseOut 이벤트

사용자가 마우스를 특정 위치에 올려놓을 때 발생하는 이벤트가 onMouseOver 이벤트이고, 특정 위치에 올려져 있던 마우스를 빠져 나갈 때 발생하는 이벤트가 onMouseOut 이벤트이다.

예제 8-5 onMouseOver와 onMouseOut 이벤트

```
<html>
  <head>
     <title> onMouseOver와 onMouseOut 예제 </title>
  </head>
      <h3>  onMouse 이벤트 사용 </h3> <hr>
  <body onLoad="alert('onMouse 이벤트 예제입니다!!')"
                onUnload="alert('안녕히가세요!!')">

   <form NAME=testform>
     <input NAME=button TYPE=button
            VALUE="여기에 마우스 포인터를 올려보세요!!"
     onMouseOver
       ="document.testform.button.value='MouseOver 속성이 적용되었습니다!!'"
     onMouseOut
       ="document.testform.button.value='MouseOut 속성이 적용되었습니다!!'">
       </form>
   </body>
</html>
```

– 프로그램 실행 초기 상태

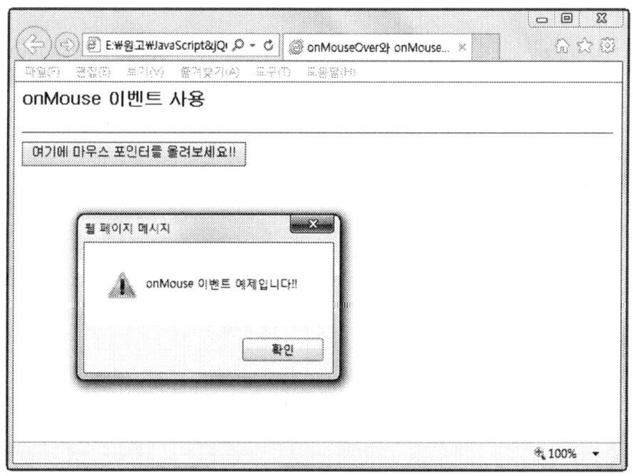

– 버튼에 마우스를 올려 놓은 상태

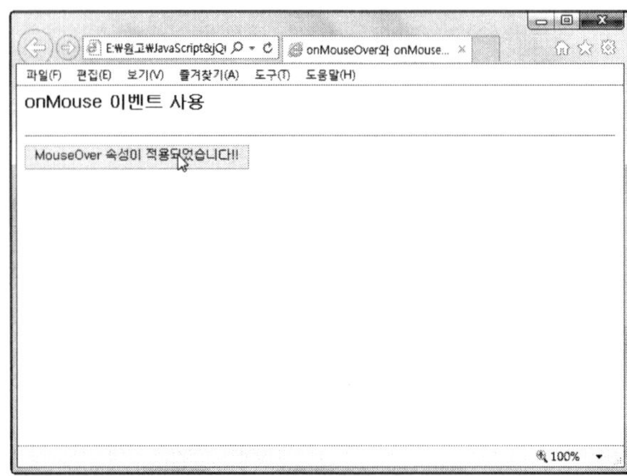

– 버튼에서 마우스를 빠져나간 상태

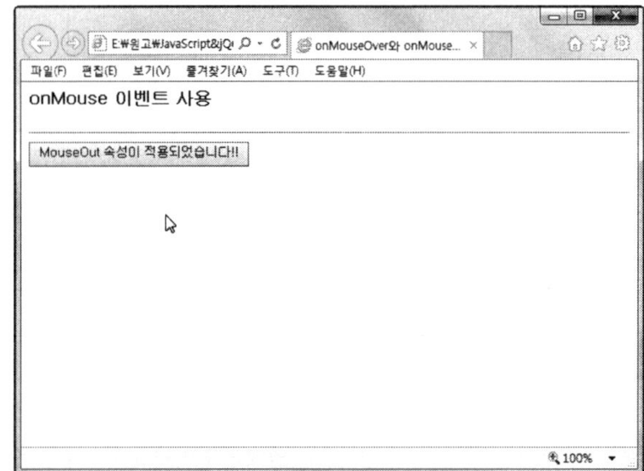

8.3.5 onKeyPress 이벤트, onKeyDown 이벤트 그리고 onKeyUp 이벤트

onkeydown 키보드(자판)에서 키를 눌렀을 때 발생되고, onkeyup 이벤트는 키보드 누름을 해제했을 때 발생한다.

또한 onkeypress 이벤트는 키보드가 눌러졌을 때 이벤트가 발생한다. onkeydown 이벤트는 키를 누르기 전에 해당 개체에 포커스가 지정되어야 한다.

예제 8-6 onKeyPress 이벤트 예제

```
<html>
    <head>
        <title>Key이벤트 예제</title>
       </head>
     <body bgcolor="yellow" onKeyPress=
  "alert('입력된 키 : '+ event.keyCode + ' : ASCII -->'+ String.fromCharCode
  (event.keyCode));">
       <font face = "verdana">
        <H3> onKeyPress 예제 </H3>  <HR>

       <b>키보드에서 아무 영문키를 누르세요!!</b>
  </body>
</html>
```

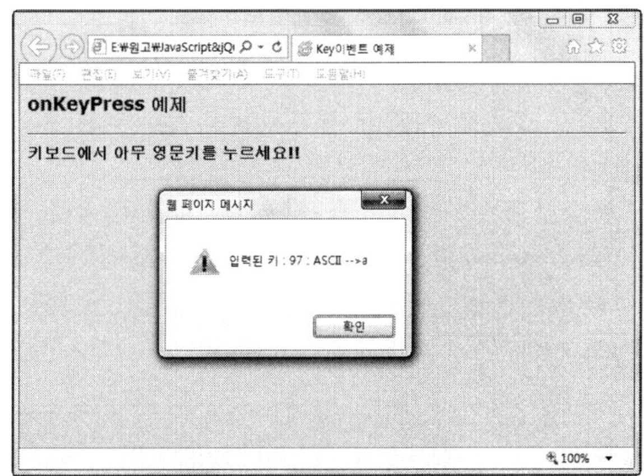

예제 8-7 onKeyUp / onKeyDown 이벤트

```
<html>
    <head>
        <title>Key 이벤트 예제</title>
    </head>
     <body bgcolor="white"><font face="arial">
       <b><h2>onKeyDown/onKeyUp 예제</h2> <hr/>
       <h3>
         <br>키를 입력하고 누르면 화살표가 아래로 표시되고,( onKeyDown)
                 <br>키를 놓으면 화살표가 위로 표시됩니다!!(onKeyUp)<br></b>
       <form>
            박스안에 아무 키나 입력하세요:
            <input type="text" size=10
```

```
                    onKeyDown="document.Arrow.src='down_arrow.gif'"
                    onKeyUp="document.Arrow.src='up_arrow.gif'">
                <input type=reset value="reset">
        </form>
            <img src="up_arrow.gif" name="Arrow">
    </body>
</html>
```

– 프로그램 실행 초기 상태

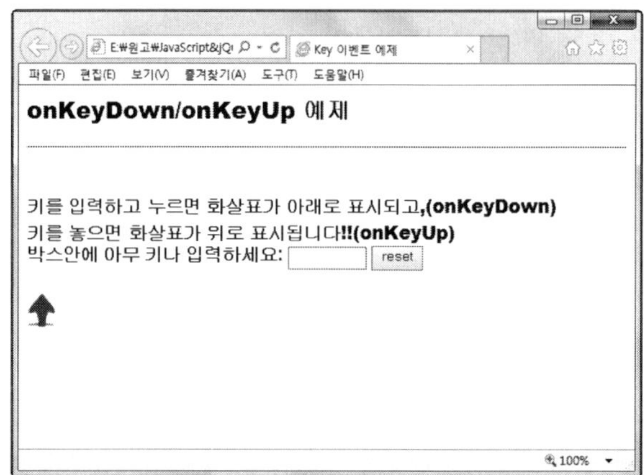

– 아무 키를 누르고 있는 상태

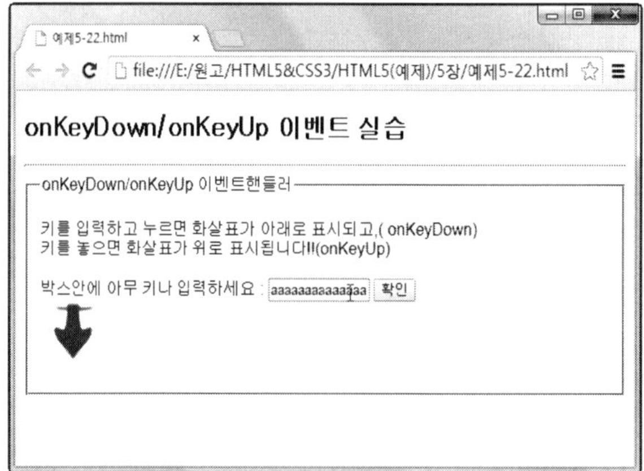

8.3.6 onLoad 이벤트와 onUnload 이벤트

사용자가 버튼을 클릭했을 때 이벤트 처리를 수행시키려면 다음과 같은 형식을 이용하여 처리한다.

```
<input type="button" value="계산처리" onClick=" JavaScriptCode()">
```

이와 같은 경우에 사용자는 “계산처리 버튼”을 클릭하게 되면 onClick 이벤트 핸들러에 명시된 JavaScriptCode() (앞의 예제에서는 calculate(this.form)) 함수가 수행된다. onLoad 핸들러가 호출되는 경우는 윈도우 상에 문서의 로딩 완료 시점과 이미지의 로딩 완료 시점의 2가지이다.

첫 번째는 브라우저가 윈도우 로딩을 완전히 종료한 다음 호출되거나 <frameset> 태그 내의 모든 프레임의 로딩을 마칠 때 호출된다. 이 경우는 각각 <body onLoad=".....">나 <frameset onLoad=".....">로 핸들러를 지정한다.

두 번째 경우는 <img> 태그에 지정된 이미지나 Image 객체의 src 프로퍼티의 변경에 의해 이미지가 작성되는 경우 이미지의 화면 출력이 완료되는 시점에서 호출되고, <img onLoad="...">형태로 핸들러를 지정한다.

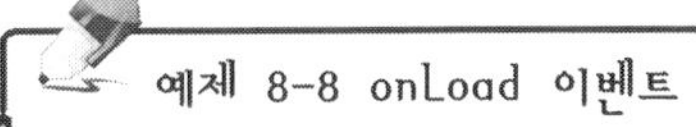

예제 8-8 onLoad 이벤트

```
<html>
    <head>
        <title> 이벤트의 관계 </title>
    </head>
    <body onLoad="alert('이 문서에 들어왔습니다!')"
            onUnload="alert('이 문서를 나갑니다!')">
        <h4>  이벤트 함수 alert 를 이용한 이벤트의 관계   </h4>
    </body>
</html>
```

- 웹 문서가 실행된 상태

– 웹 문서가 끝나고 종료되는 상태

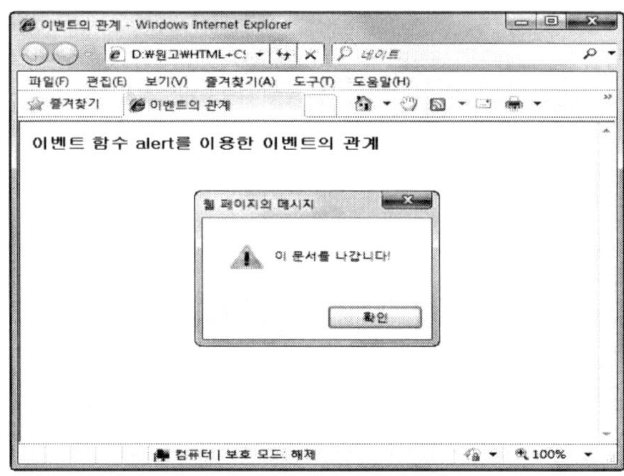

8.3.7 onSubmit 이벤트

onSubmit 이벤트란 form 안에 있는 내용이 action 에 정의된 url로 넘어가기 바로 이전 상태를 의미한다. 입력 양식의 데이터를 서버로 전송하는 역할을 한다.

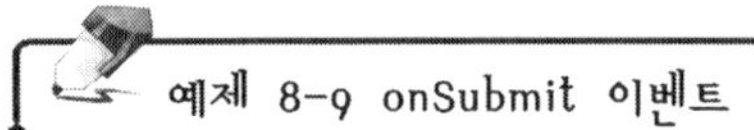
예제 8-9 onSubmit 이벤트

```
<html>
   <head>
      <title>onSubmit 이벤트 예</title>
         <script language="JavaScript">
            function popUp() {
                     newWin=window.open
                        ('','NewWin','toolbar=no,status=no,width=500,height=200');
                    newWin.document.write("<h3>새로운 폼의 정보</h3><hr>");
                    newWin.document.write("<b>이름 : </b> " +
                            document.form1.namestring.value);
                  newWin.document.write("<br><b>주소 : </b>" +
                            document.form1.address.value);
         }
   </script>
  </head>
  <body font="ariel" size=3>
     <h4>  onSubmit 이벤트 예  </h4> <hr>
   <form name="form1" onSubmit="popUp();">
      <p>이름을 입력하세요 :
      <input type="text"  name="namestring"        size="20">
      <p>주소를 입력하세요 :
      <input type="text"  name="address" size="30">
```

```
        <p>
        <input type="submit" value="폼 전송">
        <input type="reset" value="재정의">
    </form>
  </body>
</html>
```

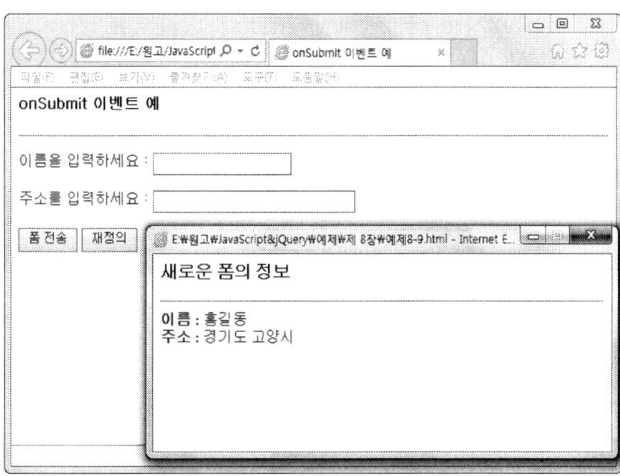

제9장 DOM

9.1 W3C DOM

W3C DOM은 자바스크립트 프로그램에서 문서의 요소에 접근하기 위한 표준화를 제공한다. DOM이 개발자들의 XML 문서를 취급하기 위해 설계되더라도 HTML 문서들도 같은 방법으로 접근할 수 있다.

자바스크립트로 역동적인 문서 스타일을 꾸미기 위해, HTML 요소들을 객체로서 표현해야 한다. W3C DOM(DOM 1)은 페이지의 모든 XML/ HTML 요소를 포함하기 위하여 DOM을 확장하였다.

DOM은 모든 이 객체에 접근뿐만 아니라 검색중에도 유형에 따라 디자인하기 위하여 CSS를 사용하기 위한 메소드와 속성을 제공한다. W3C DOM으로, 웹 페이지에서 어떤 항목을 만들고, 더하고, 수정하고, 삭제하여 재구성할 수 있다.

9.2 노드를 이용한 DOM의 처리 방법

객체를 이용하여 폼, 이미지, link와 이벤트에 접근하기 위해 DOM을 사용하였던 것처럼, HTML 문서에서 모든 요소에 접근하기 위해 DOM을 사용할 수 있다. 표준 W3C DOM은 현재 DOM 핵심, XML DOM, 그리고 HTML DOM으로 구분된다.

DOM 핵심은 문서 구조들, 요소들, 그리고 제품 속성을 제어하기 위한 표준화를 나타낸다. 그리고 DOM XML과 HTML은 각각 XML과 HTML에 그 기능을 확장할 수 있다.

DOM은 HTML 문서를 트리구조로 나타낼 수 있다.

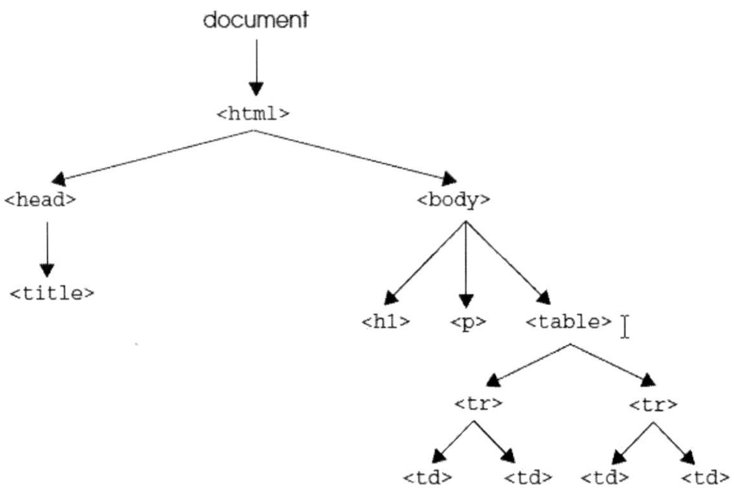

계층 트리구조는 문서를 나타내기 위하여 논리 구조를 제공하며 그 구조를 검색하고, 요소들과 내용을 더하거나, 수정하거나, 삭제하기 위한 방법이다.

root에서의 트리의 최상위에서 출발해서 요소, 속성, 또는 원문에 도달할 때까지 모든 요소에 트리를 지나칠 수 있다. core DOM은 노드 객체로서 트리에서 각각 요소를 확인한다.

[표 9-1] DOM 객체의 종류

객체	정의
Node	HTML 요소를 나타내는 기본 데이터 형
Document	도큐멘트 트리의 최상위 객체
Element	HTML 문서의 요소
Attribute	HTML 요소의 속성
Text	<h1>~</h1>사이의 내용과 같은 태그 내용

9.3 노드(node)

HTML 페이지를 로드할 때마다, 웹 브라우저는 거꾸로 된 트리 구조로 페이지의 내부 표현을 나타낸다. 아래 그림에서 나타난 모든 HTML 요소에서 노드의 DOM은 트리구조들을 일련의 노드로 간주한다.

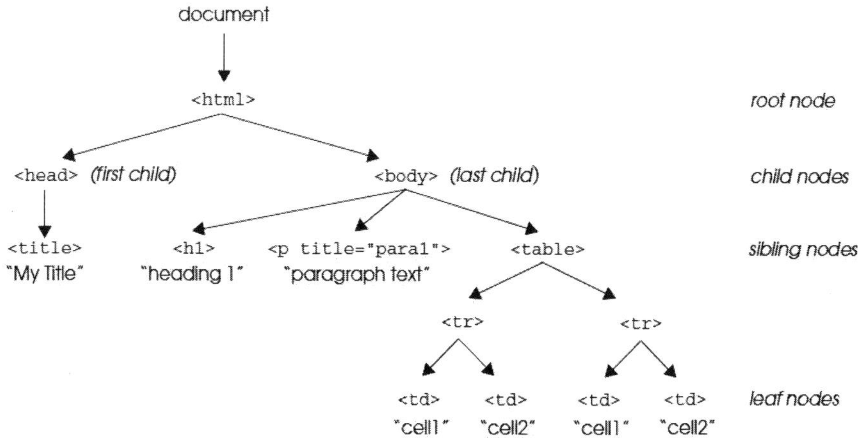

트리에서 최상위 노드는 문서의 근 노드라는 <html> 태그이다. 아래의 <head>와 <body> 태그는 HTML 요소의 자식 노드라고 한다.

<title>에서 "My Title"을 원문 노드라고 하며 마지막 노드이고, 트리와 같은 구조는 잎새 노드라 고하며, 그 노드가 마지막이다. 노드는 3가지 타입의 요소 노드, 속성 노드, 그리고 원문 노드로 구분된다.

이 형태는 요소, 속성, 그리고 원문 노드를 위해 1, 2, 3번호로 지정된다. 예를 들어 <p>와 <h1> 태그는 요소 노드, title="para1"은 속성 노드이고, <title> 태그 사이에 내용 노드를 나타낸다.

속성 노드는 할당된 HTML 요소의 속성으로서 나타난다. 예를 들어, <a>태그는 href 속성을 가지고 있다. 예를 들어, <a href="http://www.naver.com"> 요소 노드, href은 속성 노드이고 URL은 노드 값이다.

[표 9-2] 노드 속성의 종류

속성	기능 설명
firstChild	첫 번째 자식 노드의 요소를 반환
lastChild	마지막 자식 노드의 요소를 반환
nextSibling	현재 자식 노드에서 같은 레벨의 요소 다음 자식 노드를 반환
nodeName	노드의 이름을 반환
nodeType	1은 요소, 2는 속성, 3은 내용으로 노드의 형을 반환
nodeValue	내용에 노드 값을 지정
ownerDocument	노드가 소속되어 있는 문서의 최상위 요소를 반환
parentNode	현재 노드가 소속되어 있는 요소를 반환
previousSibling	현재 자식 노드와 같은 레벨요소의 이전 자식 노드를 반환

[표 9-3] 노드 메소드의 종류

메소드	기능 설명
appendChild(new node)	자식 노드의 맨 마지막에 새로운 노드를 추가
cloneNode(child option)	노드를 복사
hasChildNodes()	노드가 자식을 가지고 있으면 true 발생
insertBefore(new node, current node)	자식 노드리스트에 새로운 노드를 삽입
removeChild(child node)	자식 노드 리스트에서 자식 노드를 제거
replaceChild(new child, old child)	이전 자식 노드에 새로운 노드로 수정

9.3.1 부모와 자식 노드 관계

트리구조에서 몇몇 노드는 다른 노드들 위에 있다. 또 다른 노드 위의 노드는 부모 노드이고 부모 노드의 아래에는 자식 노드이다.

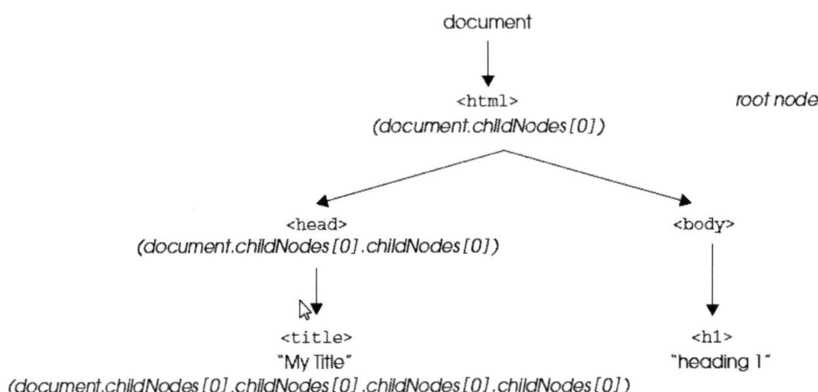

예를 들어 <p> 그리고 </p> 같이 시작과 마지막 태그를 가지고 있는 HTML 태그들은 항상 부모 노드들이다. 요소의 속성은 자체 분리된 노드인 것처럼 간주한다.

<a>태그의 href 속성은 <a>태그의 자식이 아닌 속성 노드이고 <p> 태그의 타이틀 속성은 속성 노드이다. 다른 타입의 노드는 요소의 내용 또는 속성을 설명한 내용 노드이다.

9.3.2 sibling

```
<p>
   <em>이것은 </em>같은 <b>내용</b>
</p>
```

부모노드 <p>는 2개의 자식 <em>과 <b> 노드를 가지고 있다. <em>과 <b>는 sibling이라고 하는 같은 레벨이다.

9.3.3 노드이름과 노드타입의 속성

DOM 트리를 탐색할 때, 당신은 nodeName과 nodeType 속성으로 모든 이 노드를 다루는 것으로 혼란스럽기 때문에 DOM은 요소들의 빠른 복구를 위하여 메소드를 제공한다.

[표 9-4] 노드이름과 노드타입

노드	노드이름의 속성	노드타입의 속성
요소	요소의 이름 (h1, p)	1
속성	속성의 이름 (id, href)	2
내용	#내용	3

9.4 DOM의 탐색

문서에 각각의 요소를 나타내기 위하여 부모/자식/형제 노드를 사용해서 한 번에 한 단계씩 DOM 트리 아래로 탐색한다.

HTML 문서의 간단한 설계도는 그림과 같다.

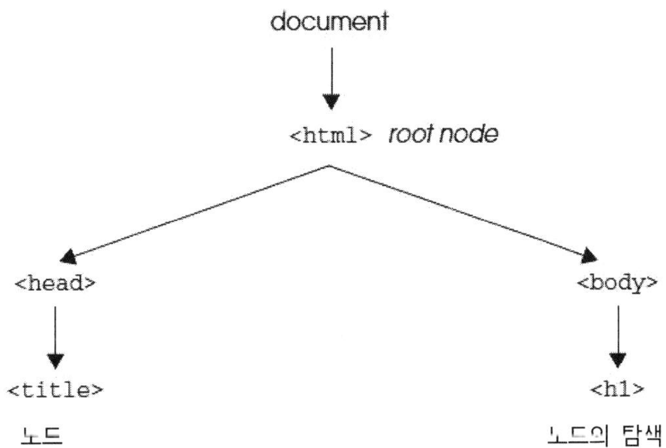

빠르게 트리를 탐색하기 위하여 DOM 속성을 사용하면 혼란스러울 수 있으며, 문서의 구조가 변경되면, 모든 노드 속성은 수정해야 한다.

트리에 모든 요소가 근노드를 제외한 부모노드가 있기 때문에, 관계가 성립될 수 있다. 트리에 각각의 노드를 위한 5가지의 속성은 parentNode, firstChild, lastChild, previousSibling, 그리고 next Sibling이 있다.

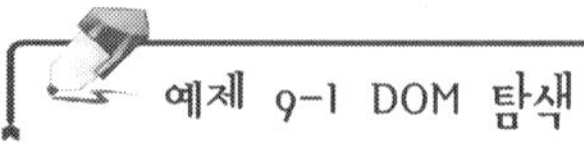

예제 9-1 DOM 탐색

```
<html>
    <head>
        <title>DOM 의 탐색</title>
    </head>
    <body>
    <p id="p1" align="center">
            A paragraph of <em>text</em> is just an example
    </p>

    <SCRIPT LANGUAGE="javaScript">
            function nodeStatus(node) {
              var temp = " ";
              temp += "nodeName: "+node.nodeName+"₩n";
              temp += "nodeType: "+node.nodeType+"₩n";
              temp += "nodeValue: "+node.nodeValue+"₩n₩n";

            return temp;
    }

            var currentElement = document.getElementById('p1'); //시작 : P
            var msg = nodeStatus(currentElement);
            currentElement = currentElement.firstChild;  //text node 1
            msg += nodeStatus(currentElement);
            currentElement = currentElement.nextSibling;  //em 요소
            msg += nodeStatus(currentElement);
            currentElement = currentElement.firstChild;  //text node 2
            msg += nodeStatus(currentElement);
            currentElement = currentElement.parentNode;  //em 이전 요소
            msg += nodeStatus(currentElement);
            currentElement = currentElement.previousSibling;  //text node 이전 1
            msg += nodeStatus(currentElement);
            currentElement = currentElement.parentNode;  // p 요소
            msg += nodeStatus(currentElement);
            currentElement = currentElement.lastChild;  // text node 3
            msg += nodeStatus(currentElement);
            alert(msg);
      </script>
    </body>
</html>
```

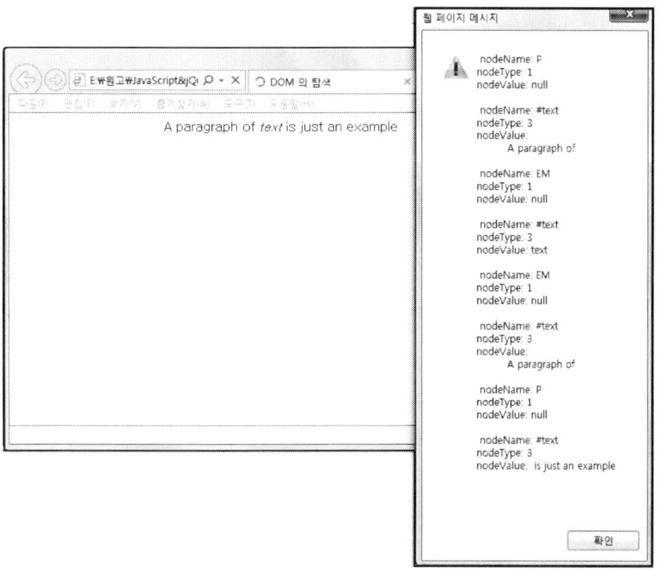

9.5 간단한 DOM 탐색 메소드

W3C에서 검색을 더 간단하게 하기 위하여 추가로 메소드와 속성을 제공한다. DOM은 2개의 메소드를 직접 목표 요소에 접근하기 위하여 getElementById()와 getElementsByTag() 메소드를 사용한다.

9.5.1 getElementById() 메소드

id 속성을 사용하는 것은 새로운 개념이 아니다. 문서의 요소에 접근하기 위해 id 속성에게 필요한 권한을 부여하고, 유일하게 웹 문서에 어떠한 HTML 요소를 확인한다.

이름 속성은 이름을 작성하거나 URL 또는 HTTP 헤더(POST)의 일부분으로서 서버에게 전송된 GET과 POST를 평가하기 위해 브라우저에 의해 사용된다.

HTML 요소의 id 속성은 스타일 규약을 확인하거나 자바스크립트 제품 속성에 그 요소의 참조를 얻기 위하여 CSS 선택자로서 사용된 독특한 값이 할당되어야 한다.

DOM 노드가 수행될 때, id 속성은 특정한 노드를 나타내고 document.getElementByID와 참조하도록 허용한다.

```
if (document.getElementById) {
    alert("DOM compliant!");
}
```

모든 노드 데이터는 다루기 힘들 수 있지만, getElementById와 HTML id 속성을 연결할 수 있다. getElementById() 메소드는 HTML 요소의 id를 인수로 지정하고, 그 요소에 참조를 반환한다.

문서 객체의 메소드는 document.getElementById()로 지정해서 자바스크립트 코드의 요소를 취급할 수 있다.

```
<p id="para1">This is the paragraph.</p>
p_element = document.getElementById("para1");
```

전체 DOM 트리에서 내려가는 것 보다 오히려, p_element는 p 요소에서 참조하고, para1으로 선언된 DOM 속성을 사용할 수 있다.

```
alert(p_element.nodeName); // 요소 이름
alert(p_element.childNodes[0].nodeValue); // 태그 값
```

예제 9-2 DOM의 간단한 탐색

```
<html>
    <head>
        <title> Dom과 Id속성</title>
    </head>
    <body id="body1">
        <h1 id="head1">간단한 DOM 탐색</h1>
             <p id="para1">이것은 paragraph 입니다!<p/>
         <p><big>
            <script name="text/javascript">
                      var h1tag=document.getElementById("head1");
                      var bodytag=document.getElementById("body1");
                      var paratag = document.getElementById("para1");
                      h1tag.style.fontFamily="verdana";
                      h1tag.style.fontSize="32";
                      h1tag.style.color="darkgreen";
                      paratag.style.fontSize="125%";
                      paratag.style.color="blue";
                      bodytag.style.backgroundColor="skyblue";

                      document.write(h1tag +"<br />");
                      document.write(paratag+"<br />");
```

```
                    document.write(bodytag+"<br /><br />");

                    document.write("<h2>이것은 태그안의 내용입니다 :</h2>");
                    document.write(h1tag.childNodes[0].nodeValue+"<br />");
                    document.write(paratag.childNodes[0].nodeValue+"<br />");

          </script>
    </big>
    </p>
    </body >
</html>
```

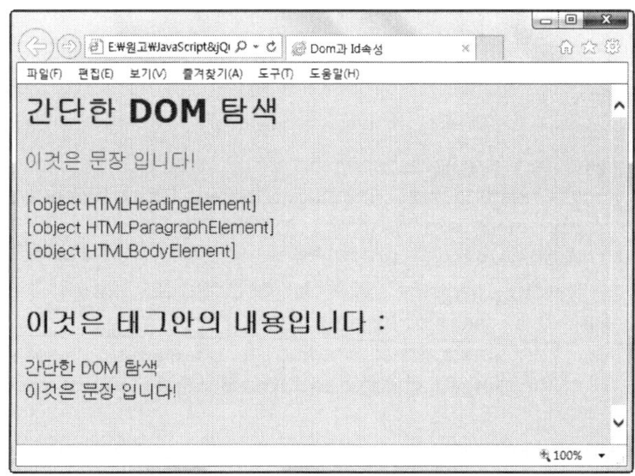

9.5.2 getElementsByTagName() 메소드

문서에서 모든 <p> 태그, <h1> 태그, 또는 <a> 태그에 요소들을 참조하기 위하여, getElementsByTagName를 사용한다. 이 메소드는 요소의 이름을 인수로 여겨서 문서에 그 이름에 대한 모든 노드의 리스트를 반환한다.

필요할 경우 특별한 요소의 값을 바꾸기 위해 getElementsByTagName() 메소드로 참조를 연결한다.

예제 9-3 getElementsByTagName() 메소드 실습

```
<html>
   <head>
      <title>태그의 탐색</title>
     <style type="text/css">
        body {background-color:aliceblue;color:green; font-size:larger;}
        h1{color:red; }
     </style>
   </head>
   <body>
           <h1> 하나</h1>
           <h1> 둘</h1>
           <h1> 셋</h1>

        <script type="text/javascript">
              var heading1=document.getElementsByTagName("h1");
              document.write(heading1 + "<br>");
              document.write("이것은 "+
              heading1.length+ "개의 H1 태그 입니다..<br>");
            for(i=0; i< heading1.length; i++) {
                 document.write( heading1[i].nodeName+": <em>"+
                 heading1[i].childNodes[0].nodeValue+"</em><br />");
              }
       </script>
    </body>
</html>
```

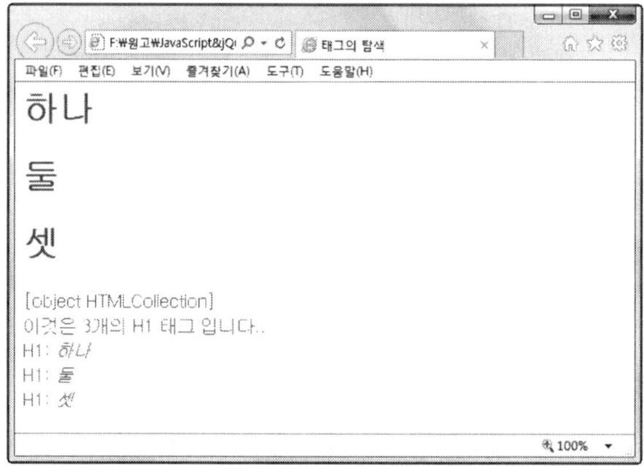

9.6 DOM 메소드의 변경

새로운 노드를 만들거나, 기존 노드를 복사하거나, 현재 노드 앞에 새로운 노드를 삽입하거나, 노드를 제거하거나, 노드를 수정할 수 있다.

W3C DOM에서 DOM을 원할하게 사용하기 위하여 메소드를 제공한다.

[표 9-5] DOM 메소드

메소드	기능 설명
appendChild(새로운 노드)	자식 노드의 리스트 끝에 새 노드를 추가
cloneNode(옵션)	노드를 복사
hasChildNodes()	노드가 자식이면 true 발생
getAttribute(속성이름)	현재 노드의 속성 값을 반환
hasAtrributes()	노드에 속성이 정의되어 있는 경우 Boolean 값을 반환
hasChildNodes()	노드에 자식 노드가 정의되어 있는 경우 Boolean 값을 반환
insertBefore(새로운 노드, 현재 노드)	자식 목록에 새로운 노드를 삽입
removeChild(자식 노드)	자식 목록에 현재 노드를 삭제
setAttributeNode(속성 참조)	현재 노드에 속성을 생성하거나 지정
replaceChild(새로운 자식, 이전 자식)	이전 자식 노드를 새 노드로 대체

9.6.1 innerHTML 속성과 요소의 내용

요소의 내용을 읽거나 수정하기 위한 가장 쉬운 방법으로 innerHTML 속성을 사용한다

innerHTML 속성은 HTML 요소들의 내용을 삽입하거나 수정할 때 유용하다.

직접 <html>와 <body>을 포함하여 수정되었던 페이지의 내용을 참조할 때 사용된다. 대화형 페이지는 요소의 innerHTML 속성의 값을 변화시켜서 작성한다. 메소드가 아니라 속성이기 때문에 innerHTML은 삽입된 내용의 참조를 반환하지 않는다.

만약 매우 단순히 내용을 가져오거나 지정할 필요가 있으면, 특정 DOM 메소드를 사용한다.

예제 9-4 innerHTML 속성 실습

```
<html>
    <head>
        <title>innerHTML</title>
        <style type="text/css">
            body{ background-color:lightblue;}
            p { background: white;
                    font-style: bold;
                  font-family: courier,arial;
                  text-indent: 5%;
                  margin-left:20%;
                  margin-right:20%
              }
         </style>
     </head>
    <body>

       <p id="para1">오늘은 일요일이다 그리고 항구 Park에서축제 계속하는 것이 있다.
크기가 큰 배들은 관광객들이 방문할 만에 선거에 넣어집니다.
안개는 끼고 있습니다.</p>

       <p id="para2">나는 어떻게 innerHTML 속성을 사용하는 자바 스크립트와 이 절로부터 텍스트를 잡을지를 알아내려고 하고 있습니다.
나는 지금 휴식을 취할지도 모르고 공원에 갈 수 있습니다
.</p>

       <script type="text/javascript">
           document.write("<p>Javascript's innerHTML property</p>");
           ptxt1=document.getElementById("para1").innerHTML;
           ptxt2=document.getElementById("para2").innerHTML;
           document.write("<p style='background:yellow'>"+
           ptxt1.toUpperCase()+ "</p>");
           document.write("<p style='background:yellow'>" +
           ptxt2.toUpperCase()+ "</p>");
       </script>
    </body>
</html>
```

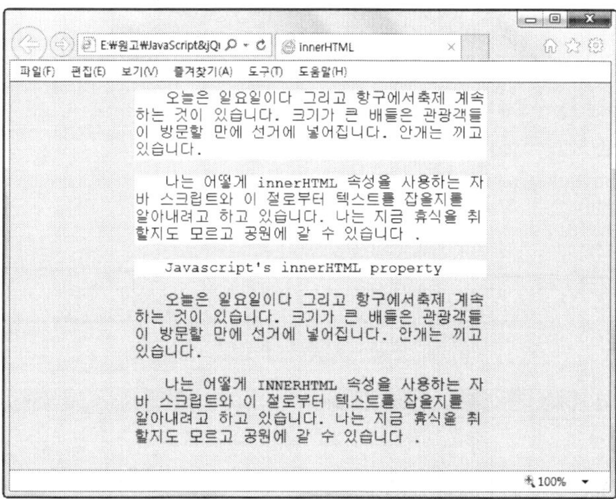

9.6.2 요소의 내용에 대한 변경

요소의 innerHTML 속성을 변경하여, 사용자 대화 방식에서 요소가 태그를 열고 닫는 순간 나타난 내용을 변경할 수 있다.

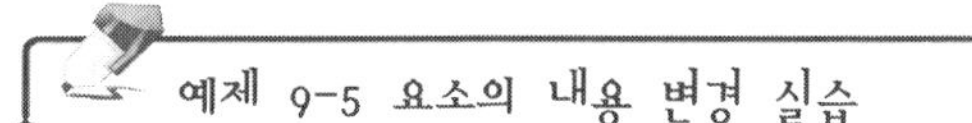

예제 9-5 요소의 내용 변경 실습

```
<html>
   <head>
      <title>내용 변경</title>
   <style type="text/css">
    body{background-color:aliceblue;}
   .divStyle {
          background-color:green;
          margin-left:20%
          margin-right:20%
          border-style:solid;
          color:white;
          font-size:150%
       }
</style>

  <script type="text/javascript">
      window.onload=function(){
            var divObj = document.getElementById("divtest");
            alert(divObj);
            divObj.innerHTML="div 컨테이너에 새로운 내용을 삽입 .";
       }
```

```

    </script>
  </head>
  <body>
      <div id="divtest" class="divStyle">
              div 컨테이너의 본래 내용 .
      </div>
  </body>
</html>
```

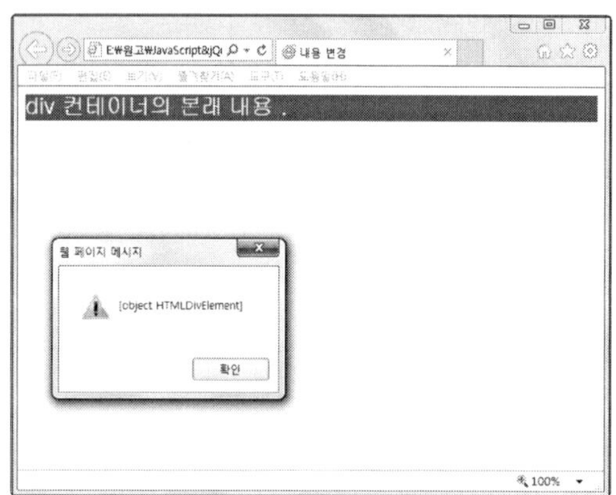

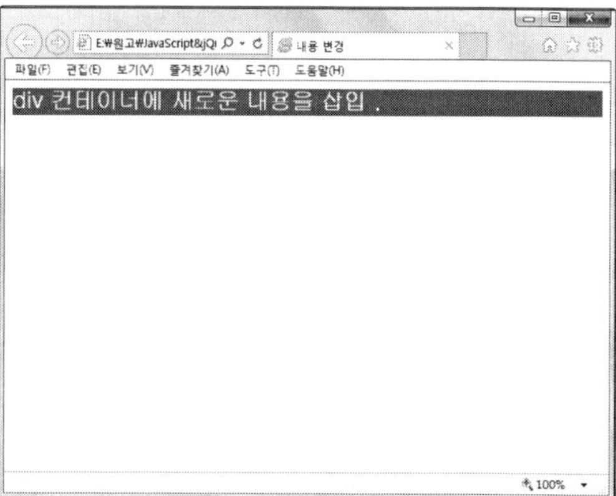

9.6.3 DOM에서 새로운 요소의 생성

새로운 요소를 작성하기 위해, DOM은 createElement() 메소드를 제공하고 새로운 내용을 위해, createTextNode() 메소드를 제공한다. 새로운 요소를 참조하면, 문서에 삽입하거나 추가해야 한다.

```
var pref = document.body.createElement("p");
document.body.appendChild(pref);

txt = document.createTextNode("Hello, new paragraph!");
new_pref.appendChild(txt);
```

예제 9-6 새로운 요소의 생성 실습

```
<html>
    <head>
         <title>새로운 요소의 생성</title>
         <style type="text/css">
              .divStyle { background-color:blue;
                              border-style:solid;
                        color:white;
               }
              p { color:yellow; font-size:150%;}
        </style>
        <script type="text/javascript">
         window.onload=function() {
                var para = document.createElement("p");
                var divObj = document.getElementById("divtest");
                divObj.appendChild(para);
                var txt = document.createTextNode("추가한 내용입니다!");
                para.appendChild(txt);
           }
       </script>
    </head>
    <body>
        <div id="divtest" class="divStyle">
          <p>div 컨테이너의 본래 내용.</p>
        </div>
    </body>
</html>
```

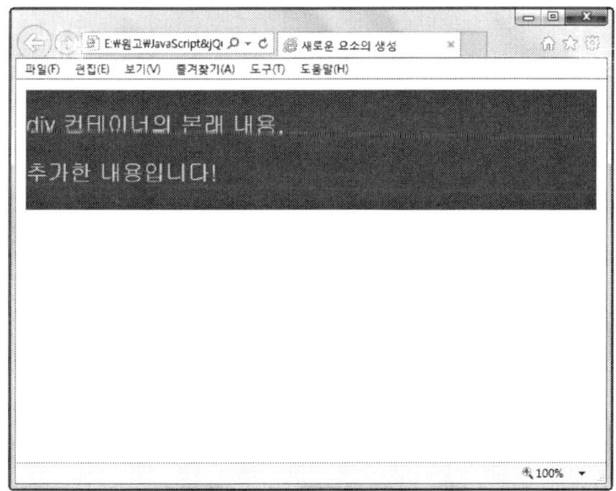

9.6.4 노드앞의 삽입

insertBefore() 메소드는 특정한 노드 앞에 자식 노드를 삽입한다. 참조된 노드가 null이면, 자식 노드들의 리스트의 끝에 노드를 삽입한다.

> **insertBefore(새 요소, 지정 요소) // 일반 형식**
> document.body.insertBefore(newPara, firstPara); // 사용 예

예제 9-7 노드앞의 삽입 실습

```
<html>
<head><title>Inserting Before</title>
    <style type="text/css">
            p { font-style:arial;
                color:darkblue;
                font-size:18;
              }
    </style>
    <script type="text/javascript">
            function insertMessage() {
                var newPara = document.createElement("p");
                var newText = document.createTextNode("삽입한 내용입니다!");
                newPara.appendChild(newText);
                var firstPara = document.getElementById("firstp");
                document.body.insertBefore(newPara, firstPara);
            }
    </script>
</head>
    <body onload="insertMessage()">
        <p id="firstp">현재 위치 입니다</p>
    </body>
</html>
```

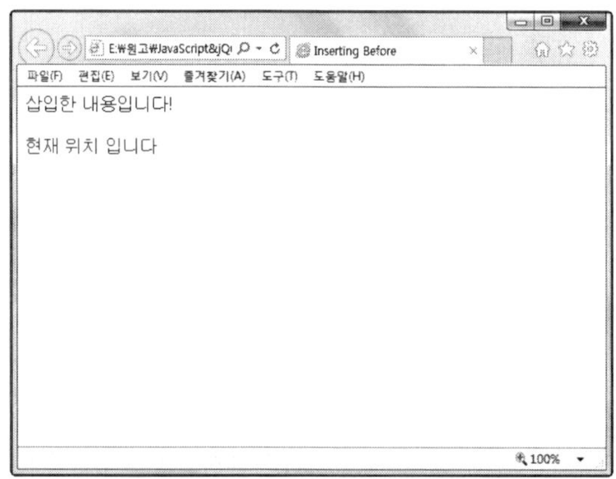

9.6.5 노드의 속성 생성

setAttribute() 메소드는 요소의 새로운 속성을 작성한다. 만약 노드이름(nodeName)과 속성이 이미 요소에 존재하면, 새로운 노드 이름과 속성으로 수정된다.

```
var headings = document.getElementsByTagName("h1")
headings[0].setAttribute("id", "firsth1")
```

예제 9-8 노드의 속성 생성 실습

```
<html>
   <head>
      <title>DOM에서 요소와 속성의 생성</title>
   <style type="text/css">
      p { font-style:arial;
         color:darkblue;
         font-size:18
       }
    </style>
    </head>
    <body>
       <script type="text/javascript">
         window.onload=function(){

         for(var i=1; i <= 3; i++){
           var aPara=document.createElement("p");
           var aBR = document.createElement("br");
           var theTXT1=document.createTextNode("안녕하세요!! ");
         var theTXT2=document.createTextNode("DOM의 실습은 재미있습니다! ");
         var theTXT3=document.createTextNode(" paragraph " + i +".");

         aPara.setAttribute("id","aPara" + i);
       document.body.appendChild(aPara);
         aPara.appendChild(theTXT1);
         aPara.appendChild(aBR);
         aPara.appendChild(theTXT2);
         aPara.appendChild(aBR);
           aPara.appendChild(theTXT3);

      }
           alert(document.getElementById("aPara1"));

       }
  </script>
 </body>
</html>
```

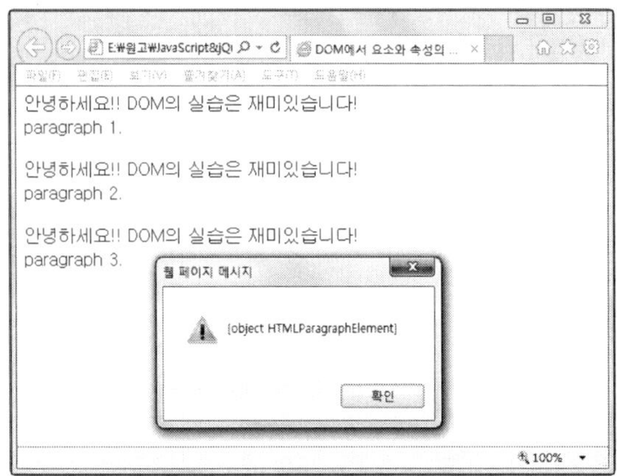

9.6.6 노드의 복사

노드를 복사하기 위해 cloneNode() 메소드를 사용하며, 현재 노드의 모든 속성에 대한 복사본을 반환한다.

```
cloneNode(boolean)
  /* true: 순환 하거나 깊게 복사;
    false: 자식 노드가 없을 때 현재 노드와 속성을 복사 */

newPara=oldPara.cloneNode(true);
```

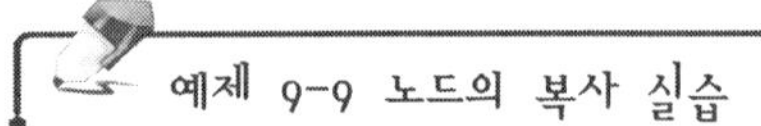

예제 9-9 노드의 복사 실습

```
<html>
    <head>
        <title>노드의 복사</title>
    </head>
<style>
  p { font-family: cursive ;
      background-color: yellow;
      border-style:solid;
      border-width:2px;
      border-color:blue;
    }
</style>
<script type="text/javascript">
  function addPara(mode){
     var p1 = document.getElementById("para1");
     var oldPara=p1.firstChild;
```

```
        newPara=oldPara.cloneNode(mode);
        p1.appendChild(newPara);
}
  </script>
  <body>
   <p id="para1">
    DOM 정보에 대하여 연구하고 있습니다!<br />
   </p>
   <input type="button" onClick="addPara(true);"
         value="복사" />
</body>
</html>
```

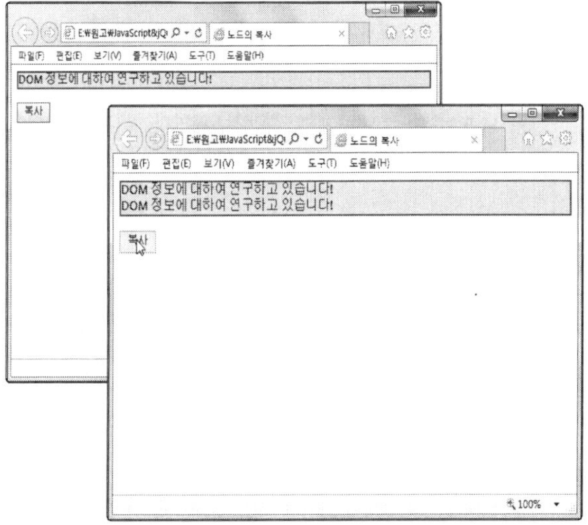

9.6.7 노드의 제거

직접 블로그에서 표지 또는 온라인 구성요소를 제거하기 원하면, DOM을 가지고 수행할 수 있다. DOM 트리에서 요소 또는 노드를 삭제하기 위해, removeChild()를 사용한다.

이 메소드는 자식 노드를 제거하기 위해 부모 요소를 호출해야 한다.

```
removeChild(referenceToChild) // 노드 제거 메소드 형식

parentDiv1.removeChild(div2);
```

예제 9-10 노드 제거 실습

```
<html>
    <head>
         <title>노드의 제거</title>
          <style type="text/css">
              p { font-style:arial;
                     color:darkblue;
                     font-size:18
              }
         </style>
         <script type="text/javascript">
                function remove(f) {
                 for(var i=0; i<f.choice.length; i++) {
                          if(f.choice[i].checked){
                 var p_element=document.getElementById(f.choice[i].value);
                                    document.body.removeChild(p_element)
                          }
               }
               }
        </script>
    </head>
    <body>
        <script type="text/javascript">
          for(var i=1; i <= 3; i++) {
            var aPara=document.createElement("p");
            var aBR = document.createElement("br");
            var aTXT1=document.createTextNode("안녕하세요!! ");
            var aTXT2=
          document.createTextNode("저는 삭제를 원하지 않습니다! ");
            var aTXT3=document.createTextNode(" paragraph " + i);
            aPara.setAttribute("id","aPara" + i);

            document.body.appendChild(aPara);
            aPara.appendChild(aTXT1);
            aPara.appendChild(aBR);
            aPara.appendChild(aTXT2);
            aPara.appendChild(aBR);
            aPara.appendChild(aTXT3);
          }
         </script>
        <form>
          제거할 paragraph은요? <br/>
            <input type="radio" name="choice"
                 value="aPara1">Paragraph 1<br/>
            <input type="radio" name="choice"
                 value="aPara2">Paragraph 2<br/>
            <input type="radio" name="choice"
                  value="aPara3">Paragraph 3<br/>
```

```
        <input type=button value="제거할 paragraph을 선택하세요!"
         onClick="remove(this.form);">
        </form>
    </body>
</html>

```

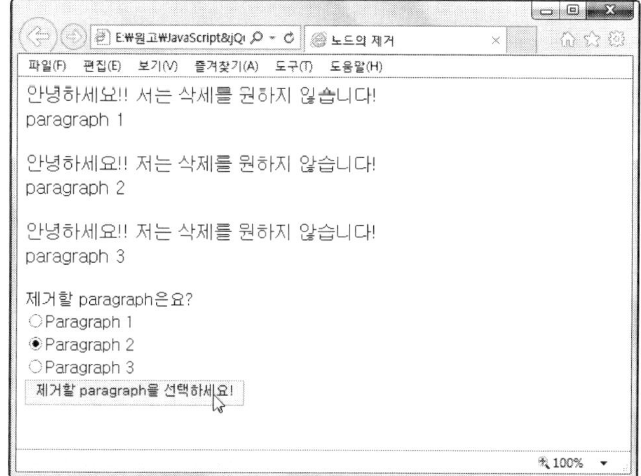

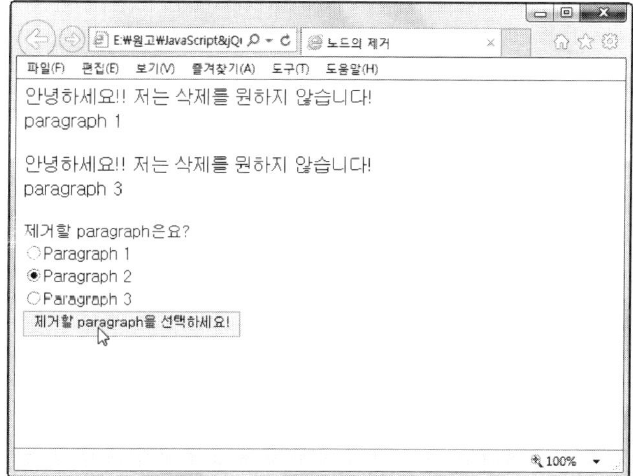

제10장 쿠 키

일반적으로 사용자가 웹 서버에 접속하고 서버가 사용자에게 웹 페이지를 전송한 후에는 서버는 사용자 관련 모든 정보를 잃어버리게 된다. 이러한 정보손실을 방지하기 위하여 지속적으로 사용자의 정보를 가지고 있는 편이 효율적이다.

따라서 클라이언트에 대한 정보를 얻을 수 있도록 사용자에 의해 입력된 정보를 클라이언트 컴퓨터에 임시로 저장해 두었다가 서버에 접속될 때 서버로 정보를 보내는 역할을 수행하는 일이 쿠키의 기능인 셈이다. 이러한 쿠키 정보 기능은 쇼핑몰이나 게임 정보, 개인 정보 관리 시스템 등과 같은 사용자의 정보를 유용하게 이용하는 사이트에 절실히 요구된다.

쿠키에는 session 쿠키와 persistent 쿠키 2가지 종류가 있다. persistent 쿠키들이 클라이언트 쿠키 파일에 저장되고, session 쿠키는 서버에 저장된다.

HTTP 서버는 브라우저가 연결될 때 쿠키를 보내고, 그것이 이어질 때마다 브라우저는 서버에게 쿠키의 복사본을 반환한다. 정보는 HTTP 헤더를 통하여 서버와 브라우저 사이에 앞뒤로 전달된다.

10.1 자바스크립트의 쿠키 구조

자바스크립트 쿠키는 CGI의 HTTP Cookie와 내용 및 작동하는 방법은 같으나 약간의 차이가 있다.

자바스크립트 쿠키에 대한 특성은 다음과 같다.

- 자바스크립트에서 지원하는 사용자의 특정 정보를 저장하는 기법이다.
- 클라이언트의 브라우저에 저장되나 서버에는 저장되지 않는다.
- 일정 기간 동안만 유효하게 할 수 있고, 유효기간(만료기한)이 설정되지 않을 경우 자동으로 삭제된다.
- 클라이언트에서 브라우저가 실행중일 때 메모리에서 종료될 경우 만료기한에 따라 cookies.txt라는 파일에 저장될 수 있다.
- 웹 서버의 환경변수 HTTP_COOKIE에는 저장되지 않는다.

자바스크립트 쿠키는 서버와는 무관하기 때문에 일반적으로 잘 사용하지는 않는다. 그러나, 클라이언트 내에서는 얼마든지 쿠키의 정보유지기법을 사용할 수 있으므로 간단한 방문 기록 남기기 등에서는 사용될 수 있다. 자바스크립트에서 쿠키를 참조하기 위해서는 document.cookie객체를 사용한다.

사용자가 주로 사용하는 함수는 GetCookie(), SetCookie()이며. 사용 형식은 다음과 같다.

GetCookie : 설정되어 있는 쿠키의 값을 가져온다.

```
쿠키값 = GetCookie(name) 인수 설명)
        name : 저장된 Cookie의 이름

    cookieval = GetCookie('myCookie');
```

SetCookie : 쿠키의 값을 설정한다.

```
SetCookie(name, value, [expires], [path],
          [domain], [secure]) 인수 설명)
```

필 드	기능 설명
name=VALUE	이 필드에는 쿠키에 저장될 중요한 정보가 저장되어 있으며 Name 필드에는 세미콜론, 컴마, 빈칸이 들어 갈 수 없으며 사용자의 정보가 저장되어 있다.
expires=DATE	쿠키가 만료 날짜를 지정하는. 날짜의 형식은 다음과 같다. 날짜의 형식:weekday, DD-Mon-YY HH:MM:SS GMT 여기서 weekday는 요일. DD는 달의 날짜, Mon 달, YY는 연도, HH는 시간, MM은 분, SS는 초, GMT는 시간대를 나타낸다.
path=PATH	이 필드는 쿠키가 사용될 수 있는 URL 주소의 경로를 지정한다
domain=DOMAIN_NAME	cookie가 사용될 수 있는 URL 주소의 도메인 이름을 지정할 때 사용된다.
Secure	전송시 보안을 필요로 할 때 사용되는 필드이다.

```
SetCookie('myCookie', 1234);

var ExpDate = new Date();
    ExpDate.setTime(ExpDate.getTime() + 1000*60*60*24);
    SetCookie('myCookie', 1234, ExpDate);
```

10.2 쿠키 정보

웹 서비스의 기본은 한번 지나간 페이지의 상태를 기억하지를 못한다. 이것은, 어떤 상품을 판매하는 홈페이지 들어가 물건을 주문했는데 그 물건이 마음에 들지 않는 다면 그 물건을 반품하든가 다른 것으로 바꿔야 하는 데, 웹 자동 방식에 따르면 그러한 과거의 기억을 유지할 수 없다는 것이다.

물론, Server Push/Client Pull이나 요즘 많이 사용되는 웹 프로그래밍을 하면 어느 정도 제한사항을 없앨 수 있다. 여기서는 예나 지금이나 많이 사용되고 있는 브라우저에 값을 저장하는 방식을 설명한다. 쿠키의 정확한 의미를 표현하면, "웹 브라우저 내에 이전 페이지 접속 시의 정보를 저장했다가 다음 접속시 그 정보를 재 사용하는 것"을 말한다. 쿠키 작동 방식을 살펴보면 먼저 웹 브라우저가 서버에게 문서를 요청할 때 서버는 쿠키를 response header 안에 Set-Cookie 형식으로 넣어 전달한다.

그러면 웹 브라우저는 서버에게 똑같은 문서를 요청할 때 해당 쿠키 정보를 서버에게 전달한다. 쿠키 정보 전달 방식은 HTTP request header의 Cookie 필드에 아래와 같은 형식으로 보낸다.

```
Cookie: name1=value1; name2=value2; ...
```

쿠키 정보는 브라우저를 이용하여 파일 형태로 저장된다. 즉, 익스플로러에서는 디렉토리 파일에 쿠키 정보가 저장된다.

예제 10-1 쿠키 정보 작성 및 출력

```
<html>
  <head>
    <title>쿠키 작성 및 출력</title>
  </head>
  <body bgcolor="pink">
    <h4> 쿠키 구조 사용</h4><hr>
    <script language="javascript">
       document.cookie="cookie이름1=홍길동"
       document.cookie="cookie이름2=강감찬 "
         document.cookie="cookie이름3=이순신"
         document.write("쿠키 정보=>:"+document.cookie)
      </script>
    </body>
</html>
```

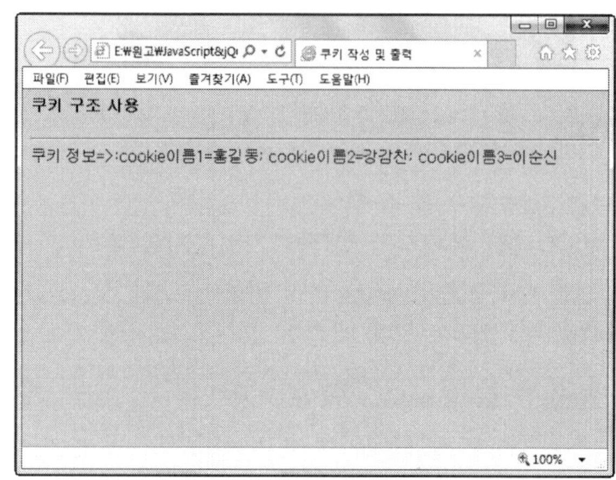

10.2.1 쿠키 객체

쿠키는 양쪽 모두 쿠키 정보를 읽고 기억하기 위해 document 객체로 자바스크립트에 의해 저장된다. 만약 쿠키가 존재하면 브라우저를 열었을 때, 현재 문서에 연결된다.

문서. 세션 ID 번호 또는 사용자 ID와 같은 쿠키 값은 일련의 모든 쿠키와 그들의 이름을 나타내는 "이름 = 값" 식을 포함한다. 그러나 쿠키와 연관된 다른 속성은 시각적으로 표시되지 않는다.

브라우저가 웹 서버로부터 URL 주소를 요청하면 브라우저는 쿠키가 저장된 쿠키 저장파일을 탐색하여 일치된 URL 주소가 있는지를 파악하게 된다. 이 때 브라우저가 요구한 일치된 URL 주소가 있으면 웹 서버에게 일치된 쿠키정보를 전달한다.

쿠키 정보를 저장하고 처리하기 위해서는 다음과 같은 함수들이 사용되며 이러한 쿠키 함수들은 쿠키 정보를 설정하고 검색하는데 사용된다.

getCookieVal() 함수, getCookie() 함수, setCookie() 함수, deleteCookie() 함수

함 수	기능 설명
getcookie()	쿠키 정보를 검색하는 함수로서 매개변수로 주어진 이름이 cookie에 정의되어 있는지를 체크 하는 함수이다. 만일 기존에 정의된 이름이 존재하면 그 문자열 값을 반환하고 그렇지 않으면 null값을 반환하게 된다.
getcookieval()	쿠키 정보를 ASCII 형태로 제공해주며 빈 공란은 허용하지 않고 반환 할 때는 자바스크립트에서 제공된 unescape() 메소드 함수를 사용한다.
setcookie()	함수는 새로운 쿠키를 생성하거나 기존의 쿠키를 갱신하고자 할 때 사용되는 함수이다. 즉 setCookie(name, value)의 형태로 두 개의 매개변수를 함수값으로 취한다. 이 함수의 매개변수는 name과 value는 각각 쿠키 이름과 쿠키값을 의미한다.
deletecookie()	쿠키에 저장된 정보 중에서 쿠키의 유효기간과 시간을 현재 날짜와 시간으로 바꾸어 주는 함수이다

10.2.2 쿠키 속성의 할당

쿠키를 작성하기 위하여, document.cookie 특성을 name=값으로 지정한다.

```
document.cookie="id=" + form1.cookie.value ";expires=" +
expiration_date+";path=/";
```

1) escape()와 unescape()

쿠키에 "name=값" 속성을 지정할 때 공백, 세미콜론, 쉼표를 사용할 수 없다. escape() 문은 퍼센트 표시로 나타난 16진수로 변형하여 값들을 나타낸다. 예를 들어, %20은 여백을 나타내고 %26은 &을 나타낸다.

브라우저와 서버 사이에 앞뒤로 정보를 보낼 때, 브라우저는 URL이라는 정보로 나타낸다.

encodeURI()과 decodeURI() 내장 함수는 여러 문자들을 변환하지 않으며, escape()와 unescape() 함수 보다 더 최근에 발표된 함수이다.

예제 1o-2 쿠키 입력 정보 생성 및 확인

```
<html>
  <head>
    <title>쿠키의 생성</title>
    <script language="JavaScript">
       function makeCookie(form) {
             var when = new Date();
              when.setTime(when.getTime() + 24 * 60 * 60 * 1000);
                    when.setFullYear(when.getFullYear() + 1);
              yname=form.yourname.value;
              document.cookie=escape("name")
                          + "="+escape(yname)
                           + ";expires="
                           + when.toGMTString();
              alert(document.cookie);
        }

       function welcome(myForm) {
               you = myForm.yourname.value;
              var position=document.cookie.indexOf("name=");
              if ( position != -1) {
                   var begin = position + 5;
                   var end=document.cookie.indexOf(";", begin);
                   if (end == -1) { end=document.cookie.length;}
                     you= unescape(document.cookie.substring(begin, end));
```

```
                    alert("쿠키는 =  " + you);
                }
                else { alert("오늘은 쿠키가 없습니다!");}
            }
        </script>
    </head>
    <body background="cookiebg.jpg"
            onLoad="document.form1.reset()" >
        <center>
            <h2> 쿠키의 생성과 확인 </h2> <hr>
         <form name="form1">
                생성할 쿠키명을 입력하세요!!!
                <br><br>
                <input type="text" name="yourname" >
                <p>
                <input type="button" value="쿠키 생성"
                        onClick="makeCookie(this.form);">
                <p>
                <input type="button" value="쿠키 확인"
                        onClick="welcome(this.form);">
                <p>
        </form>
    </body>
</html>
```

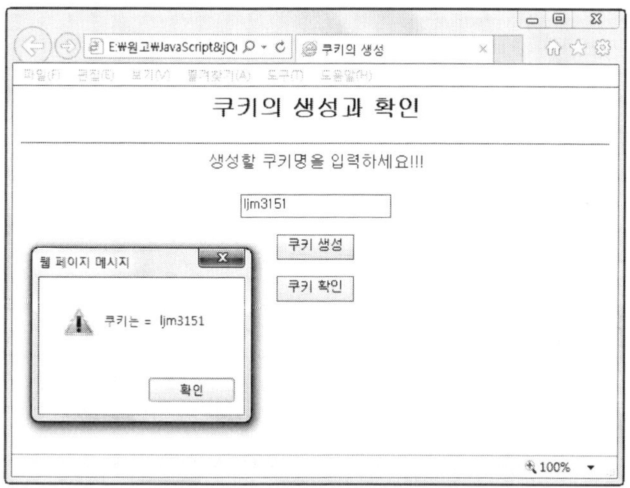

예제 10-3 생성된 쿠키의 출력

```
<html>
    <head>
        <title>쿠키의 출력</title>
    </head>
    <body background="cookebg.jpg"
            onLoad="document.form1.reset()" >
        <center>
        <h2> 저장된 쿠키의 출력 !!</h2> <hr>
        <form name="form1">
                클릭하면 저장된 쿠키값이 출력됩니다
                 <p>
                 <input type="button" value="쿠키 출력"
                          onClick="seeCookie();">
                  <p>
            </form>

            <script language="JavaScript">
                function seeCookie(){
                  if (document.cookie == "") {
                      document.write("쿠키가 없습니다");
                 }
                  else {
                       var myCookie = document.cookie.split("; ");
                       for(var i=0;i<myCookie.length; i++) {
                           document.write
                      ("<body bgcolor=darkblue><font face=verdana color=white>");
                           document.write("<b>Cookie: " + myCookie[i] + "<br>");
                       }
```

```
                }
            }
        </script>
    </center>
  </body>
</html>
```

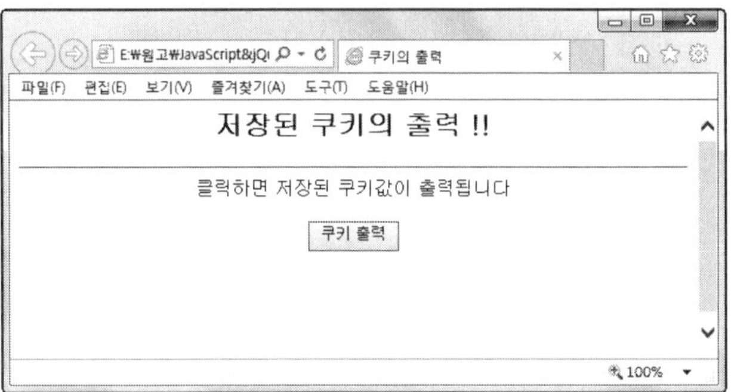

– 쿠키 출력 화면

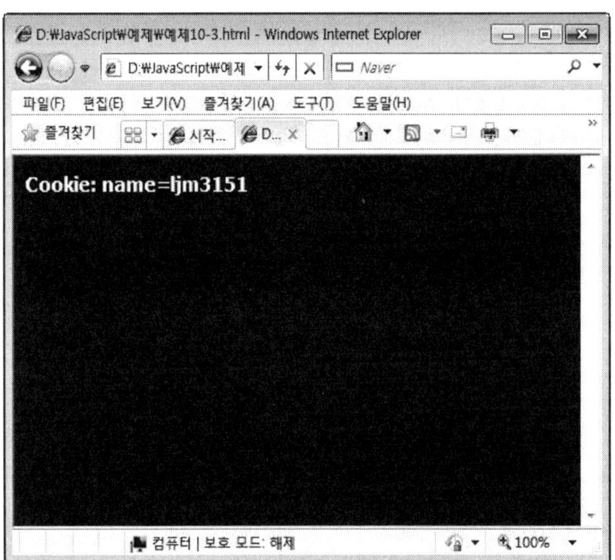

예제 10-4 escape() 메소드로 쿠키의 작성

```
<html>
    <head>
        <title>escape() 메소드</title>
        <script type="text/javascript">
            function seeEncoding(form) {
              var myString = form.input.value;
              alert(escape(myString)),
            }

            function seeDecoding(form){
                var myString = form.input.value;
                alert(unescape(myString));
             }
        </script>
    </head>
    <body background="cookebg.jpg" >
         <div align="center">
             <h2>URL Encoding </h2>
         <form name="form1">
           문자열을 입력하세요!!
           <p> <input type="text" name="input" size=40 /> </p>
           <p> <input type="button" value="encoding 값"
                          onClick="seeEncoding(this.form);" /> </p>
          <p> <input type="button" value="decoding 값"
                          onClick="seeDecoding(this.form);" /> </p>
        </form>
        </div>
    </body>
</html>
```

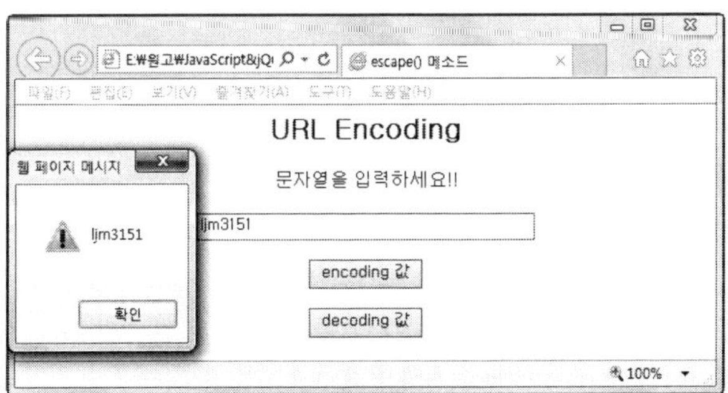

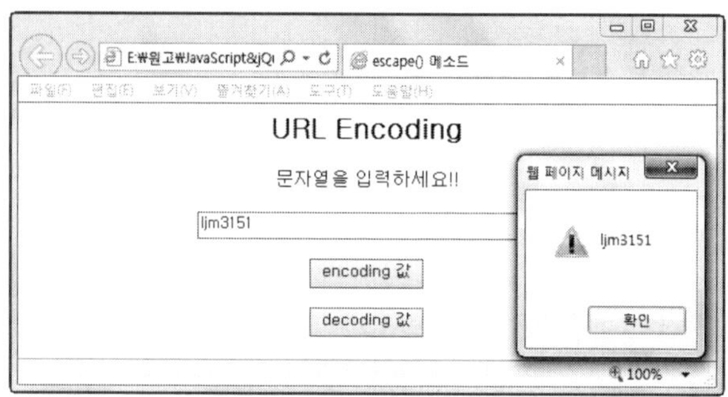

10.2.3 쿠키의 삭제

최신 페이지의 쿠키를 삭제하려면, 현재의 날짜보다 더 이전 날짜에 쿠키의 유효 기한을 지정해야 한다. 세션이 끝날 때 쿠키가 삭제된다.

예제 10-5 생성된 쿠키의 삭제

```
<html>
    <head>
        <title>쿠키의 삭제</title>
    </head>
      <script name = "JavaScript">
          var i = 0;
          function delCookie (cookieName){
                  document.cookie = cookieName +
                                  "=" +"; expires=Thu, 01-Jan-1970 00:00:01 GMT";
                  alert("쿠키가 삭제되었습니다!!");
                  seeCookie();
          }

          function seeCookie(){
                if (document.cookie == "") {
                    alert("쿠키가 없습니다");
                    return false;
                }
             else {
                   var myCookie = document.cookie.split("; ");
                    if ( i < myCookie.length ) {
                            document.form1.cookietype.value =
                                myCookie[i].split("=")[0];
                            i++;
                    }
                  else{alert("더이상 쿠키가 없습니다");}
            }
```

```
            }
        </script>
    </head>
     <body background="cookebg.jpg"
                            onLoad="seeCookie()" >
          <center>
          <h2> 쿠키의 삭제 </h2><hr>
          <form name="form1">
               쿠키를 삭제하시겠습니까?
               <br><br>
               <input type="text" name="cookietype" >
                 <p>
               <input type="radio"
                      name="radio"
                      value="choice"
                      onClick = "delCookie(document.form1.cookietype.value);">예

               <input type="radio"
                      name="radio"
                      value="choice"
                      onClick="seeCookie();">아니오
                  <p>
           </form>
           </center>
       </body>
</html>
```

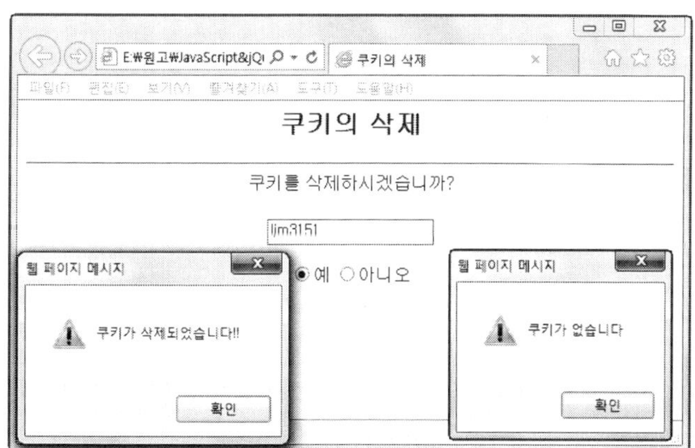

제11장 CSS

11.1 CSS

CSS(Cascading Style Sheets)는 웹디자이너들이 HTML의 웹페이지를 우아하게 작성하기 위해 1995년에 월드 와이드 웹 컨소시엄(W3C)에 의해 소개된 표준이다. HTML로만 변형시키기 힘든 갖가지 속성을 정의할 수 있기 때문에 홈페이지를 꾸밀 때 많이 사용한다.

예전에는 HTML 태그들은 페이지의 구조와 스타일만을 지정하기 위하여 사용되었다. 만약 H1 태그를 적용할 경우 22 포인트 크기만을 전체 페이지에 획일적으로 적용하여 단순하게 나타낼 수밖에 없었다.

CSS를 적용할 경우 스타일을 분리해서 H1 태그를 선언해서 자신의 .css 파일에 스타일을 정의 할 수 있다. 웹페이지가 나타날 때 모든 H1 태그가 전체에 적용된다.

페이지의 내용의 첫 스타일이 CSS로 수행되어 시작된다. 페이지의 스타일을 작성하기 위하여 DOM과 자바스크립트와 함께 CSS를 사용하는 것을 Dynamic HTML(DHTML)이라고 한다.

11.2 스타일시트의 정의

스타일시트는 웹디자이너들에게 좀 더 강력한 레이아웃을 작성하기 위한 기술을 제공해 주는 객체이다. CSS의 선택으로 이러한 문제점을 CSS1이 간단하게 해결을 해주었다.

CSS1의 지원에도 불구하고 새로운 버전의 웹브라우저가 나타나면서 CSS2의 명세는 더욱 넓은 영역에서 사용되고 있다. 최근에는 CSS3가 발표되어 더욱 강력한 웹디자인을 작성하기 위한 기술을 지원하여 준다.

11.2.1 스타일시트의 선언 위치

스타일시트는 외부 정의와, 내부 정의로 나눌 수 있는데, 별 차이는 없고, 그저 외부에 정의 하게 되면 한 개의 큰 css 파일을 가져다 사용함으로써 다른 모든 HTML 파일에서 동시에 적용할 수 있다는 장점이 존재한다.

html 내에서 css 파일을 정의하는 방법은 다음과 같다.

```
<head>
  <style type="text/css">
  <!--
       (스타일 정의)
  -->
  </style>
</head>
```

기본적인 CSS의 선언은 head 태그 내부에 style type 속성을 통해서 정의한다. 이렇게 정의된 파일은 html 내부에 만들었을 경우에 바로 선언하여 사용할 수 있다. 그러나, HTML 외부에 myStyle.css와 같이 별도 파일로 선언하면 html 안에서는 별도의 로딩 과정을 다음과 같이 link 태그를 이용하여 선언해야 한다.

```
<head>
  <link rel="stylesheet" type="text/css" href="myStyle.css">
</head>
```

위의 명령에서 가장 뒤쪽의 href에는 자신의 css 파일이 위치한 경로를 선언한다. 같은 폴더 안에는 스타일시트 파일이름만 정의하면 된다.

11.2.2 주석

CSS의 주석은 C 언어와 같이 /* ~ */로 감싸서 나타낸다. 주석을 많이 선언할 경우 문자의 해독력이 강화되고, 다른 사람이 분석할 경우 많은 도움을 준다.

주석 선언의 예는 다음과 같다.

```
H1 { color: blue } /* H1태그의 색상은 파랑 */
```

11.2.3 그룹

스타일시트를 선언할 경우 속성명과 속성 값은 콜론(:)으로 구분하고, 각각의 속성 값이 여러 개일 경우에는 세미콜론(;)으로 구분하여 나타낸다.

```
selector {속성1 : 값1; ... 속성N : 값N ;}
```

예를 들어 h1으로 선언된 태그에 폰트 크기를 28pt로 일괄 적용하기 위해 다음과 같이 지정한다.

```
h1 {font-size: 28pt;}
```

이번에는 사이즈와 더불어 컬러와 폰트 영역을 Impact로 동시에 선언할 경우 세미콜론으로 구분하여 선언한다.

```
h1 {font-size: 28pt; color: red; font-family: Impact;}
```

여러 태그에 동시에 적용할 경우 다음과 같이 나타낸다.

```
H1, H2, H3 { font-family: arial; color: blue }
```

예제 11-1 다양한 속성 선언

```
<html>
    <head>
        <title>다양한 속성 선언</title>
        <style type="text/css">
            h1,h2,h3 { color: blue }   /*여러 태그의 속성 선언 */
            h1 {                       /* 그룹 선언 */
                font-weight: bold;
                font-size: 30pt;
                font-family: verdana;
            }
            h2 {      /* 그룹 속성 값 */
                font: bold 24pt arial
            }
        </style>
    </head>
```

```
    <body bgcolor=yellow>
        <h1>H1 태그입니다!!</h1>
        <h2>H2 태그입니다!!</h2>
        <h3>H3 태그입니다!!</h3>
    </body>
</html>
```

11.2.4 Color

색없는 스타일은 너무 밋밋하다. 처리한 색을 위한 정보를 나타내어 본다. 문서의 배경과 font, margin, 가장자리들과 더 다양한 색을 작성하기 위하여 이 속성을 사용할 수 있다.

색들은 실제 이름들(예를 들면, red, blue, yellow, magenta) 또는 이에 대치되는 16진수들(예를 들면, #FF0000, #0000Ff, #ffff00, #ff00FF)과 함께 나타낼 수 있다. 색상 값은 배경과 글자로 나타낼 수 있다.

```
background-color        red, blue, #F00
color                   red, green, #F00, rgb(255,0,0)
```

기본적인 16 색상 값은 다음과 같다.

색상	16진수	색상	16진수
Black	#000000	Sliver	#cccccc
Gray	#808080	White	#ffffff
Maroon	#800000	Red	#ff0000
Purple	#800080	Fuchsia	#ff00ff
Green	#008000	Lime	#00ff00
Olive	#808000	Yellow	#ffff00
Navy	#000080	Blue	#0000ff
Teal	#008080	Aqua	#00ffff

예제 11-2 색상 예제

```
<html>
    <head>
        <title>Colors</title>
        <style type="text/css">
            body {
                font-family:cursive;
                background-color: blue; }
                h1 {color: #FFFF33;}  /* yellow */
                p { color: white ;  }
        </style>
    </head>
    <body>
        <font size="+2">
        <h1>H1 색상은 노랑입니다!!</h1>
        <p>색상은 배경과 폰트에 지정할 수 있습니다.<br>
            색상 값은 일반 단어 또는 #를 붙인 16진수로 나타낼 수 있습니다.
        </p>
    </body>
</html>
```

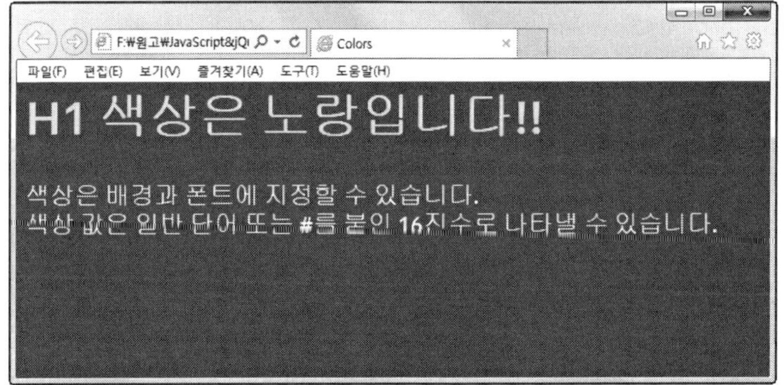

11.2.5 <div>와 <span> 지정

HTML의 일반적인 태그안에 style 속성을 이용하여 속성 값을 지정할 수 있다. HTML 태그의 기본 값을 피하기 위해 스타일시트를 적용할 경우 <div>와 <span> 태그를 불가피하게 사용해야 한다.

block으로 지정된 태그들을 그룹으로 지정하기 위한 용도로 사용하는 태그로서 문서에서 영역을 나누고 block을 배치(layout)할 때 주로 사용한다.

```
<div style="background-color: yellow; font-weight: bold; color: black;">
  <p>스타일시트는 나타내는 문서의 구조를 분리한다.</p>
  <p>스타일시트는 또 다른 표현을 위해 구절을 나타낸다.</p>
</div>
```

<span> 태그는 문장의 특별한 부분의 지정하여 나타낸다.

```
<p>별도 영역<span style="background-color: yellow; font-weight: bold;
color: black;">별도 영역의 문장</span>을 지정한다.</p>
```

11.3 Selector

특정한 태그에 속성을 지정할 때는 다음과 같이 다양한 방법을 통하여 지정한다.

```
p  {line-height: 150%;}    /* p태그에 문단을 150% 지정*/

body {background-color: black;} /* body 태그 전체에 배경색을 검정 지정 */

h1, h2, h3  {background: yellow; color: black;}
  /* h1, h2, h3 태그에 배경색은 노랑 그리고 글자색은 검정 지정 */
```

Selector 종류에 대한 설명은 다음과 같다.

Selector 종류	기능 설명	예문
요소	선언된 태그의 모든 요소에 적용	h1 {color: red;} h1 태그에 모두 빨강색 지정

#id	id 속성의 모든 태그에 연결	#test {color: green;}
		id='test'에 색상을 녹색으로 지정

.class	class 값의 선언된 모든 태그에 적용	.note {color: yellow;} class='note' yellow가 모두 적용
element.class	특별한 class 값의 선언된 모든 태그에 적용	h1.note {text-decoration: underline;} class='note'가 포함된 H1 태그에 모두 언더라인 지정
그룹	태그 그룹에 같은 규약이 적용	h1,h2,h3 {background-color: orange;} h1, h2, h3에 배경색이 오렌지 지정

문맥	태그 아래에 연결	p strong {color: blue;} p 태그 아래의 strong 태그에 모든 글자색 파랑 지정
:first-line	태그의 첫째 줄에 적용	p:first-line {color: red;} 첫째 줄에 빨강색 지정
:first-letter	요소의 첫 문자에 연결	p:first-letter {font-size: larger;} 요소의 첫 문자가 큰 값으로 지정
a:link	링크 이전에 선언	a:link {font-weight: bold;} 링크 이전에 bold 속성이 지정
a:active	링크를 클릭한 경우 선언	a:active {color: red;} 클릭한 경우 빨강색이 지정된다.
a:visited	링크를 클릭한 후에 선언	a:visited {text-decoration: line-through;} 링크를 클릭한 경우 라인이 지정
!important	!important 단어가 속성에 포함될 경우 속성이 무시	p {color: red !important; font-size: 12pt;} !important 단어가 포함된 경우 빨강색 지정이 p 태그에서 무시되고 임의 속성이 적용

예제 11-3 ID 명령 선언

```
<html>
  <head>
     <title>ID 명령의 예</title>
        <style type="text/css">

                 #SecondPara {background-color:green;}

        </style>
  </head>
  <body>
        <h1> ID 선언의 예</h1>
        <hr />
         <p>첫째 줄입니다.</p>
         <div id="SecondPara">녹색 바탕으로 지정된 둘째 줄입니다.</div>
         <p>셋째 줄 입니다.</p>
   </body>
</html>
```

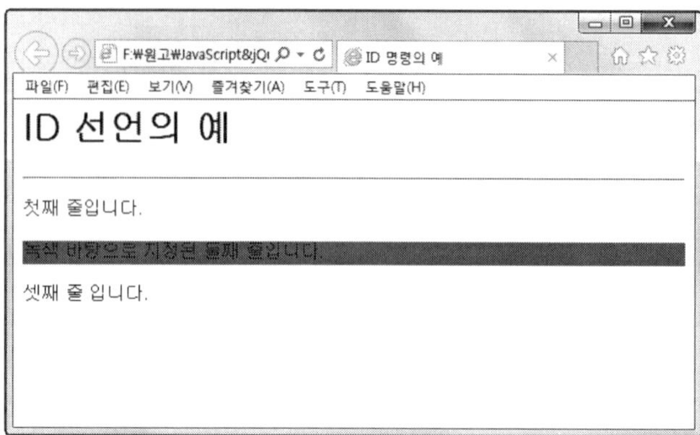

예제 11-4 Class 명령 선언

```
<html>
    <head>
        <title>Class 선언의 예</title>

        <style type="text/css">
            <!--
                .vip   {background-color: yellow;}
            -->
        </style>
    </head>

    <body>
        <h1 class="vip">Class 선언 예제</h1>
        <hr />
        <p class="vip">class가 지정된 첫째 줄입니다.</p>
        <p>둘째 줄입니다.</p>
        <p class="vip">class가 지정된 셋째 줄입니다.</p>
    </body>
</html>
```

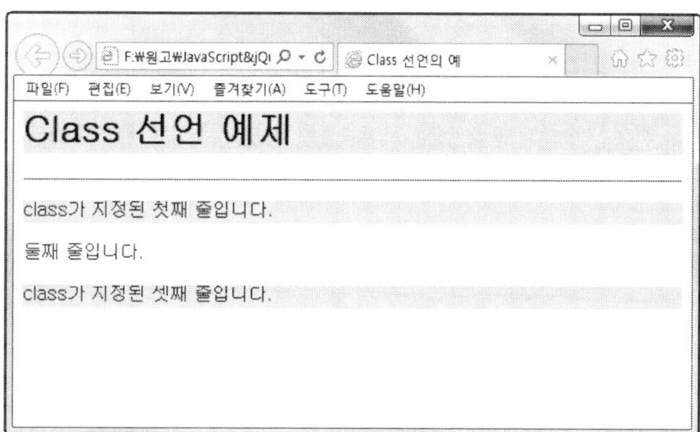

예제 11-5 다중 Class 명령 선언

```
<html>
    <head>
        <title>다중 Class 선언의 예</title>
        <style type="text/css">
            <!--
                .hd             {font-family: Impact, Arial;}
                .vip            {background-color: yellow;}
                .stf            {color: red;}
                .vip.stf        {font-style: italic;}
                .vip.exam.stf {text-decoration: underline;}
            -->
        </style>
    </head>
    <body>
        <h1 class="hd">hd (yellow background, blue text, Impact)</h1>
        <p class="vip">첫째 줄입니다. (yellow background, black text)</p>
        <p class="stf">둘째 줄입니다. (red text, default background)</p>
        <p class="vip stf">셋째 줄입니다. (yellow background, red text, italic)</p>
    </body>
</html>
```

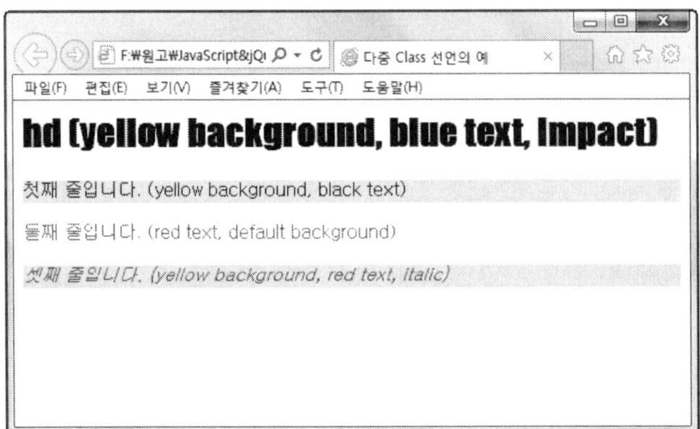

예제 11-6 링크 명령 선언

```
<html>
    <head>
        <title>Link 처리 예</title>
        <meta http-equiv="Content-Type" content="text/html; charset=euc-kr">
        <style type="text/css">
            <!--
                a:link       {color: blue; text-decoration: none;}
                /* 처음 나타난 경우 */
                a:active     {color: red; background-color: #FFFFCC;}
                /* 마우스를 클릭한  경우 */
                a:visited    {color: purple; text-decoration: none;}
                /* 링크 사이트 방문 후 되돌아 온 경우 */
            -->
        </style>
    </head>
    <body>
        <a href="http://www.naver.com">네이버 검색사이트</a>
    </body>
</html>
```

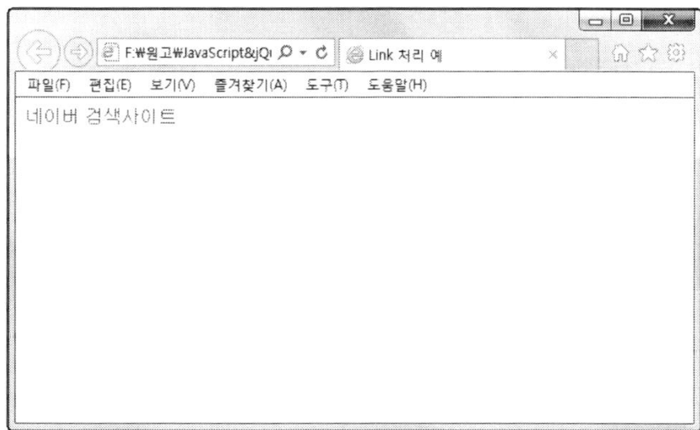

사이트 방문 전 파랑색 글자

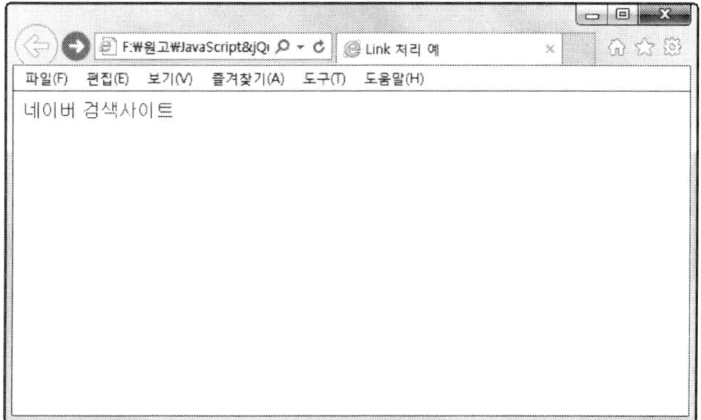

사이트 방문 후 자주색 글자

예제 11-7 첫째 줄과 첫 번째 단어 속성 선언

```
<html>
    <head>
        <title>Link 처리 Example</title>
        <style type="text/css">
            <!--
                p:first-line        {background-color: yellow;}
                p:first-letter    {color: red; font-size: 150%;}
            -->
        </style>
    </head>

```

```
    <body>
        <p>CSS selectors는 다양한 방법을 이용하여 적용할 수 있다.
            first-line 클래스를 이용하여 문단의 첫째 줄에 배경색으로
            노랑을 지정하여 나타낼 수 있다.</p>

        <p>또 한가지 방법으로 first-letter 클래스를 이용하여 문단의
            첫 글자를  본래 문자보다 1.5배 크게 그리고 빨강색으로
            지정하여 나타낼 수 있다. </p>
    </body>
</html>
```

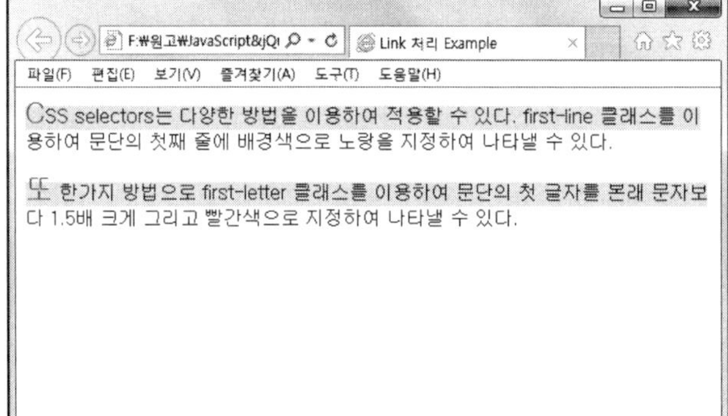

예제 11-8 !important 속성 선언

```
<html>
    <head>
        <title>Important 속성 선언</title>
        <style type="text/css">
            <!--
                p {color: red !important; font-size: 12pt;}
            -->
        </style>
    </head>
    <body>
        <h1>!important 속성의 override 지정</h1>
        <hr />
        <p>이 문장은 빨강색의 일반적인 문장입니다.</p>
        <p style="color: green; font-size: 24pt;">
        이 문장은 빨강색으로 나타난 문장으로 24pt로 지정되었습니다.</p>
        <p style="color: green !important; font-size: 24pt;">
```

```
          이 문장은 속성에 !important 가 선언되어 빨강색 선언이 무시되었고,
          녹색으로 override 적용되었으며,  24pt로 지정되었습니다.</p>
     </body>
</html>
```

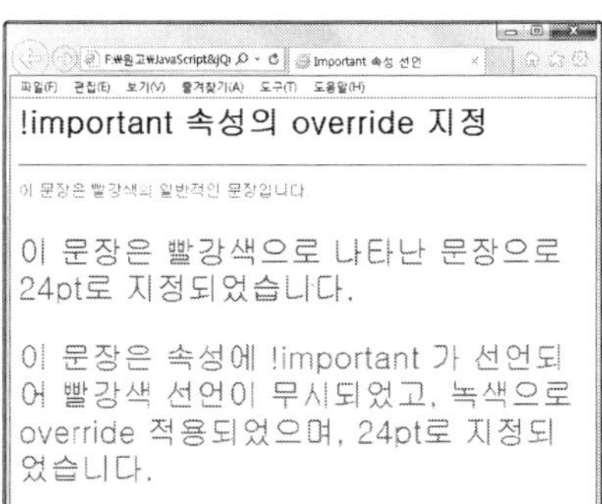

11.4 Font 속성

11.4.1 font-family

요소 내에서 사용할 글꼴을 설정하는 속성으로 콤마(,)를 구분자로 여러 개의 글꼴(그룹) 또는 키워드를 지정한다. 글꼴은 웹페이지를 보는 사용자의 시스템에 따라 지정되며, CSS에서 앞쪽에 지정한 순서에 따라 사용자의 시스템에 설치된 글꼴을 사용하게 된다.

이 속성은 요소에 특정 글꼴이나 대표 글꼴을 지정한다. 특정 글꼴은 사용자의 시스템 환경에 의존하므로, 대표 글꼴을 반드시 지정해야 하고 대표 글꼴 이름은 키워드이므로, 따옴표로 묶으면 안 된다.

브라우저에 따라 쉼표가 아닌 공백(space)으로 글꼴 이름을 구분하며, 공백을 갖는 글꼴 가족 이름들은 따옴표로 묶어야 한다(예: "맑은 고딕").

사용자의 시스템에 설치되지 않은 글꼴을 대비해서, 다양한 글꼴 이름을 순서대로 선언한다.

첫 번째 지정한 글꼴이 사용자 시스템에 설치되어 있으면, 두 번째 지정한 글꼴을, 다음으로 세 번째 글꼴을 출력한다. 만약 지정한 글꼴이 모두 설치되지 않았다면, 브라우저에서 지정한 기본 글꼴이 적용된다.

글꼴 그룹의 키워드 지정하는 종류는 크게 5가지가 있다.

serif : 명조계열
sans-serif : 고딕계열
cursive : 필기체
fantasy : 장식체
monospace : 등폭 글꼴

p { font-family: "굴림", gulim, serif; } ...

예제 11-9 font-family의 표현

```
<html>
    <head>
    <title>Font-family 표현</title>
        <style type="text/css">
            <!--
                body {font-size: x-large;}
            -->
        </style>
    </head>
    <body>
        <h1 align="center">Font-family  선언 </h1>
        <hr />
        <div style="font-family: serif;">serif</div>
        <div style="font-family: sans-serif;">sans-serif</div>
        <div style="font-family: cursive;">cursive</div>
        <div style="font-family: fantasy;">fantasy</div>
        <div style="font-family: monospace;">monospace</div>
    </body>
</html>
```

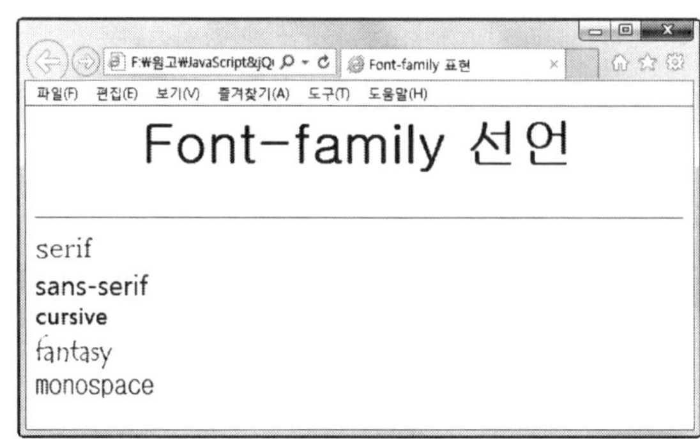

11.4.2 font-size

요소 내에서 사용할 글꼴의 크기를 설정하는 속성으로 하위 요소들에 대하여 상속되는 값을 의미한다. 초기값은 medium이며, 7단계(xx-small, x-small, small, medium, large, x-large, xx-large)의 키워드 또는 절대단위, 상대단위와 같은 단위값, 그리고 상위 요소에 대한 %값 등을 사용할 수 있다.

각 단계별로, 약 1.2배씩 확대되며, 실제 표시되는 크기는 사용자 컴퓨터의 성능과 브라우저와 글꼴에 따라 달라질 수 있다.

font-size를 선언한 예는 다음과 같다.

```
p        {font-size: 18pt;}
strong   {font-size: larger;}
.double  {font-size: 200%;}
```

상대 키워드(smaller, larger)는 상위 요소의 글꼴 크기에 대하여 각각 1단계 작은 글자, 큰 글자를 지정하는 키워드이다. 예를 들어, 상위 요소의 글꼴 크기가 medium인 경우, smaller로 지정하면 글꼴 크기는 small이 지정 된다. 반대로 larger로 지정하면 large가 된다.

또한 상대 단위(px, em, ex, %)는 실수값+단위 형태로 표현할 수 있으며, 먼저 가장 많이 사용하는 상대 단위를 살펴보기로 한다.

1) 픽셀(px)

가장 많이 사용되는 단위이며, 같은 해상도의 화면에서 화면의 DPI값에 따라 상대적인 크기로 보인다. 일반적으로 윈도우의 경우, 96dpi를 많이 사용하지만 사용자에 따라 변경이 가능한 부분이다.

2) 전각(em)

글꼴의 크기를 1로 간주하고 계산되는 단위이다. 즉, 상위 요소로부터 상속된 글꼴의 크기가 1로 간주한다. 따라서, 상위 요소의 글꼴 크기를 1로 간주하고 계산되는 것과 같다. 상위 요소가 없을 경우에는 기본 사이즈(medium)를 1로 판단한다.

3) ex

글꼴의 소문자 x의 높이를 1로 간주하고 계산되는 단위이다. 사용 방법은 전각단위인 em과 같다.

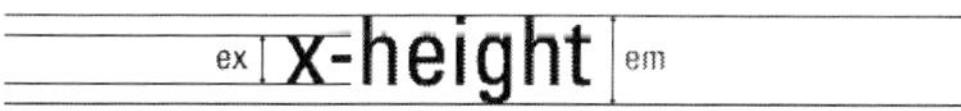

4) 퍼센트(%)

상위 요소의 글꼴 크기에 따른 값이다. 브라우저에 따라 표현이 비슷하고 정확한 %로 표현이 되지 않는 경우도 있으므로, 충분한 사전 점검 후 사용이 필요하다.

절대 단위(pt, pc, cm, mm, in)는 모니터를 통해 눈으로 보여지는 실제 크기가 해당 단위에 따라 고정되어 있다는 뜻은 아니지만, 모니터의 화면 해상도에 따라 달라진다는 점은 픽셀(px)과 같다.

```
포인트(pt) : 1pt = 1/72 inch
파이커(pc) : 1pc = 12pt
센티미터(cm), 밀리미터(mm), 인치(in) : 1in = 2.54cm
```

5) 사용자 정의 절대 사이즈

총 7가지가 있으며, 사용자에 의해 절대 선언되는 단어들이다.

```
xx-small   (html font = 1)
x-small    (html font = 2)
small      (html font = 3)
medium     (html font = 4)
large      (html font = 5)
x-large    (html font = 6)
xx-large   (html font = 7)
```

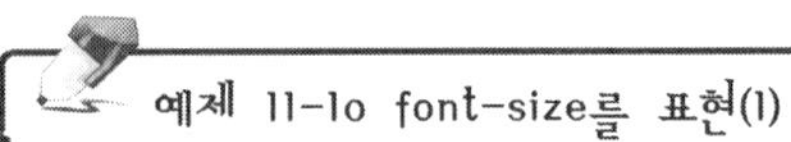
예제 11-1o font-size를 표현(1)

```
<html>
    <head>
        <title>font size 선언의 예 </title>
        <style type="text/css">
            body{ font-size:10pt}
            /*body에 선언될 경우 전체에 관한 명령은 기본 적용된다 */

            .pt{ font-size:10pt;}
            /*font 사이즈를 포인트로 지정하는 것으로 가장 많이 쓰임.pt*/

            .px{ font-size:10px;}
            /*font 사이즈를 픽셀로 지정하는것 .px*/

            .em{   letter-spacing:0.5em;font-size:12pt; }
```

```
            /*글자크기가 12일때 0.5이면 6만큼 벌어진다 */
        </style>
    </head>
    <body>
        <p class="pt">font size의 종류 : pt</p>
        <p class="px">font size의 종류 : px</p>
        <!-- 모든태그안에 style을 넣을수 있고 적용된다 -->
        <p class="em">font size의 종류 : em</p>
        <p>font size의 종류</p>
    </body>
</html>
```

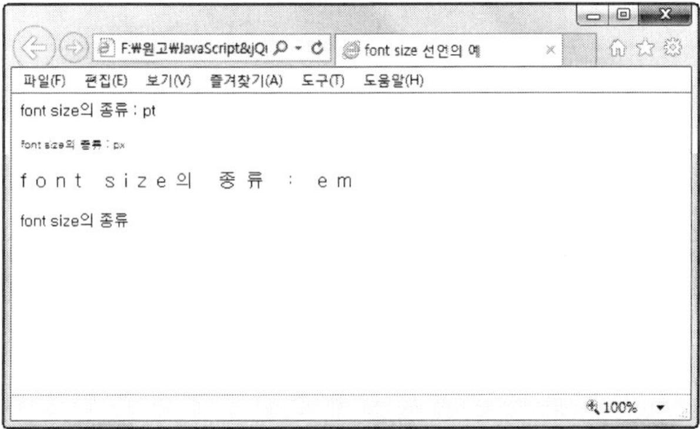

예제 11-11 font-size를 표현(2)

```
<html>
    <head>
        <style type="text/css">
            #size1 {font-size:10px;}
            #size2 {font-size:12px;}
            #size3 {font-size:14px;}
            #size4 {font-size:0.8em;}
            #size5 {font-size:1em;}
            #size6 {font-size:1.2em;}
            #size7 {font-size:x-small;}
            #size8 {font-size:small;}
            #size9 {font-size:medium;}
            #size10 {font-size:large;}
        </style>
    </head>
```

```
    <body>
        <div id="size1">font-size : 10px</div>   <br />
        <div id="size2">font-size : 12px</div>   <br />
        <div id="size3">font-size : 14px</div>   <br />
        <div id="size4">font-size : 0.8em</div>   <br />
        <div id="size5">font-size : 1em</div>   <br />
        <div id="size6">font-size : 1.2em</div>  <br />
        <div id="size7">font-size : x-small</div>  <br />
        <div id="size8">font-size : small</div>   <br />
        <div id="size9">font-size : medium</div>  <br />
        <div id="size10">font-size : large</div>   <br />
    </body>
</html>
```

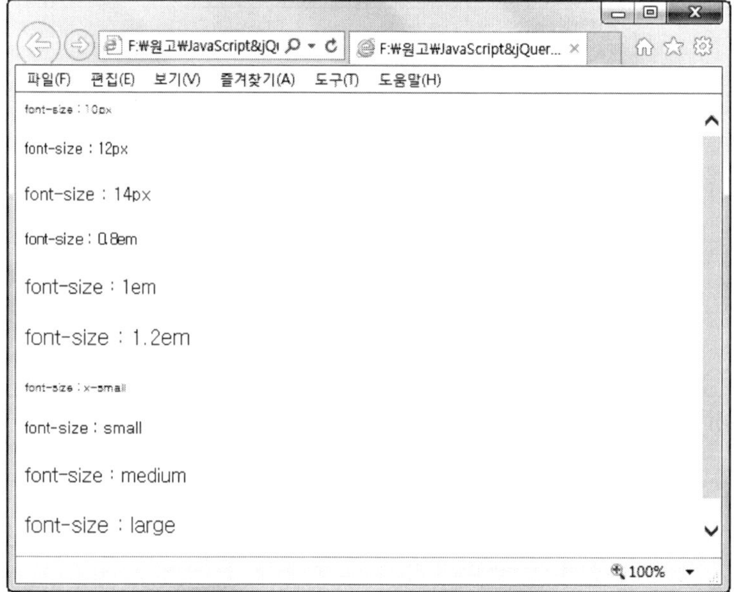

11.4.3 font-style

이 속성은 요소의 글꼴 스타일을 지정하기 위한 속성으로 보통체(nomal), 이탤릭체(italic), 사체(oblique)의 값을 지정할 수 있다.

속성 값의 종류와 선언 예는 다음과 같다.

nomal : 일반적인 형태를 나타낸다.
italic : 이탤릭체 글꼴을 나타낸다. 사용 불가능 할 때 사체의 글꼴을 나타낸다.
oblique : 사체 글꼴을 나타낸다. 사용 불가능 할 때 이탤릭체 글꼴을 지정한다.

```
h1        {font-style: oblique;}
.firstuse {font-style: italic;}
em        {font-style: normal;}
```

예제 11-12 font-style을 표현

```
<html>
    <head>
        <title>font-style의 예</title>
        <style type="text/css">
            p.normal {font-style:normal;}
            p.italic {font-style:italic;}
            p.oblique {font-style:oblique;}
        </style>
    </head>

    <body>
        <h1 align="center">font-style 선언</h1>
        <hr />
        <p class="normal">normal.</p>
        <p class="italic">italic.</p>
        <p class="oblique">oblique.</p>
    </body>
</html>
```

11.4.4 font-weight

이 속성은 문장의 글꼴 자체를 굵게 또는 얇게 지정한다. 대부분의 폰트는 normal과 bold 2가지의 종류를 선언하기 때문에, 100~500의 값은 normal로 그리고 600~900은 bold로 출력된다. 대부분의 웹 브라우저는 HTML 요소 중에서 h1~h6, strong, b의 font-weight를 진하게(bold) 출력한다.

속성 값의 종류와 선언 예는 다음과 같다.

100 ~ 900 : 100~900까지 100의 배수를 나타낸다.
'100'은 가장 얇고, '900'은 가장 진하다.

lighter : 더욱 얇게 나타낸다.
'100'과 같으나 보통 '400'으로 표현된다.

nomal : 보통 의미를 나타내며, '400'과 같다.

bold : 진하게 나타내며, '700'과 같다.

bolder : 더욱 진하게 나타낸다.
'900'과 같으나 일반적으로 '700'으로 표현된다.

```
.important  {font-weight: bolder;}
h1          {font-weight: 900;}
p.special   {font-weight: extra-bold;}
```

예제 11-13 font-weight의 표현

```
<html>
    <head>
        <title>font-weight 선언</title>
        <style type="text/css">
            p.normal {font-weight:normal;}
            p.light {font-weight:lighter;}
            p.thick {font-weight:bold;}
            p.thicker {font-weight:900;}
        </style>
    </head>

    <body>
        <h1 align="center">font-weight 선언</h1>
```

```
            <hr />
            <p class="normal">normal</p>
            <p class="light">light</p>
            <p class="thick">bold</p>
            <p class="thicker">900</p>
        </body>
    </html>
```

11.4.5 font-variant

이 속성은 문장의 알파벳 소문자를 작은 모양의 대문자(small-cap)로 나타낸다.

속성 값의 종류와 선언 예는 다음과 같다.

nomal : 기본적인 형태로 나타낸다.
small-caps : 작은 대문자 글꼴로 나타낸나.
소문자를 크기를 유지하면서 대문자로 변환한다.

```
p      {font-variant: small-caps; }
em     {font-variant: small-caps;}
```

예제 11-14 font-variant의 표현

```
<html>
    <head>
        <title>font-variant 선언</title>
        <style type="text/css">
            p.normal {font-variant:normal;}
            p.small {font-variant:small-caps;}
        </style>
    </head>

    <body>
        <h1 align="center">font-variant 선언</h1>
        <hr />
        <p class="normal">Time and tide wait for no man.</p>
        <p class="small">Where there is will there is a way.</p>
    </body>
</html>
```

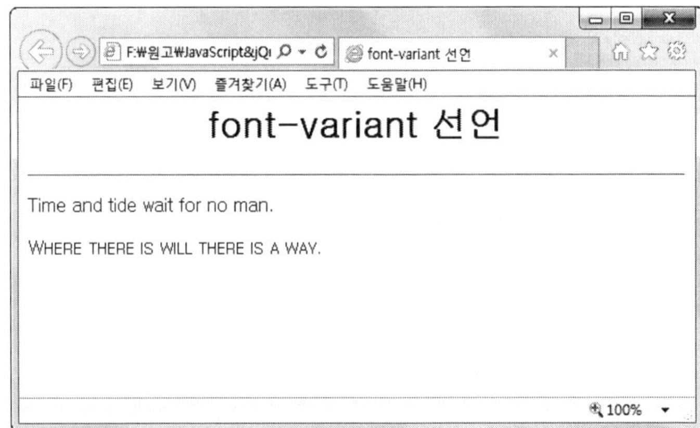

11.4.6 font

이 속성은 문장의 글꼴과 관련된 여러가지 속성들을 한꺼번에 지정할 수 있는 축약된 속성이다. 다른 속성은 생략할 수 있지만, font-size와 font-family는 반드시 선언해야 한다. 생략된 속성 값은 일반 속성의 기본 값을 따른다(예: font-style: normal).

속성 값의 종류와 선언 예는 다음과 같다.

```
font-style, font-variant, font-weight(순서 불문, 생략 가능)
font-size, font-family(생략 안됨)

p.ex1 {font:15px arial,sans-serif; }
p.ex2 {font:italic bold 12px/30px Georgia,serif; }
p.ex3 {font: normal bold 125%/1.5 "바탕", batang, sans-serif; }

p {font:italic small-caps 600 18pt/24pt "Arial, Helvetica";}
p {font: italic 18pt/24pt;}
```

예제 11-15 font 속성 종합(1)

```
<html>
    <head>
        <title>CSS1 Font 속성 종합</title>
        <style type="text/css">
            <!--
                body            {font-size: 14pt;}
                .serif          {font-family: serif;}
            .sans-serif     {font-family: sans-serif;}
                .cursive        {font-family: cursive;}
                .fantasy        {font-family: fantasy;}
                .comic          {font-family: Comic Sans MS;}
                .xx-small       {font-size: xx-small;}
                .x-small        {font-size: x-small;}
                .small          {font-size: small;}
                .medium         {font-size: medium;}
                .large          {font-size: large;}
                .x-large        {font-size: x-large;}
                .xx-large       {font-size: xx-large;}
                .smaller        {font-size: smaller;}
                .larger         {font-size: larger;}
                .points         {font-size: 18pt;}
                .percentage     {font-size: 200%;}
                .italic         {font-style: italic;}
                .oblique        {font-style: oblique;}
                .weight         {font-weight: 900;}
                .smallcaps      {font-variant: small-caps;}
            -->
```

```
        </style>
    </head>
    <body>
        <h2>Font Family</h2>
            현재의 글꼴은  <span class="serif">Serif.</span><br />
            현재의 글꼴은  <span class="sans-serif">Sans-Serif.</span><br />
            현재의 글꼴은  <span class="cursive">Cursive.</span><br />
            현재의 글꼴은  <span class="fantasy">Fantasy.</span><br />
            실제로 선언된 글꼴은  <span class="comic">Comic Sans MS</span>
            같습니다.<br />

        <h2>Font Sizing</h2>

            Font Size는  <span class="xx-small">xx-small text.</span><br />
            Font Size는  <span class="x-small">x-small text.</span><br />
            Font Size는  <span class="small">small text.</span><br />
            Font Size는  <span class="medium">medium text.</span><br />
            Font Size는  <span class="large">large text.</span><br />
            Font Size는  <span class="x-large">x-large text.</span><br />
            Font Size는  <span class="xx-large">xx-large text.</span><br />
            Font Size는  <span class="smaller">smaller text</span>
                        than the rest.<br />
            Font Size는  <span class="larger">larger text</span>
                        than the rest.<br />
            Font Size는  <span class="points">exactly 18 point text.</span><br />
            Font Size는  <span class="percentage">200% larger text.</span><br />

        <h2>Font Style, Weight, and Variant</h2>

            Font Style은  <span class="italic">italic.</span><br />
            Font Style은  <span class="oblique">oblique.</span><br />
            Font weight는 <span class="weight">bold.</span><br />
            Font variant는 <span class="smallcaps">smallcaps.</span><br />
    </body>
</html>
```

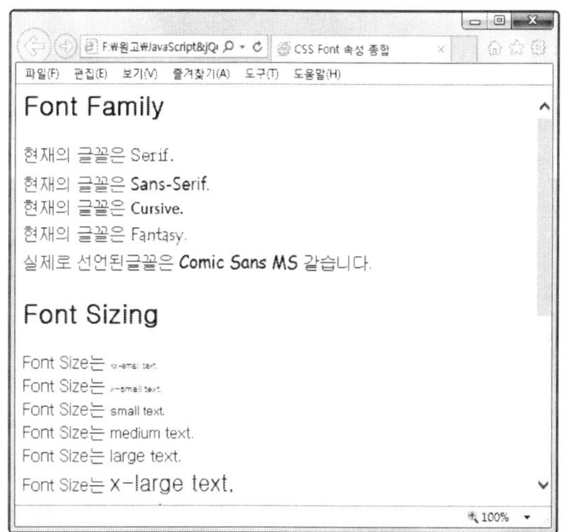

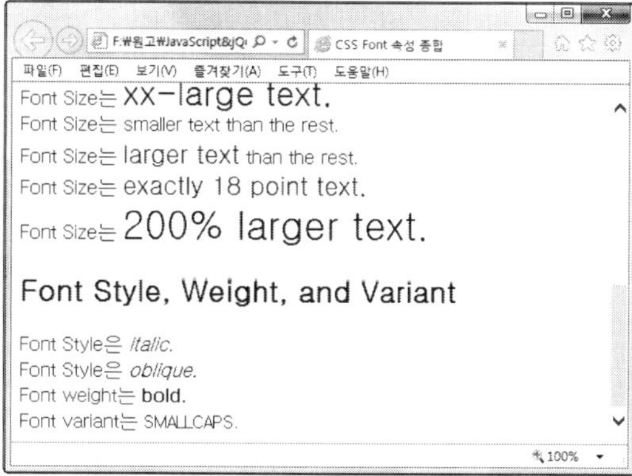

예제 11-16 font 속성 종합(2)

```
<html>
    <head>
        <title>Fonts</title>
        <style type="text/css">
            body { background-color: darkblue; }
            h1 { color: yellow; font-size:x-large;
            font-family: lucida, verdana, helvetica; }
            h2 { color:lightgreen; font-size:large; font-family:courier; }
            h3 { color:lightblue; font-size:medium; font-family:helvetica; }
            p { color:white; font-size: 22pt; font-style: italic; font-family: arial;
            font-variant:small-caps; }
        </style>
    </head>
    <body>
        <font size="+2">
        <h1>나의 이름은 홍길동</h1>
        <h2>나의 이름은 이순신</h2>
        <h3>나의 이름은 강감찬</h3>
        <p>위의 사람들은 역사적 위인입니다</p>
    </body>
</html>
```

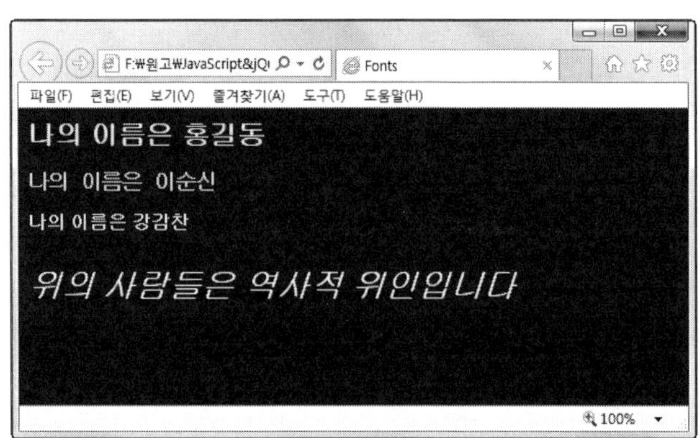

11.5 Text 속성

텍스트 속성은 텍스트의 표현에 영향을 미친다. 기본속성으로는 장식, 들여쓰기, 단어 및 글자 간격, 줄 여백, 문자 배치의 수직 수평 지정과 여백의 제어등과 같은 기능이 있다.

텍스트의 속성의 종류는 다음과 같다.

속성	값/예	의미
letter-spacing	normal, 0.1em	문장내 글자 사이의 공백 크기(자간)를 지정
line-height	normal, 1.2, 1.2em, 120%	줄이 바뀔 때 간격을 조절함
text-align	left, right, center, justify	문자열 요소의 수평 정렬을 나타냄
text-decoration	underline, overline, line-through, blink	글자에 underline이나 overline 등의 모양을 나타냄
text-indent	3em, 15%	첫 번째 행의 들여쓰기 값을 나타냄
text-transform	capitalize, uppercase, lowercase, none	글자의 대/소문자를 본래 문자와 바꾸어서 나타냄
vertical-align	baseline, sub, super, top, text-top, middle, bottom, text-bottom, 50%	인라인 박스의 높이를 나타냄
word-spacing	normal, 2em	문장에 포함된 단어 사이의 여백 크기를 나타냄

예제 11-17 Text 속성 종합

```
<html>
   <head>
      <title>Style Sheet</title>
      <style type="text/css">
         #title{
            word-spacing: 10px;
            letter-spacing: 4px;
            text-decoration: underline;
            text-align: center;
            font-size: 22pt ;
            font-family:arial;
            font-weight: bold;
         }
         p { line-height: 2;
            text-indent: 6%;
            font-family:arial;
            font-size:18; }
         }
      </style>
   </head>

   <body bgcolor="yellow">
      <p id=title>Color 팔레트
      <p>웹 브라우저에서 페이지가 실질적인 것처럼 보이도록 수백만의
         그 색상을 나타낸다.
         브라우저 색들은 RGB라고 불린 빨강, 녹색, 청색의 집합으로 표현한다.
         이것은 0에서 255의 각각 3가지 색의 값으로 색인을 붙인 조합이다.
         검정은 0값이고 흰색은 255값으로 변한다.
         HTML문서에서 이 색들은 #표시를 붙여서 6개의 16진수로 나타낸다.
         기본적으로 흰색은 #FFFFFF이고 검은색은 #000000이다
      <p>
      색을 조합하여 현실에서 나타나는 수백만개의 색을 나타낼 수 있다.
   </body>
</html>
```

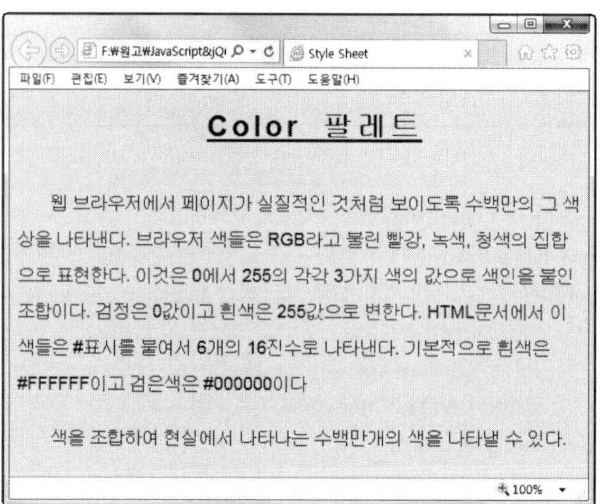

11.6 Background와 이미지 속성

방에 벽지를 붙이는 것과 같이 배경 화면에 장식을 지정할 수 있고 아울러 단순한 페이지에 디자인할 수 있다. CSS를 이용하여 배경 화면들을 나타내는 방법이 많이 있다.

Background와 이미지 속성의 종류는 다음과 같다.

속성	값/예제	의미
background-color	color, transparent	화면의 배경에 대한 색을 지정하기 위해 사용
background-attachment	scroll, fixed	배경 이미지가 웹문서와 함께 스크롤되게 하거나 아니면 이미지는 고정시켜놓고 내용을 스크롤할 것인지 결정
background-image	URL (bay.gif), none	웹문서의 배경에 대한 이미지를 나타내기 위해 사용
background-position	right top, top center, center, bottom, 100% 100%, 0% 0%, 50% 50%	웹문서에서 배경 이미지의 초기 시작 위치를 설정
background-repeat	repeat, repeat-x (horizontally), repeat-y (vertically), no-repeat	지정된 위치에서 수평, 수직 방향으로 반복해서 나타나게 하는 속성

예제 11-18 Background와 이미지 속성(1)

```
<html>
    <head>
        <title>Backgrounds</title>
        <style type="text/css">
            body {
                background-image: url('어린시절.jpg');
                background-repeat: no-repeat;
                background-attachment: fixed;
                background-color: #ccccff;
                background-position:center 80px;
            }
            h2 {
                color:white;
                font-family:cursive;
                font-variant:small-caps;
            }
        </style>
    </head>

    <body>
        <h2 align="center">어린 시절</h2>
    </body>
</html>
```

예제 11-19 Background와 이미지 속성(2)

```
<html>
    <head>
        <title>Backgrounds</title>
        <style type="text/css">
            body {background-color:"pink" ;
                background-image: url(또또.jpg);
                repeat-x
            }
            h1 {font-size: 42pt;text-indent: 25%;
            color:red;
            margin-top: 14%;
                font-family:cursive;
            }
        </style>
    </head>
    <body>
        <h1>우리집 또또!!</h1>
        <h1>우리집 또또!!</h1>
    </body>
</html>
```

11.7 Margin과 Border

CSS 레이아웃에서 중요한 부분은 Box 종류를 이해하는 것이다. p 태그와 같이 화면에 직사각형의 box 나타내는 것은 HTML에서 블록 영역을 설정하는데 중요하다.

11.7.1 Container

많은 홈페이지에서 여러 컨테이너들로 구성되어 나타낸다. <body> 태그는 컨테이너로서 heading, 절, 테이블, 또는 다른 요소를 포함할 수도 있다.

또한 이 요소들은 각각은 컨테이너로서 간주할 수 있다. <div> 태그는 또 다른 특별한 형태의 페이지의 내용과 논리적인 분할에 대한 정의를 내리기 위하여 사용되는 컨테이너이다. 내용 또는 페이지의 특정한 부분의 적당한 장소에 배치할 <div> 태그를 사용할 수 있다.

11.7.2 Margin, Padding과 Border

각각의 컨테이너는 바깥 margin을 가지고 있으며 margin은(컨테이너 사이에 공간) 여러 개의 padding을 가지고 있을 수 있다. padding은 테이블 요소의 cellpadding 속성과 같다. 내용에서 컨테이너를 분리하는 border는 padding의 안쪽에 있다. border는 일반적으로 보이지 않는다.

둘러싸인 문장의 테두리에 대한 border의 종류는 다음과 같다.

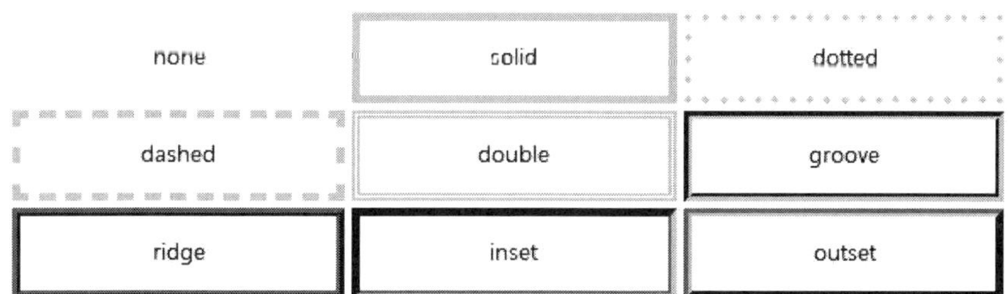

페이지에 다양한 스타일을 지정하기 위해 색상의 border 또는 padding을 증감하여 margin을 바꿀 수 있다. 만약 <div> 태그 안에서 감싸면 margin과 border들을 더 잘 나타낼 수 있다.

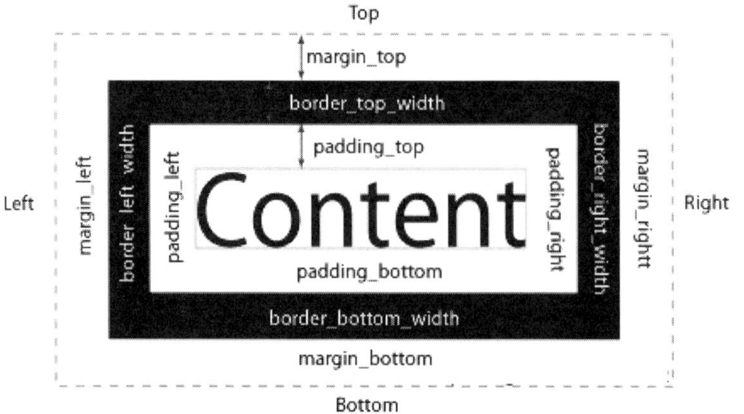

margin과 border 속성들의 종류는 다음과 같다.

속성	값/예	의미
border-bottom	<border-bottom-width> 또는 <border-style> 또는 <color>	margin과 padding 사이에 둘러싸인 요소로 문장의 테두리에 스타일과 두께, 높이, 색상 종류 등등 다양한 표현 값을 지정
border-bottom-width	thin, medium, thick, 2em	
border-color	red, green, #0C0	
border-left	<border-left-width> 또는 <border-style> 또는 <color>	
border-left-width	thin, medium, thick, 3em	
border-right	<border-right-width> 또는 <border-style> 또는 <color>	
border-right-width	thin, medium, thick, 1cm	
border-style	[none], dotted, dashed, solid, double, groove, ridge [inset,outset]{1,4}	
border-top	<border-top-width> 또는 <border-style> 또는 <color>	
border-top-width	thin, medium, thick, 3em	
border-width	thin, medium, thick, .5cm	
margin	5em, 3em, 2em, 1em (top, right, bottom, left)	box 사이의 여백을 제어하고, 그 값들은 길이 또는 %로 나타냄
margin-bottom	100px, 50%	
margin-left	.5in, 40%	
margin-right	20em, 45%	
margin-top	1cm, 20%	
padding	2em, 4em, 6em (right, bottom, left)	border와 그 내용 사이에 공백을 나타냄
padding-bottom	2em, 20%	
padding-left	.25in, 20%	
padding-right	.5cm, 35%	
padding-top	20px, 10%	

예제 11-20 margin 속성 선언

```
<html>
    <head>
        <title>Margin  표현</title>
        <meta http-equiv="Content-Type" content="text/html; charset=euc-kr">
        <style type="text/css">
            <!--
                body       {margin: 0px;}
                #one       {background-color: yellow; margin: 1cm;}
                #two       {background-color: #FFD700;
                             margin-top: 1cm;
                        margin-bottom: 1cm;
                        margin-right: .5cm;
                        margin-left: -5px;}
                #three    {background-color: #ADFF2F;}
                #bigchar {background-color: red;
                             color: white;
                             font-size: 28pt;
                             font-family: Impact;}
            -->
        </style>
    </head>
    <body>
        <h1 align="center">Margin 속성 선언</h1>
        <hr />
        <p id="one">이문장은 margin을 모두 1cm으로 지정하였다.
                가상의 문장에 margin은 영향을 미친다.
                가상의 문장에 margin은 영향을 미친다.</p>

        <p id="two"><span id="bigchar">다</span>음 문장은 한쪽에
            음수 값의 margin을 지정하였다. 음수 margin 값은 주의해서
            사용해야 한다. 가상의 문장에 margin은 영향을 미친다.
            가상의 문장에 margin은 영향을 미친다.</p>

        <p id="three">이 문장은 0으로 지정한 기본 margin 값을 나타낸다.
            가상의 문장에 margin은 영향을 미친다.
            가상의 문장에 margin은 영향을 미친다.
            가상의 문장에 margin은 영향을 미친다.</p>
    </body>
</html>
```

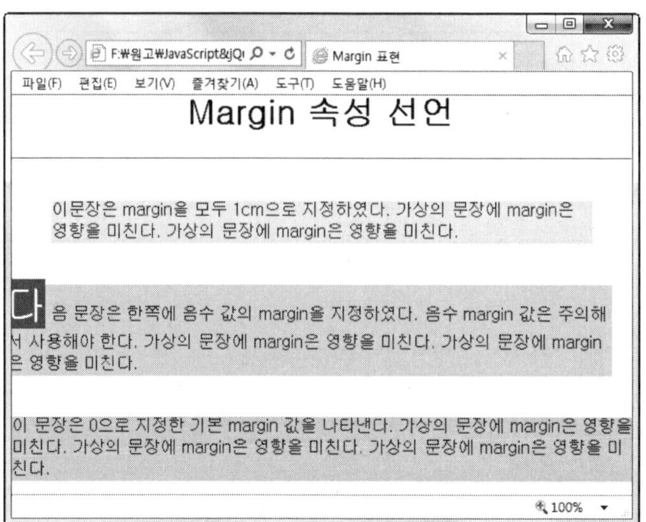

예제 11-21 border 통합 속성 선언

```
<html>
    <head>
        <title>Border 통합  표현</title>
        <style type="text/css">
            <!--
                #outer {background-color: orange;
                    border-style: solid;
                    border-width: 5px;
                    padding: 10px 10px;}

                #one    {background-color: yellow;
                    border-style: double;
                    border-width: medium;}

                #two    {background-color: yellow;
                    border-style: double solid;
                    border-color: red green purple blue;
                    border-width: thin medium thick .25cm;}
            -->
        </style>
    </head>

    <body>
```

```
        <h1 align="center">border 통합 선언</h1>
        <hr />
        <div id="outer">
            <p id="one">이 문장에는 이중 보더 스타일을 적용하여
                        나타내었습니다.</p>

            <p id="two">이문장에는 별도의 방법을 나타내었습니다.</p>

            블록 형태의 큰 박스로 구성된 문장을 주목하세요!!
        </div>
    </body>
</html>
```

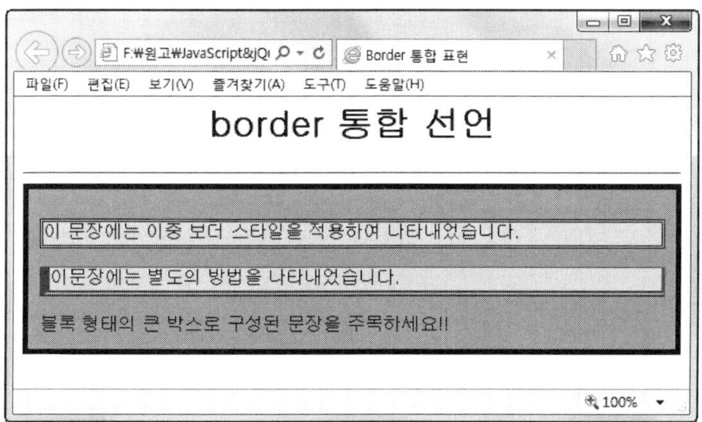

예제 11-22 padding 속성 선언

```
<html>
    <head>
        <title>Padding  표현</title>
        <style type="text/css">
            <!--
                #one      {background-color: yellow;
                            border-style: double;
                          border-width: medium;
                          padding-left: 1cm;
                          padding-right: .5cm;}

                #two      {background-color: yellow;
                          border-style: double;
```

```
                        border-width: medium;
                        padding-top: 1cm;
                        padding-bottom: 1cm;}

                #three  {background-color: yellow;
                          border-style: double;
                        border-width: medium;
                        padding: 1cm 1cm;
                        margin: .5cm 4cm;}
            -->
        </style>
    </head>

    <body>
        <h1 align="center">padding 선언</h1>
        <hr />
        <p id="one">이 문장은 좌우에 padding을 지정하여 나타내었으며,
                    위 아래는 지정하지 않았습니다.</p>

        <p id="two">이 문장은 단지 위 아래에만 padding을 지정했습니다.</p>

        <p id="three">margin을 사용할 때는 주의해야 합니다. box 자체에는
                    적용되지만 box안의 문장은 필요하지 않습니다.</p>

    </body>
</html>
```

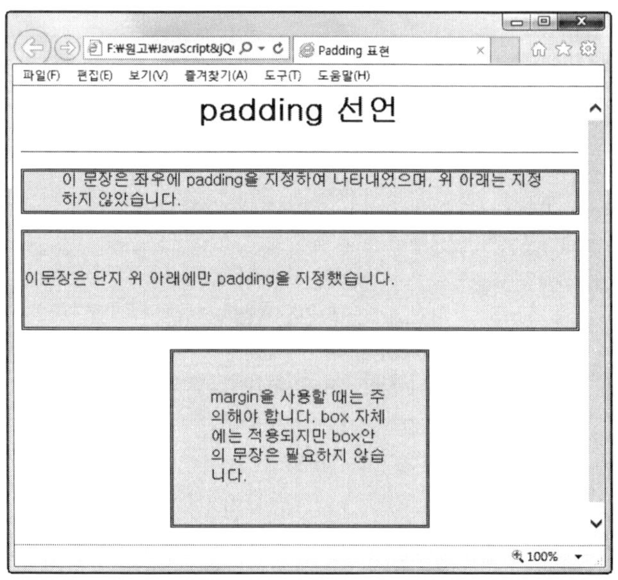

예제 11-23 margin과 border 속성 선언

```
<html>
    <head>
        <title>Margin과 Border</title>
        <style type="text/css">
            body{ margin-top: 1cm; margin-left: 2cm;
                margin-bottom: 1cm; margin-right: 2cm;
                border-width: thick;
                border-style:solid;
                border-color: red blue green yellow; padding:15px;
            }

            h1{ /*그룹 속성 */
                font-weight: bold;
                font-size: 30pt;
                font-family: verdana;
            }

            h2 { /* 그룹의 속성 값 */
                border-style:dotted; border-color:purple;
                font: bold 24pt arial
            }

        </style>
    </head>
    <body bgcolor=silver>
        <h1>Margin과 Border!</h1>
        <h2>안녕하세요</h2>
        <h3>좋은 아침입니다</h3>
    </body>
</html>
```

11.8 자바스크립트에서의 CSS

11.8.1 DHTML

DHTML은 Dynamic HTML을 의미하며, 프로그래밍 언어가 아닌 HTML, XHTML, CSS, 그리고 자바스크립트가 동적인 대화식 웹 페이지를 만들기 위한 기법으로 사용된다.

CSS를 이용해서 HTML 요소의 스타일(예를 들어 color, font, margin 등)을 제어하고 분리된 파일에 스타일시트를 저장한다. 그러나 CSS는 홈페이지에 스타일을 지원하나 동적인 페이지를 작성하기 위해 자바스크립트가 필요하다.

11.8.2 자바스크립트에서 스타일시트 관리

하나의 스타일시트로 여러 홈페이지를 작성한다. 페이지가 로드되면, 모든 외부에 저장된 스타일시트들은 이미지, 폼 그리고 링크와 같이 문서 안에 배열상태로 명령장소에 저장된다.

문서 객체의 속성인 스타일시트 배열에서 document.styleSheets[0]는 전체 페이지에서 일반적 문서 양식인 첫번째 스타일시트이다. @import 규칙에 사용되는 것처럼 다음 스타일시트는 document.styleSheets[1]이고, 문서 내에 다른 스타일을 포함되면, document.styleSheets[2]이다.

styleSheets 배열 요소에 사용할 수 없는 속성을 가지고 있어서, 토글 방식으로 직접 스타일을 연결할 수 있다. W3C CSS 규약 또는 마이크로소프트 규약을 사용해서 스타일시트 내에 특정 규약으로 검색 또한 가능하다.

두 배열은 색인 번호로 처리되어 첫째 규칙은 cssRules[0]이고, 두 번째 규칙은 cssRulse[1]이다.

예제 11-24 Dynamic Stylesheet 선언

<예제 11-24.html>

```
<html>
   <head>
      <title>Stylesheets</title>
      <style type="text/css">
         @import url("예제11-24.css");
      </style>
      <script type="text/javascript">
```

```
                function changeStyle(){
                    // alert(document.styleSheets.length);
                    document.styleSheets[0].disabled=false;   // now visible
                    document.styleSheets[1].disabled=true;
                }
                function enableOldStyle(){
                    document.styleSheets[0].disabled=true;
                    if(document.styleSheets[1].cssRules){   // W3C
                        document.styleSheets[1].cssRules[1].style.color="purple";
                    }
                    else{ //Microsoft Internet Explorer
                    document.styleSheets[1].rules[1].style.color="purple";
                    document.styleSheets[1].disabled=false;
                    }
                document.styleSheets[1].disabled=false; // now visible
                }
            </script>
        <style type="text/css">
                p { background-color:darkblue;
                     font-weight:bold ;
                     font-size: 12pt;
                     font-family:arial;
                     color:yellow; }
                h1{color:red;}
            </style>
        </head>
        <body>
            <h1>안녕</h1>
            <form>
                <input type="radio" onclick="javascript:changeStyle()">new style</br>
                <input type="radio" onclick="javascript:enableOldStyle()">old style</br>
            </form>
            <p>
                이것은 변환되는 문서 양식이다.
                Radio 버튼을 눌러서 페이의 스타일을 바꿀 수 있다.
                하나의 스타일시트는 새로운 스타일로 바껴서 사용할 수 없다.
            </p>
            <h1>바이</h1>
        </body>
    </html>
```

<예제 11-24.css>

```
p { color: white;
      background-color:darkgreen;
      font-family:sans-serif,helvetica;
      font-size:18pt;

}
```

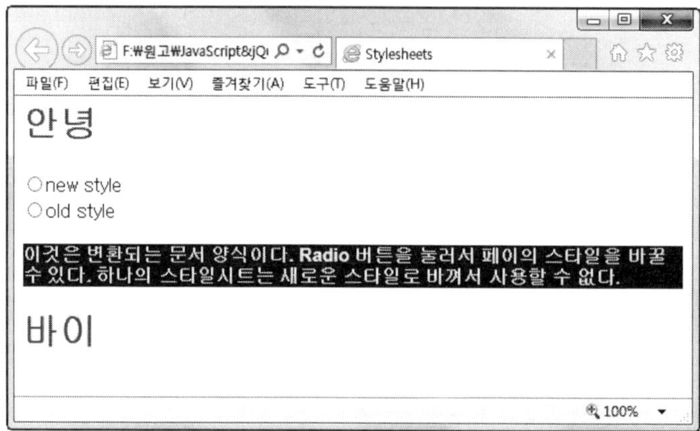

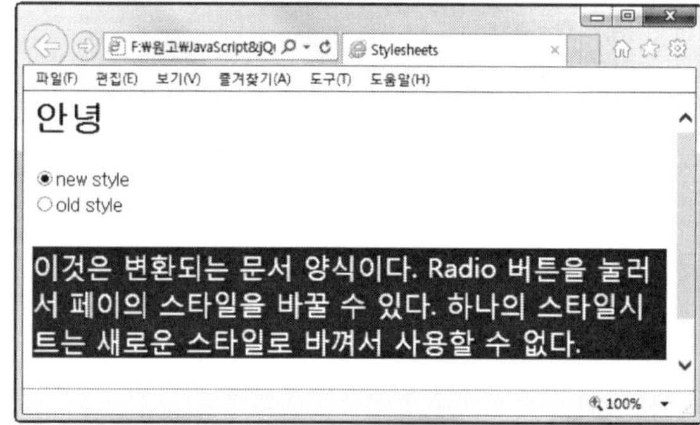

11.8.3 style 객체

스타일 객체는 브라우저에 지원되는 CSS 속성 모두가 포함된다. 각각의 HTML 객체는 할당된 CSS 스타일 속성으로 사용될 수 있다. 예를 들어, h1 태그는 CSS font-style, color와 padding에 정의될 수도 있다. 스타일 객체는 CSS 속성을 반영한다.

background-color, font-size와 word-spacing처럼 CSS의 대부분 속성은 이름에 하이픈(-)들을 포함한다. 자바스크립트의 객체처럼 객체 이름을 의미하는 집합에서 하이픈(-)을 포함하지 않고, 첫 번째 이후에 사용되는 복수 단어는 대문자를 사용한다. 그래서 CSS 이름 집합은 스타일 객체의 속성과 다르다.

예를 들어 CSS 속성에서 background-color는 backgroundColor로 font-size는 fontSize로 border-right-width는 borderRightWidth로 선언된다.

```
요소명.스타일.속성 = "값";
div2.style.fontFamily = "arial";
```

<Fonts>

속성	값/예	HTML 태그 범위
font	12pt/14pt sans-serif, 80% sans-serif, x-large/110% arial, normal small-caps	전체
fontFamily	serif, sans-serif, cursive, fantasy, monospace	전체
fontSize	12pt, larger, 150%, 1.5em	전체
fontStyle	rnormal, italic, oblique	전체
fontVariant	normal, small-caps	전체
fontWeight	normal, bold, bolder, lighter, 100, 200, ..., 900	전체

<Colors>

속성	값/예	HTML 태그 범위
backgroundColor	red, blue, #F00 arial, normal small-caps	전체
color	red, green, #F00, rgb(255,0,0)	전체

<Images>

속성	값/예	HIML 태그 빔위
backgroundAttachment	scroll, fixed	전체
backgroundImage	URL (bay.gif), none	전체
backgroundPosition	right top, top center, center, bottom, 100% 100%, 0% 0%, 50% 50%	요소의 블록
backgroundRepeat	repeat, repeat-x (horizontally), repeat-y (vertically), no-repeat	전체

<Text Alignment>

속성	값/예	HTML 태그 범위
letterSpacing	normal, 0.1em	전체
lineHeight	normal, 1.2, 1.2em, 120%	전체
textAlign	left, right, center, justify	전체
textDecoration	underline, overline, line-through, blink	전체
textIndent	3em, 15%	블록 요소
textTransform	capitalize, uppercase, lowercase, none	전체
verticalAlign	baseline, sub, super, top, text-top, middle, bottom, text-bottom, 50%	요소 내부
wordSpacing	normal, 2em	

<Margin과 Border>

속성	값/예	HTML 태그 범위
align		전체
borderStyle	none, solid, 3D	전체
borderWidth	thin, medium, thick, 2em	전체
margin	5em, 3em, 2em, 1em(top, right, bottom, left) line-through, blink	전체
marginBottom	100px, 50%	블록 요소
marginLeft	.5in, 40%	전체
marginRight	20em, 45%	전체
marginTop	1cm, 20%	전체
padding	2em, 4em, 6em(right, bottom, left)	전체
paddingBottom	2em, 20%	전체
paddingLeft	.25in, 20%	블록 요소
paddingRight	.5cm, 35%	전체
paddingTop	20px, 10%	전체
length		블록 요소
width	12em, 30%, auto(initial width value)	블록 요소

예제 11-25 다이나믹 Background 칼라 변환 선언

```
<html>
    <head>
        <title>다이나믹 Background 칼라 변환</title>
        <script type="text/javascript">
            function bodyColor(){
                var i = document.form1.body.selectedIndex;
                bodycolor = document.form1.body.options[i].value;
                document.getElementById("bdy").style.backgroundColor=bodycolor;
            }
        </script>
    </head>
    <body id="bdy">
        <p>
            이 페이지에서 Background 색상이 지정
        </p>
        <form name="form1">
            <b> Color </b>
            <select name="body" onChange="bodyColor();" >
                <option value="pink">pink</option>
                <option value="lightblue">blue</option>
                <option value="yellow">yellow</option>
                <option value="lightgreen">green</option>
            </select>
            <br />
        </form>
        <p>
            테스트 입니다
        </p>
    </body>
</html>
```

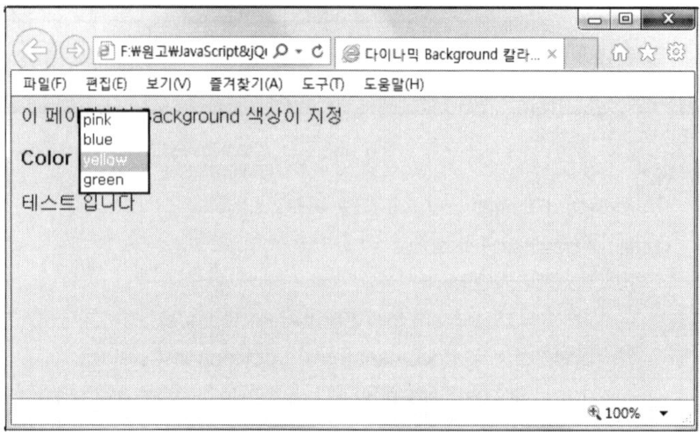

예제 11-26 객체의 위치 이동

```
<html>
    <head>
        <title>Positioning</title>
        <style type="text/css">
            body { background-color: aliceblue;}
            div {  font-size:larger;
                       color: white;
                       border: solid;
                       border-color:aqua;
            }
            .pos1 {position:absolute; top:50px;left:10px; background-color:blue;}
            .pos2 {position:absolute; top:100px;left:10px; background-color:teal;}
            .pos3 {position:absolute; top:150px;left:10px; background-color:darkblue;}
        </style>

        <script type="text/javascript">
            var div1,div2,div3;
            window.onload=function(){
                div1=document.getElementById("first");
                div2=document.getElementById("second");
                div3=document.getElementById("third");
            }
            function startPosition(){
                div1.style.top = 50;
                div1.style.left=10;
                div2.style.top = 100;
                div2.style.left=10;
```

```
                div3.style.top = 150;
                div3.style.left=10;
            }
            function movePosition(){
                div1.style.left = 50;
                div1.style.top = 150;
                div2.style.left = 100;
                div2.style.top = 100;
                div3.style.left = 150;
                div3.style.top = 50;
            }
        </script>
    </head>
    <body>
        <div id="first"  class="pos1">one</div>
        <div id="second" class="pos2">two</div>
        <div id="third"  class="pos3">three</div>
        <form>
            <input type="button" value="위치 이동" onClick="movePosition()">
            <input type="button" value="위치 복귀" onClick="startPosition()">
        </form>
    </body>
</html>
```

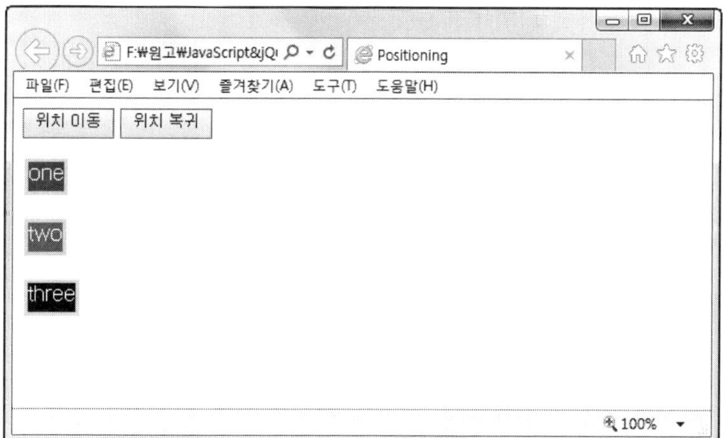

11.8.4 className 속성

className 속성은 CSS 클래스를 참조하는데 사용되며, HTML의 모든 요소로 정의된다. className 속성으로 CSS에 정의된 class 이름에 연결되어 직접 요소를 바꿀 수 있다.

```
<html>
    <head>
        <title>Coloring Text</title>
        <style type="text/css">
            body {  background-color: yellow;
                font-size: 22pt;
                font-weight: bold;
            }

            .red  { color:rgb(255,0,0);    /* classe 정의 */
                font-style: verdana;
                font-size: 32;
            }
            .blue { color:blue;
                font-style: verdana;
                font-size: 36;
            }
            .green{ color: green;
```

```
                font-style: verdana;
                font-size: 40;
            }
        </style>
        <script type="text/javascript">
            window.onload=init;
            function init(){
                div1=document.getElementById("first");
                div2=document.getElementById("second");
                div3=document.getElementById("third");
            }
            function colorText(){
                div1.style.left = 50;
                div1.style.top = 50;
                div1.className="red";
                div2.style.left = 100;
                div2.style.top = 100;
                div2.className="blue";
                div3.style.left = 150;
                div3.style.top = 150;
                div3.className="green";
            }
        </script>
    </head>
    <body>
        <div id="first"  style="position:absolute; top:50px">하나</div>
        <div id="second"  style="position:absolute; top:100px">둘</div>
        <div id="third"  style="position:absolute; top:150px">셋</div>
        <form>
            <input type="button" value="텍스트 이동 및 색상 바꾸기"
                    onClick="colorText()">
        </form>
    </body>
</html>
```

F:₩원고₩JavaScript&jQ
Coloring Text
파일(F) 편집(E) 보기(V) 즐겨찾기(A) 도구(T) 도움말(H)
텍스트 이동 및 색상 바꾸기
하나
둘
셋
100%

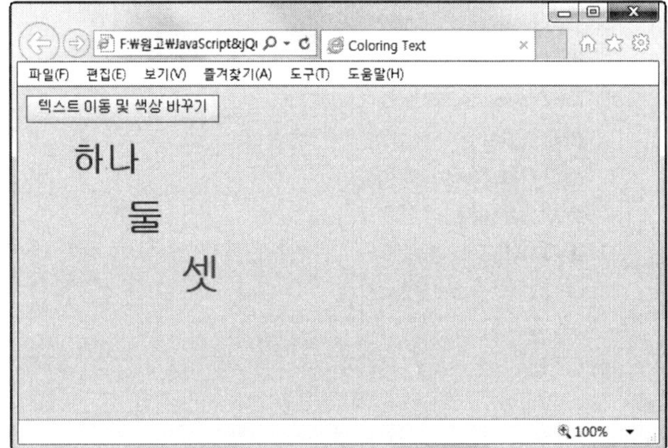

F:₩원고₩JavaScript&jQ
Coloring Text
파일(F) 편집(E) 보기(V) 즐겨찾기(A) 도구(T) 도움말(H)
텍스트 이동 및 색상 바꾸기
하나
둘
셋
100%

제 2 부

jQuery

제12장 jQuery의 기본

12.1 jQuery의 소개

오늘의 월드 와이드 웹은 동적 환경으로 사용자들은 사이트에서 style과 function을 주로 사용했었다. 그러나 직관적이고 대화식 사이트를 제작하기 위해, 개발자들은 사이트 작업을 자동화하고 단순화하기 위하여 jQuery와 같은 자바스크립트 라이브러리의 사용으로 변화되고 있다.

jQuery는 HTML안에서 클라이언트 기반의 스크립트 언어를 단순화 하도록 설계된 브라우저 호환성이 있는 자바스크립트 라이브러리이다. 존 레식에 의해, 공식으로 소개되었고 오늘날 가장 인기있는 자바스크립트 라이브러리 중 하나이다.

jQuery는 자유 오픈 소프트웨어(Free Software)이다. jQuery의 문법은 코드 보기, 문서 객체 모델 찾기, 애니메이션 만들기, 이벤트 제어, Ajax 개발이 쉽도록 디자인 되었다. 또한, jQuery는 개발자가 플러그인을 개발할 수 있는 기능을 제공한다.

12.2 jQuery 라이브러리 설치

jQuery 라이브러리를 먼저 설치해야 하므로 www.jquery.com 사이트로 접속한다. 화면에 다운로드 목록을 클릭하여 라이브러리 파일을 jQuery(현재 버전 : 1.11.2) 및 자바스크립트 프로그램소스를 저장할 폴더에 설치한다.

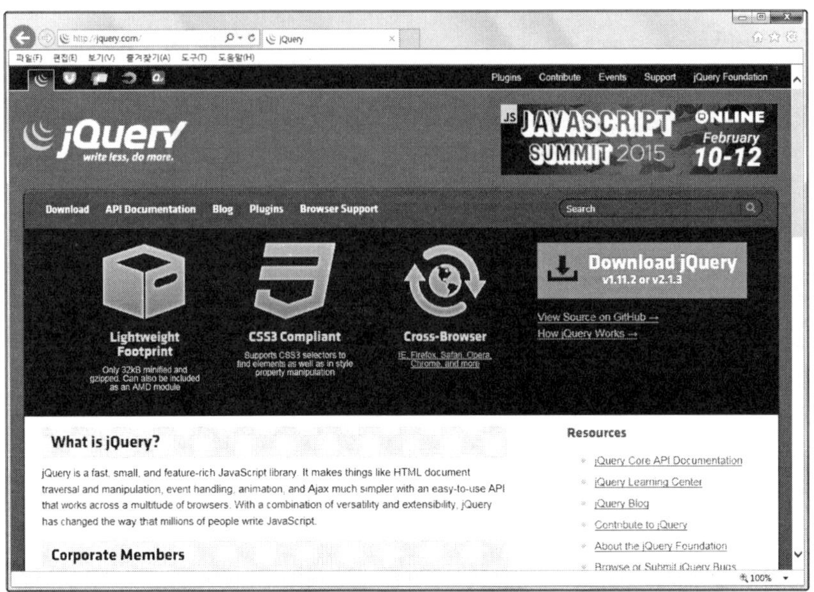

12.3 jQuery 라이브러리 선언

jQuery 라이브러리는 프로그램의 성격에 따라 자주 수정되어 버전도 올라가는 추세이다. 그러므로 원래는 버전 번호를 직접 선언하였으나 프로그램의 버전 향상에 원활하게 대처하기 위해 다음과 같이 선언한다.

```
<script type="text/javascript"
   src="http://code.jquery.com/jquery-latest.js">
</script>
```

12.3.1 ID로 페이지 요소 연결

jQuery에서 작업중인 페이지 요소를 지정해서 나타낼 수 있다. ID 속성 값의 별도 <p> 요소를 나타낼 때 jQuery 라이브러리를 포함한 jQuery()가 포함된 function을 항상 사용해야 한다. jQuery()는 축약해서 $()로 나타낼 수 있다.

toggleClass()가 연결된 버튼을 누르면 연결된 요소에 적용되어 배경색은 하늘색으로 지정되어 나타난다.

예제 12-1 ID 지정 실습

```
<html>
  <head>
    <title>문장의 연결</title>

    <script type="text/javascript"
      src="http://code.jquery.com/jquery-latest.js">
    </script>

    <script type="text/javascript">
      function stripe() {
        $('#third').toggleClass('striped');;
      }
    </script>

    <style>
      p.striped {
        background-color: cyan;
      }
    </style>
  </head>

  <body>
    <h1>문장의 연결</h1>

    <div>
      <p>문장 1.</p>
      <p>문장 2.</p>
      <p id="third">문장 3.</p>
      <p>문장 4.</p>
    </div>

    <form>
     <input type = "button" value="선택"
       onclick="stripe()"
     </input>
    </form>
  </body>
</html>
```

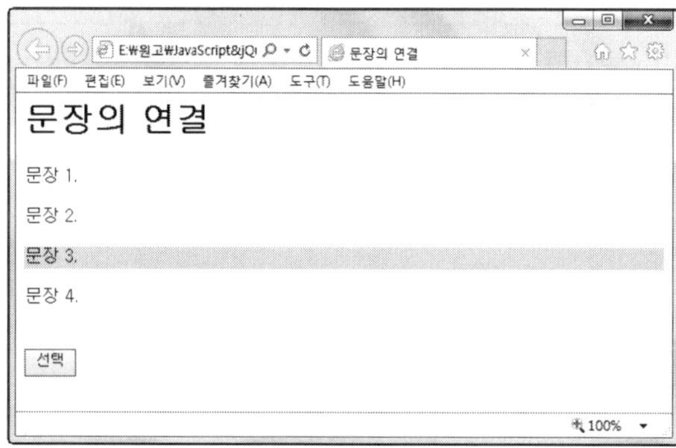

12.3.2 문장의 개수 지정

페이지에서 "p" 연결자는 <p> 태그와 일치한다. size( ) 함수는 연결된 문장의 개수를 나타낸다.

예제 12-2 count 지정

```
<html>
    <head>
        <title>문장의 연결</title>

        <script type="text/javascript" src="http://code.jquery.com/jquery-latest.js">
        </script>

        <script type="text/javascript">
            function stripe() {
                $('#third').toggleClass('striped');;
            }
        </script>

        <style>
            p.striped {
                background-color: cyan;
            }
        </style>
    </head>

    <body>
        <h1>문장의 연결</h1>
```

```
        <div>
            <p>문장 1.</p>
            <p>문장 2.</p>
            <p id="third">문장 3.</p>
            <p>문장 4.</p><br>
        </div>

        <form>
            <input type = "button" value="선택" onclick="stripe()">
            </input>
        </form>
    </body>
</html>
```

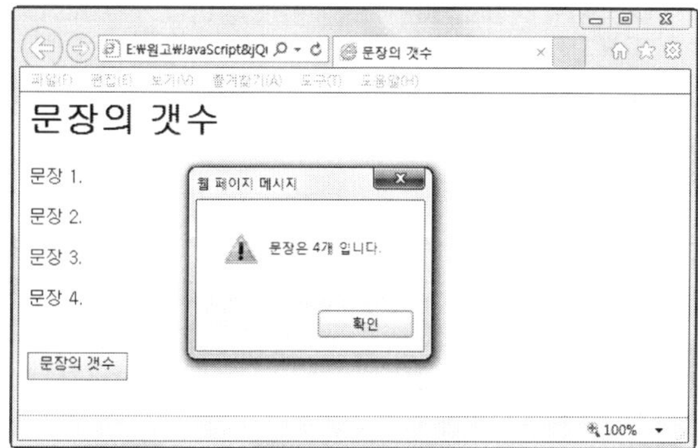

12.3.3 문장의 위치항목 지정 후 포맷 변환

jQuery에서 "first" 연결자는 처음에 지정된 항목을 나타낸다. 처음으로 지정된 항목은 css( ) 함수에 그 스타일을 지정할 수 있다. 만약에 마지막 항목을 지정할 경우 "last" 연결자를 지정한다.

예제 12-3 first 연결자의 위치 지정

```
<html>
    <head>
        <title>항목의 처음 위치 지정</title>
            <script type="text/javascript"
              src="http://code.jquery.com/jquery-latest.js">
            </script>
            <script type="text/javascript">
```

```
                function setStyle() {
                    $('p:first').css("font-style", "italic");
                }
            </script>
    </head>

    <body>
        <h1>항목의 처음 위치 지정</h1>
        <div>
            <p>문장 1.</p>
            <p>문장 2.</p>
            <p>문장 3.</p>
            <p>문장 4.</p><br>
        </div>
        <form>
            <input type = "button" value="첫 문장의 스타일 지정"
                onclick="setStyle()">
            </input>
        </form>
    </body>
</html>
```

12.3.4 문장의 감추기 및 보이기

jQuery에서 문장의 항목을 감추거나 보일 수 있다. 이때 hide( ) 함수와 show( ) 함수를 사용한다.

```
$('p:first').hide();
$('p:first').show()
```

예제 12-4 항목의 감추기 및 보이기

```
<html>
    <head>
        <title>문장의 감추기와 보이기</title>
            <script type="text/javascript"
                src="http://code.jquery.com/jquery-latest.js">
            </script>
            <script type="text/javascript">
                function hide() {
                    $('p:first').hide();
                }

                function show() {
                    $('p:first').show();
                }
            </script>
    </head>

    <body>
        <h1>첫 번째 문장의 감추기와 보이기</h1>
        <div>
            <p>문장 1.</p>
            <p>문장 2.</p>
            <p>문장 3.</p>
            <p>문장 4.</p><br>
        </div>
        <form>
            <input type = "button" value="감추기" onclick="hide()">
            </input>
            <input type = "button" value="보이기" onclick="show()">
            </input>
        </form>
    </body>
</html>
```

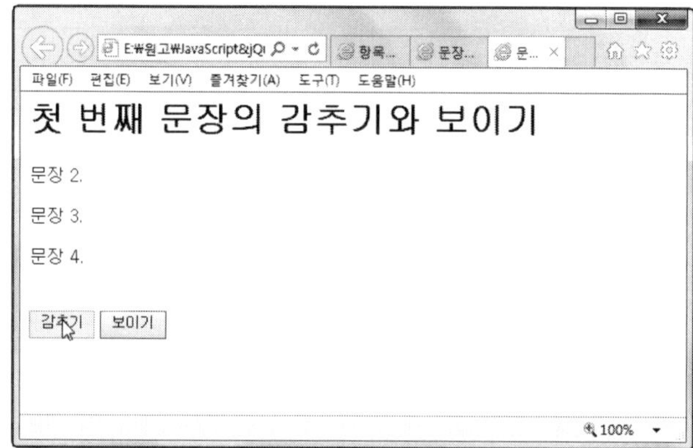

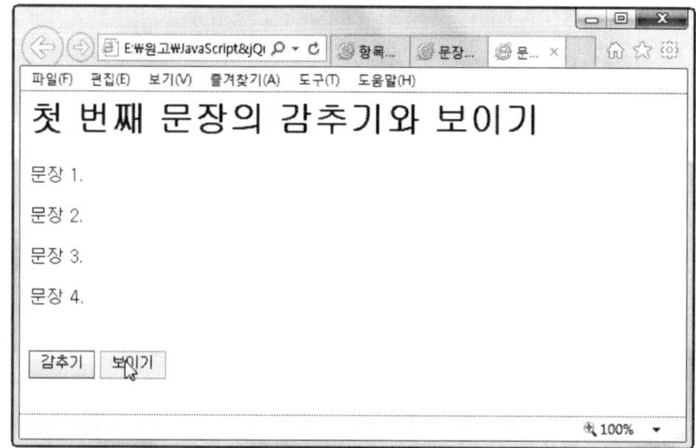

12.3.5 특정 항목에 내용 바꾸기

jQuery 수식에서 $('p')는 페이지의 모든 <p> 태그를 정한다. 그러나 다음과 같이 특정 항목의 인수를 지정하면 해당 항목만 연결된다. 다음으로 innerHTML 속성을 내용과 함께 사용하면 현재 항목의 내용을 바꿀 수 있다.

```
$('p') [0] // p 태그들의 첫 번째 항목
$('p') [0].innerHTML = "<B>안녕하세요 !!</B>";
```

예제 12-5 문장의 내용 바꾸기

```
<html>
    <head>
        <title>문장의 내용 바꾸기</title>
            <script type="text/javascript"
              src="http://code.jquery.com/jquery-latest.js">
            </script>
            <script type="text/javascript">
                function selectElement() {
                    $('p') [0].innerHTML = "<B>안녕하세요 !!</B>";
                }
            </script>
    </head>

    <body>
        <h1>첫 번째 문장의 내용 바꾸기</h1>
        <div>
            <p>문장 1.</p>
            <p>문장 2.</p>
            <p>문장 3.</p>
            <p>문장 4.</p><br>
        </div>
        <form>
            <input type = "button" value="바꾸기" onclick="selectElement()">
            </input>
        </form>
    </body>
</html>
```

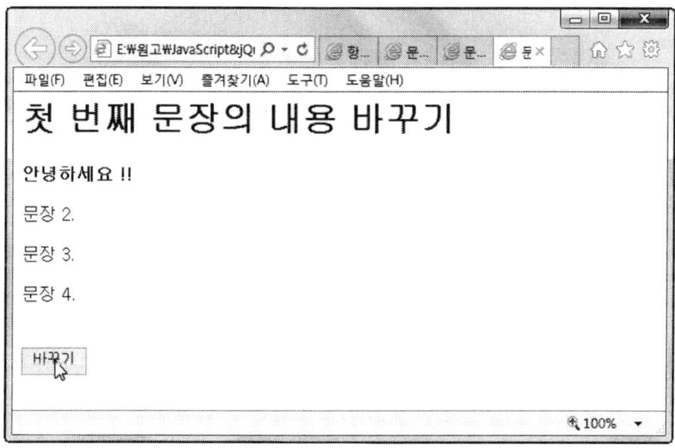

12.3.6 그룹 요소의 일괄 지정/해제

jQuery에서 여러 요소를 일괄 지정 및 해제를 토글 단추를 눌러서 나타낼 수 있다. 그 범위는 <div> 요소 범위 안에서 <p> 요소를 한 번에 적용할 수 있으며, 또한 한 번에 해제할 수 있다. 토글의 속성을 지정하는 문장은 다음과 같다.

```
$('body div p').toggleClass('striped');
```

예제 12-6 토글을 이용한 범위의 일괄 속성 지정

```
<html>
   <head>
      <title>
         여러 요소의 토글 지정 및 해제
      </title>
      <script type="text/javascript" src="http://code.jquery.com/jquery-latest.js">
      </script>
      <script type="text/javascript">
         function toggle() {
            $('body div p').toggleClass('striped');
         }
      </script>
      <style>
         p.striped {
            background-color: cyan;
         }
      </style>
   </head>
   <body>
      <h1>여러 요소의 토글 지정 및 해제</h1>
      <div>
         <p>문장 1.</p>
         <p>문장 2.</p>
         <p>문장 3.</p>
         <p>문장 4.</p>
      </div>
        <p>문장 5.</p><br>
      <form>
         <input type = "button" value="토글" onclick="toggle()">
```

```
                </input>
            </form>
        </body>
</html>
```

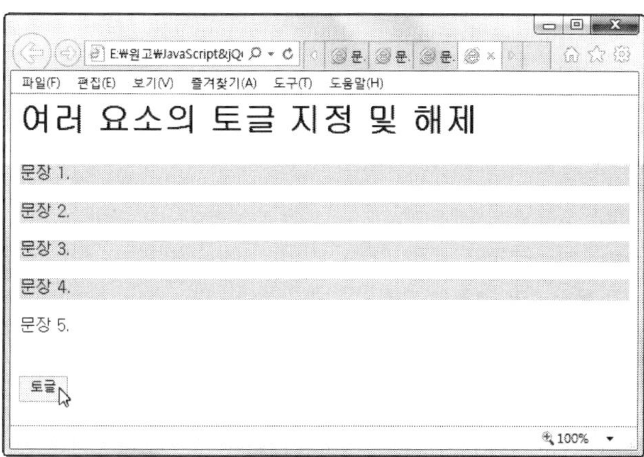

12.3.7 요소의 역동적 표현

jQuery에서 특정 요소를 표현할 때 슬라이드 상태의 감춤과 나타냄으로 역동적인 표현을 할 수 있다. 다음 문장들은 ID가 first로 지정된 요소를 천천히 슬라이드 상태로 감추거나 나타낼 경우 선언하는 메소드이다.

```
$('#first').slideUp("slow");
$('#first').slideDown("slow");
```

예제 12-7 슬라이드 상태로 천천히 요소를 감추거나 나타냄

```
<html>
    <head>
        <title>
            역동적 요소의 감추기/나타내기
        </title>
        <script type="text/javascript" src="http://code.jquery.com/jquery-latest.js">
        </script>
        <script type="text/javascript">
            function slideup() {
                $('#first').slideUp('slow');
```

```
            }
            function slidedown()  {
                $('#first').slideDown('slow');
            }
        </script>
        <style>
            p.striped {
                background-color: cyan;
            }
        </style>
    </head>
    <body>
        <h1>문장 1의 역동적 요소의 감추기/나타내기</h1>
        <div>
            <p id="first">문장 1.</p>
            <p>문장 2.</p>
            <p>문장 3.</p>
            <p>문장 4.</p><br>
        </div>
        <form>
            <input type = "button" value="슬라이드 감추기" onclick="slideup()">
            </input>
            <input type = "button" value="슬라이드 나타내기" onclick="slidedown()">
            </input>
        </form>
    </body>
</html>
```

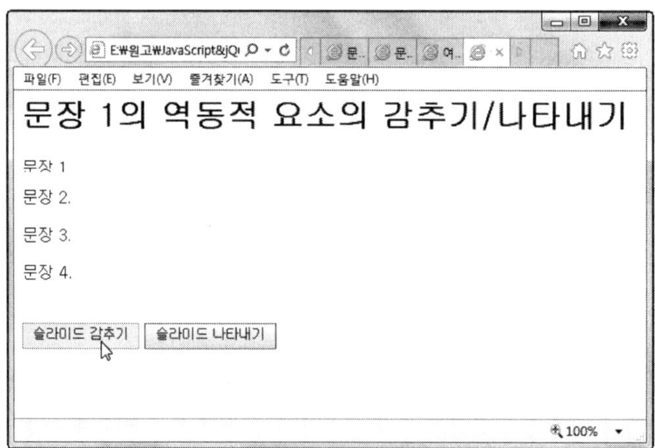

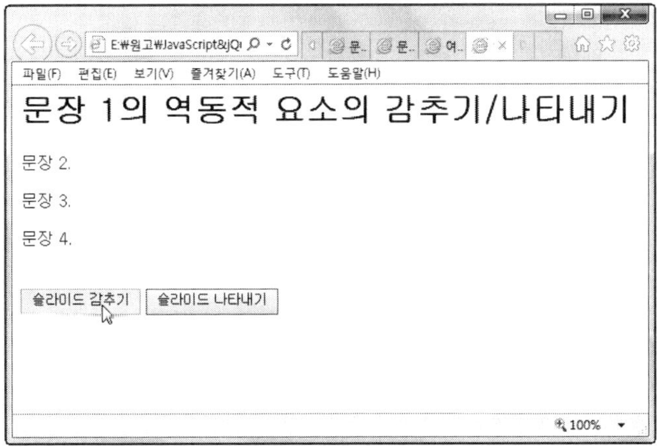

12.3.8 요소의 추가

jQuery에서 HTML 문장을 웹페이지에 추가해서 나타낼 수 있다. jQuery( ) 또는 $( ) function 안에 HTML 문장을 문자열로 선언하고, .insertAfter 메소드를 이용하여 태그 명령을 지정할 수 있다.

.insertBefore 메소드는 이미 나타나 있는 문장의 위에 표현된다.

```
$("<p>하나 더 추가!</p>").insertAfter("#first");
$("<p>새로운 &lt;p&gt; 요소!</p>").insertBefore("#first");
```

#first는 삽입의 기준이 되는 문장에 ID로 선언된 속성을 의미한다.

```
<p id="first">새로운 문장이 추가될 예정</p>
```

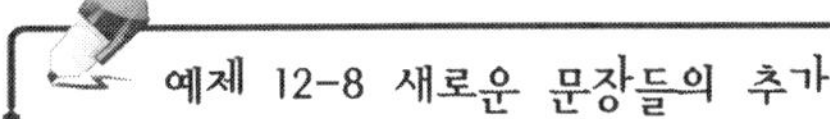


```
<html>
    <head>
        <title>
            새로운 문장의 추가
        </title>
        <script type="text/javascript" src="http://code.jquery.com/jquery-latest.js">
        </script>
```

```
        <script type="text/javascript">
            $(function() {
                $("<p>여기서 새로운 문장의 추가!</p>").insertAfter("#first");
                $("<p>또 하나 추가!</p>").insertAfter("#first");
                $("<p>하나 더 추가!</p>").insertAfter("#first");
                $("<p>새로운 &lt;p&gt; 요소!</p>").insertBefore("#first");
            });
        </script>
    </head>
    <body>
        <h1>새로운 문장들의 추가 표현</h1>
        <div>
            <p id="first">새로운 문장이 추가될 예정</p>
    </body>
</html>
```

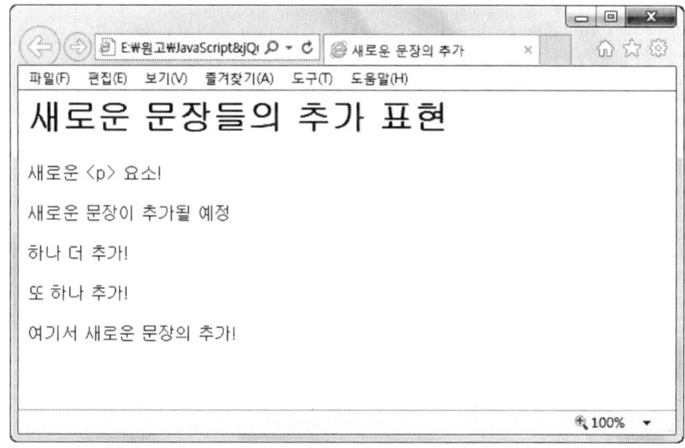

12.4 jQuery 요소의 연결

jQuery의 특징 중 하나는 페이지의 요소를 연결하는 작업을 할 수 있으며, 자바스크립트에서 getElementByID 기능을 대신할 수 있다. 또한 연결자(selector)를 이용해서 어려운 작업을 일괄 처리할 수 있는 기능을 구현한다.

CSS 속성은 페이지의 요소에 스타일을 지정하기 위한 강력한 도구를 제공한다.

연결자의 종류와 그 기능은 다음과 같다.

연결자	기 능
#id	ID로 나타내는 한 개의 요소
element	모든 요소의 이름
.class	class로 선언된 모든 요소
*	모든 요소의 연결
selector1, selector2, selectorN	모든 연결자의 결합
ancestor descendant	조상 요소의 자손에 의해 나타난 모든 자손 요소의 연결
parent > child	부모 요소에 나타난 모든 자손 요소의 연결
previous + next	이전 요소의 다음에 나타난 모든 요소의 연결
previous~siblings	동격 연결자에 지정된 이전 요소의 모든 동적 요소의 연결
:first	페이지의 처음 연결된 요소
:last	페이지의 마지막 연결된 요소
:not(selector)	연결자에 나타난 모든 요소의 제거
:even	짝수 요소의 연결
:odd	홀수 요소의 연결
:eq(index)	색인 번호에 지정된 요소의 연결
:gt(index)	색인번호보다 큰 모든 색인 번호의 연결
:lt(index)	색인번호보다 작은 모든 색인 번호의 연결
:header	h1, h2, h3처럼 헤더의 모든 요소의 연결
:animated	움직이는 모든 요소의 연결
:contains(text)	선언된 문자열이 포함된 요소의 연결
:empty	자식이 없는 모든 요소의 연결
:has(selector)	선언된 연결자와 매치된 적어도 하나의 요소가 포함된 요소의 연결
:parent	모든 부모 요소의 연결
:hidden	감쳐진 모든 요소의 연결
:visible	나타난 모든 요소의 연결
[attribute]	선언된 속성에 대한 요소의 연결
[attribute=value]	속성값에 의해 선언된 속성에 대한 요소의 연결
[attribute!=value]	선언되지 않은 속성값에 의한 속성에 대한 요소의 연결

12.4.1 부모 요소의 하위 요소 연결

<div> 부모 요소에서 모든 <p> 요소를 연결과 <div> 요소에 나타난 모든 <p> 요소의 연결은 다음과 같이 나타낸다.

```
$('div p')
$('div > p')
```

<span> 요소는 문장 단위로 지정되므로 <div> 요소 안에 포함된 경우 <div> 요소에 지정된 속성이 적용되지 않는다.

```
<div>
  <span>
     <p>문장 1.</p>
  </span>
     <p>문장 2.</p>
```

예제 12-9 div 요소의 하위 요소에 대한 속성 지정

```
<html>
    <head>
        <title>
            자손의 직접 연결
        </title>
        <script type="text/javascript" src="http://code.jquery.com/jquery-latest.js">
        </script>
        <script type="text/javascript">
            function setStyle() {
                $('div > p').css("font-style", "italic");
            }
        </script>
    </head>
    <body>
        <h1>div 하위 자손 요소의 이탤릭체 지정</h1>
        <div>
            <span>
                <p>문장 1.</p>
            </span>
            <p>문장 2.</p>
            <p>문장 3.</p>
            <p>문장 4.</p><br>
        </div>
        <form>
            <input type = "button" value="연결" onclick="setStyle()">
            </input>
        </form>
    </body>
</html>
```

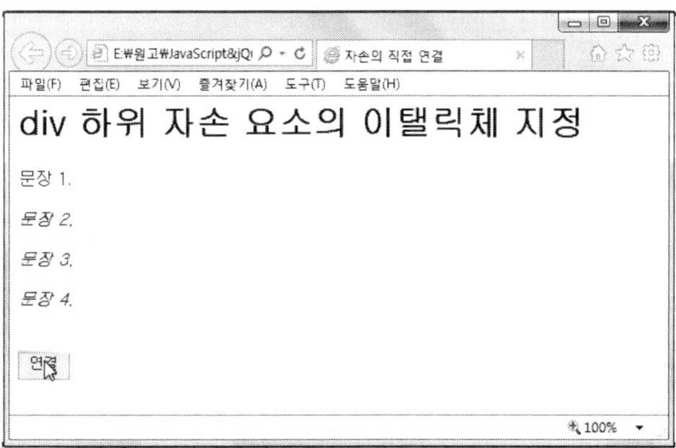

12.4.2 부모 요소의 자손에서 처음과 마지막 요소 연결

<div> 부모 요소의 모든 <p> 요소 중에서 처음과 마지막 요소의 css 연결은 다음과 같이 나타낸다.

```
$('p:first-child').css("font-style", "italic");
$('p:last-child').css("font-style", "italic");
```

예제 12-10 div 요소의 처음과 마지막 요소에 대한 css 속성 지정

```
<html>
    <head>
        <title>
            자손의 처음과 마지막 요소 연결
        </title>
        <script type="text/javascript" src="http://code.jquery.com/jquery-latest.js">
        </script>
        <script type="text/javascript">
            function setStyle() {
                $('p:first-child').css("font-style", "italic");
                $('p:last-child').css("font-style", "italic");
            }
        </script>
    </head>
    <body>
        <h1>div 하위 자손 요소의 이탤릭체 지정</h1>
        <div>
            <p>문장 1.</p>
```

```
            <p>문장 2.</p>
            <p>문장 3.</p>
            <p>문장 4.</p><br>
        </div>
        <form>
            <input type = "button" value="연결" onclick="setStyle()">
            </input>
        </form>
    </body>
</html>
```

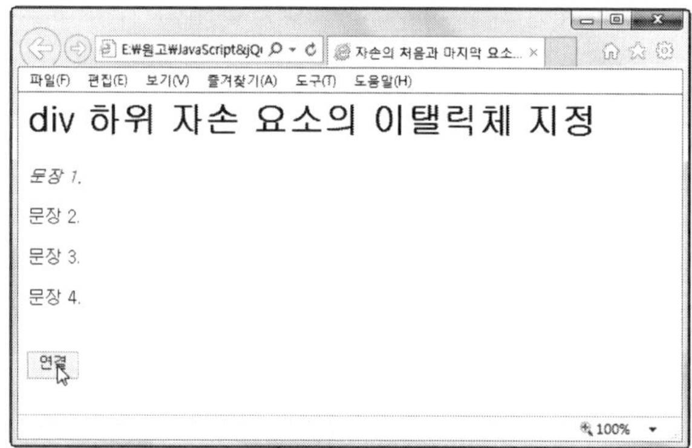

12.4.3 부모 요소의 자손 요소에서 특정 요소의 연결

<div> 부모 요소의 모든 <p> 요소 중에서 특정 요소의 css 연결은 다음과 같이 나타낸다.

```
$('p:nth-child(1)').css("font-style", "italic");
```

예제 12-11 div 요소의 1, 3번 요소에 대한 css 속성 지정

```
<html>
    <head>
        <title>
            자손의 특정 요소 연결
        </title>
        <script type="text/javascript" src="http://code.jquery.com/jquery-latest.js">
        </script>
        <script type="text/javascript">
            function setStyle() {
```

```
                $('p:nth-child(1)').css("font-style", "italic");
                $('p:nth-child(3)').css("font-style", "italic");
            }
        </script>
    </head>
    <body>
        <h1>div 하위 특정 자손 요소의 이탤릭체 지정</h1>
        <div>
            <p>문장 1.</p>
            <p>문장 2.</p>
            <p>문장 3.</p>
            <p>문장 4.</p><br>
        </div>
        <form>
            <input type = "button" value="연결" onclick="setStyle()">
            </input>
        </form>
    </body>
</html>
```

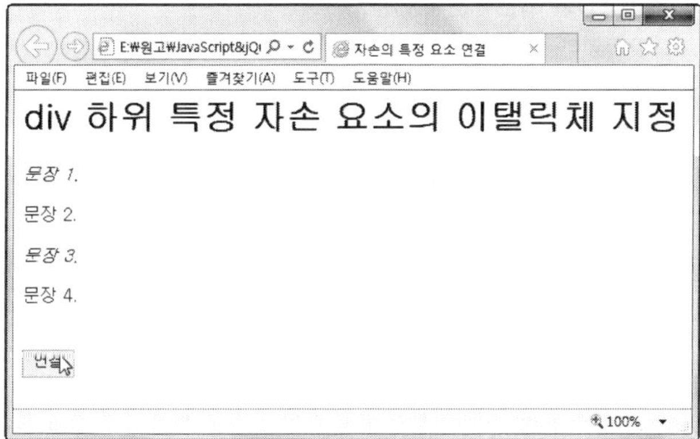

12.4.4 특정한 속성값이 포함된 요소의 지정

찾고자 하는 속성 값을 포함하여 나타내며 p 명령 안에는 =를 포함한 수식으로 비교하여 지정한다.

```
$('p[state="한국"]').css("font-style", "italic");
   <p state="한국">독도는 우리땅.</p>
```

예제 12-12 특정한 속성 값을 연결

```
<html>
    <head>
        <title>
            속성 값의 요소 연결
        </title>
        <script type="text/javascript" src="http://code.jquery.com/jquery-latest.js">
        </script>
        <script type="text/javascript">
            function setStyle() {
                $('p[state="한국"]').css("font-style",   "italic");
            }
        </script>
    </head>
    <body>
        <h1>속성 값의 요소 연결</h1>
        <div>
            <p>문장 1.</p>
            <p state="일본">문장 2.</p>
            <p state="한국">독도는 우리땅.</p>
            <p>문장 4.</p>
        </div>
        <form>
            <input type = "button" value="속성값" onclick="setStyle()">
            </input>
        </form>
    </body>
</html>
```

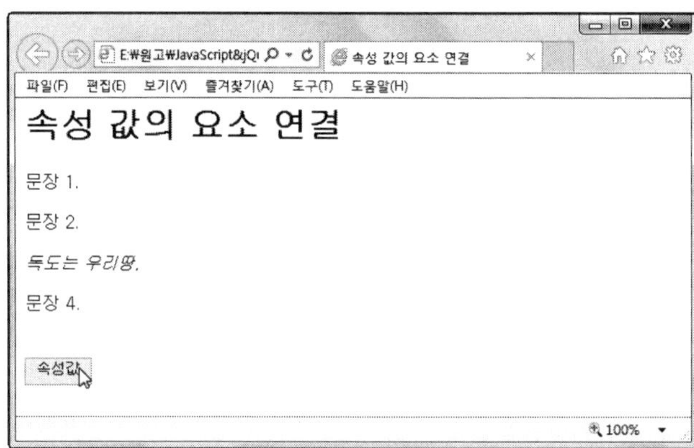

12.4.5 특정한 내용이 포함된 요소의 지정

찾고자 하는 요소에 특정한 내용을 포함하여 나타내며 contains("내용")을 선언하고 속성으로 다음 명령을 지정한다.

```
$('p:contains("3")').css("font-style","italic");
```

예제 12-13 특정 내용을 포함한 요소의 지정

```
<html>
    <head>
        <title>특정 내용을 포함한 요소의 연결</title>
        <script type="text/javascript" src="http://code.jquery.com/jquery-latest.js">
        </script>
        <script type="text/javascript">
            function setStyle() {
                $('p:contains("3")').css("font-style", "italic");
            }
        </script>
    </head>

    <body>
        <h1>특정 내용을 포함한 요소의 연결</h1>
        <div>
            <p>문장 1.</p>
            <p>문장 2.</p>
            <p>분상 3.</p>
            <p>문장 4.</p><br>
        </div>
        <form>
            <input type = "button" value="특정 요소" onclick="setStyle()">
            </input>
        </form>
    </body>
</html>
```

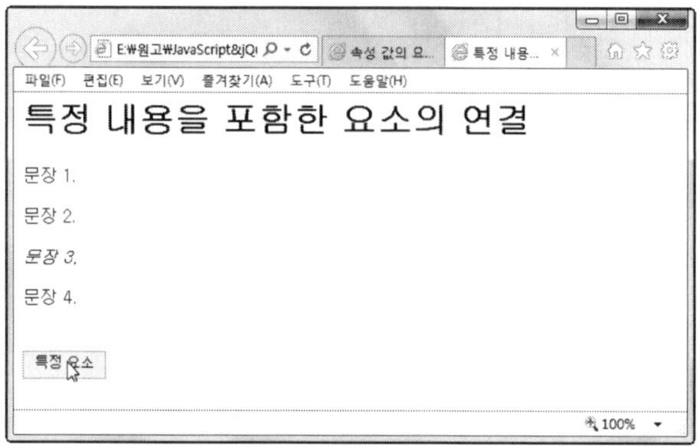

12.4.6 선택된 항목의 개수 지정

select 문에서 지정된 항목의 개수를 length 메소드를 이용하여 산출하며, :selected 옵션을 지정한다.

```
$("select option:selected").length
```

예제 12-14 선택된 항목의 개수 지정

```
<html>
    <head>
        <title>선택된 항목의 개수 </title>
        <script type="text/javascript" src="http://code.jquery.com/jquery-latest.js">
        </script>
        <script type="text/javascript">
            function count() {
                alert("선택된 항목은 " + $("select option:selected").length
                    + " 개 입니다.");
            }
        </script>
    </head>

    <body>
        <h1>선택된 항목의 개수 </h1>
        <form>
            <select size="4" multiple="true">
                <option>홍길동</option>
```

```
                    <option>이순신</option>
                    <option>강감찬</option>
                    <option>임꺽정</option>
                </select>
                <br><br>
                <input type = "button" value="연결 개수" onclick="count()">
                </input>
            </form>
        </body>
</html>
```

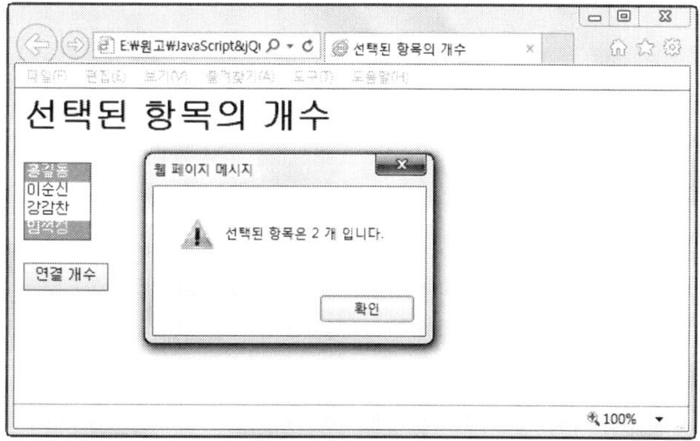

제13장 jQuery의 응용

13.1 jQuery의 특징

jQuery의 특징은 쉽게 페이지 요소를 구현하기 위해 설계된 요소와 속성을 처리한다. 예를 들어, HTML과 내용을 변환하기 위한 요소, 요소의 속성을 지정하고, 페이지에 새로운 요소를 추가하거나 제거한다. 이러한 것을 다루기 위해 jQuery의 function을 사용한다.

13.2 jQuery function의 종류

jQuery function의 종류와 그 기능은 다음과 같다.

function	기능 설명
each()	요소의 각각 목록을 적용
css()	요소의 전체 목록을 적용
html()과 text()	HTML과 페이지의 내용을 직접 적용
append()와 insertAfter()	function에서 페이지의 구조를 바꿀 수 있음
wrap()	다른 위치에서 요소를 감싼다
clone()	요소를 복사
width()와 height()	페이지 요소의 높이와 넓이를 반환(CSS의 높이와 넓이는 적용 안됨)
val()	form 요소의 값을 반환하거나 지정

13.3 jQuery function 기능 소개

jQuery $( ) function의 요소가 생성되었을 경우 css( ) function처럼 자동으로 모든 멤버가 적용된다. 그러나 일반적인 function 같이 자신의 한 멤버가 적용될 수도 있다.

예를 들어 모든 <img> 요소는 다음과 같이 반복해서 적용된다.

```
$("img").each(function(m) {
    ...
});
```

13.3.1 HTML 요소의 재작성

jQuery에서 html( ) function을 이용해서 HTML 요소를 재작성할 수 있다. 현재 지정된 HTML 요소에 html( ) function에 선언된 새로운 내용을 대치한다.

```
$("div").html("<span class='blue'>" +
"여기에 새로운 요소를 &lt;span&gt; " + "대치합니다.</span>");
```

만약 페이지에서 대치할 내용을 보고자 할 때는 html 대신 text 명령으로 지정할 수 있다.

```
$("div").text("<span class='blue'>" +
"여기에 새로운 요소를 &lt;span&gt; " + "대치합니다.</span>");
```

예제 13-1 지정된 태그에 새로운 내용으로 대치

```
<html>
    <head>
        <title>div 요소에 내용 수정 </title>
        <script type="text/javascript" src="http://code.jquery.com/jquery-latest.js">
        </script>
        <script>
            $(document).ready(function() {
                $("div").html("<span class='blue'>" +
```

```
                        "여기에 새로운 &lt;span&gt; "
                      + "요소를 추가합니다!!</span>");
            });
        </script>
        <style>
            .blue { color:blue; }
        </style>
    </head>
    <body>
        <h1> 3개의 &lt;div&gt; 요소에 내용 추가</h1>
        <div></div>
        <div></div>
        <div></div>
    </body>
</html>
```

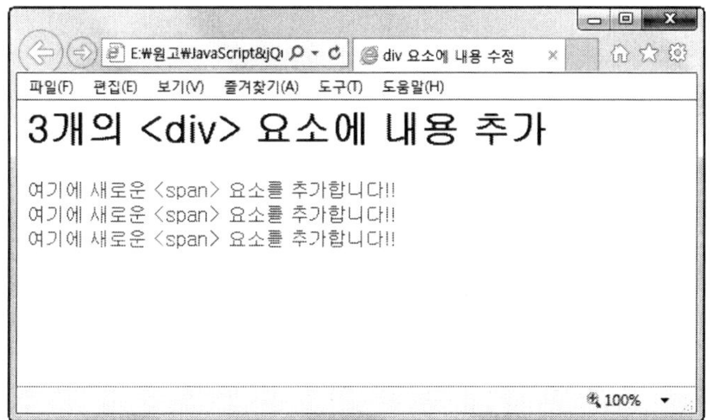

13.3.2 HTML 요소의 내용 추가

jQuery에서 append( ) function을 이용해서 HTML 요소의 내용을 추가할 수 있다. 현재 지정된 <p> 태그의 다음에 append( )에 추가된 내용이 페이지에 나타난다.

```
$("p").append("<b>1,000,000원 입니다.</b>");
```

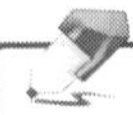

예제 13-2 지정된 태그에 새로운 내용의 추가

```
<html>
    <head>
        <title>페이지에 내용 추가 </title>
        <script type="text/javascript" src="http://code.jquery.com/jquery-latest.js">
        </script>
        <script>
            function addContent()  {
                $("p").append("<b>1,000,000원 입니다.</b>");
            }
        </script>
    </head>
    <body>
        <h1>페이지의 내용 추가</h1>
        <p>현재  </p>
        <form>
            <input type = "button" value="얼마 예요?  " onclick="addContent()">
            </input>
        </form>
    </body>
</html>
```

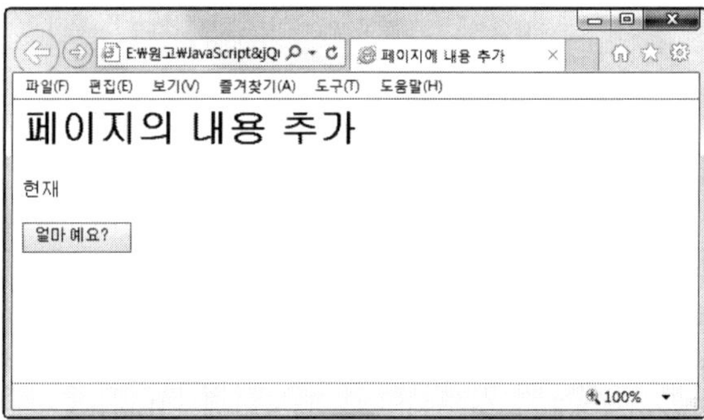

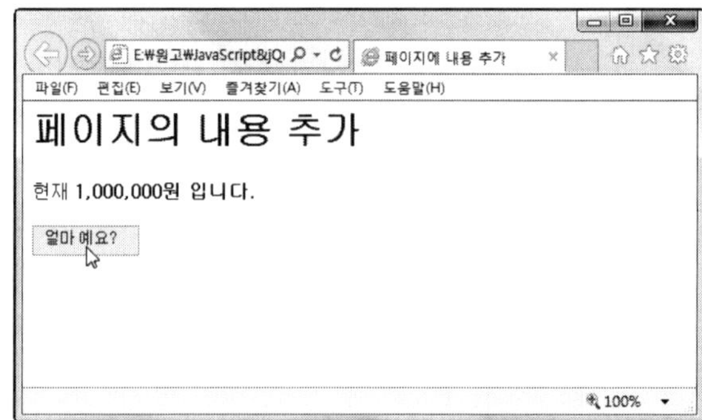

13.3.3 페이지 요소의 이동

jQuery에서 append( ) function을 이용해서 HTML 요소의 내용을 추가할 수 있을 뿐 아니라 페이지내에서 요소의 내용을 줄 단위로 바꿀 수 있다.

```
<p>첫번 째 줄은 마지막 줄로 이동합니다!!.</p>
<p>마지막 줄은 첫 번째 줄로 이동합니다!!.</p>

$("p:last").append($("p:first"));
```

마지막 줄에 첫 번째 줄의 내용을 추가하기 때문에 문장의 바뀜 현상이 나타난다.

```
<html>
    <head>
        <title>항목의 처음 위치 지정</title>
            <script type="text/javascript"
              src="http://code.jquery.com/jquery-latest.js">
            </script>
            <script type="text/javascript">
                function setStyle() {
                    $('p:first').css("font-style", "italic");
                }
            </script>
    </head>

    <body>
        <h1>항목의 처음 위치 지정</h1>
        <div>
            <p>문장 1.</p>
            <p>문장 2.</p>
            <p>문장 3.</p>
            <p>문장 4.</p><br>
        </div>
        <form>
            <input type = "button" value="첫 문장의 스타일 지정"
                  onclick="setStyle()">
            </input>
        </form>
    </body>
</html>
```

예제 13-3 페이지 내용의 이동

```
<html>
    <head>
        <title>페이지에 내용 위치 이동 </title>
        <script type="text/javascript" src="http://code.jquery.com/jquery-latest.js">
        </script>
        <script>
            function addContent()  {
                $("p:last").append($("p:first"));
            }
        </script>
    </head>
    <body>
        <h1>요소의 이동</h1>
        <p>첫 번째 줄은 마지막 줄로 이동합니다!!.</p>
        <p>마지막 줄은 첫 번째 줄로 이동합니다!!.</p>
        <form>
            <input type = "button" value="첫째 줄과 마지막 줄의 이동"
             onclick="addContent()">
            </input>
        </form>
    </body>
</html>
```

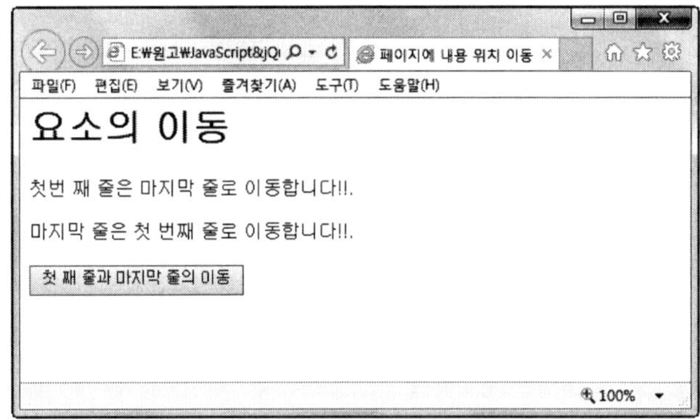

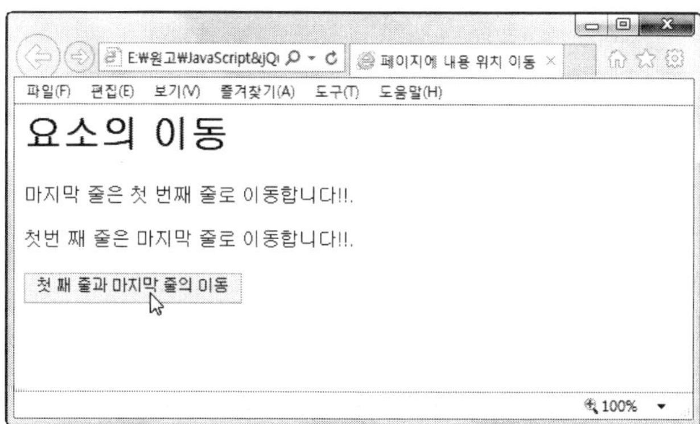

13.3.4 높이와 넓이 요소의 수정

페이지에서 높이와 넓이의 요소를 지정하기 위해 width( )와 height( ) function을 사용한다.

괄호 안에 새로운 높이와 넓이의 픽셀 값을 지정하여 나타내면 해당 이미지의 크기가 바뀌어 나타난다.

width(새로운 값)
height(새로운 값)

예제 13-4 이미지 크기의 확대

```
<html>
    <head>
        <title>요소의 높이와 넓이 수정 </title>
        <script type="text/javascript" src="http://code.jquery.com/jquery-latest.js">
        </script>
        <script type="text/javascript">
            function resize()   {
                $("img").width(486);
                $("img").height(365);
            }
        </script>
    </head>
    <body>
        <h1>요소의 높이와 넓이 수정</h1>
        <img src="Image1.jpg" alt="이것은 첫 번째 꽃입니다.">
        </img>
```

```
        <img src="image2.jpg" alt="이것은 또 다른 꽃입니다.">
        </img> <br>
        <form>
            <input type = "button" value="크기 수정" onclick="resize()">
            </input>
        </form>
    </body>
</html>
```

13.3.5 요소의 삽입

before( )와 after( ) function은 제어의 마지막에 요소를 삽입하는 기능으로 <p> 요소에서 ID 속성이 "target"으로 선언된 요소의 위, 아래에 새로운 내용을 삽입할 수 있다.

```
$("#target").before("<p>새로운 요소</p>");
$("#target").after("<p>새로운 요소</p>");
```

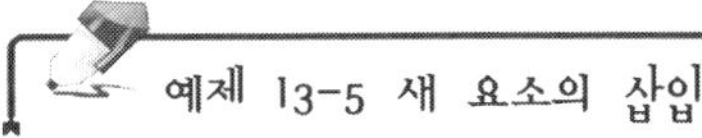

예제 13-5 새 요소의 삽입

```
<html>
    <head>
        <title>요소의 삽입 </title>
        <script type="text/javascript" src="http://code.jquery.com/jquery-latest.js">
        </script>
        <script type="text/javascript">
            function inserter() {
                $("#target").before("<p>문장 1.5</p>");
                $("#target").after("<p>문장 2.5</p>");
            }
        </script>
    </head>
    <body>
        <h1>요소의 삽입</h1>
        <p>문장 1.</p>
        <p id="target">문장    2.</p>
        <p id="source">문장 3.</p>
        <p>문장 4.</p>
        <br>
        <form>
            <input type = "button" value="새 문장 삽입" onclick="inserter()">
            </input>
        </form>
    </body>
</html>
```

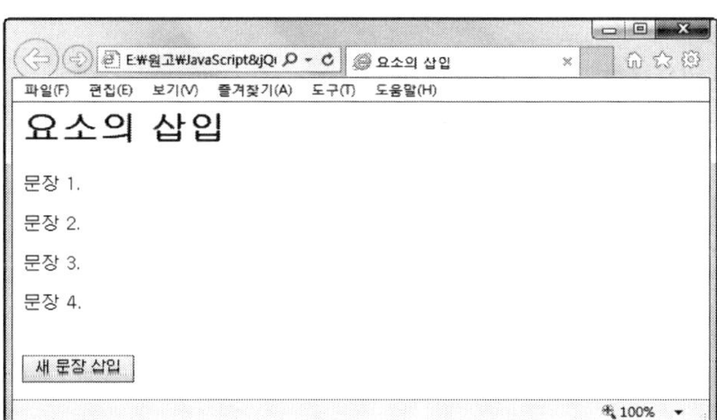

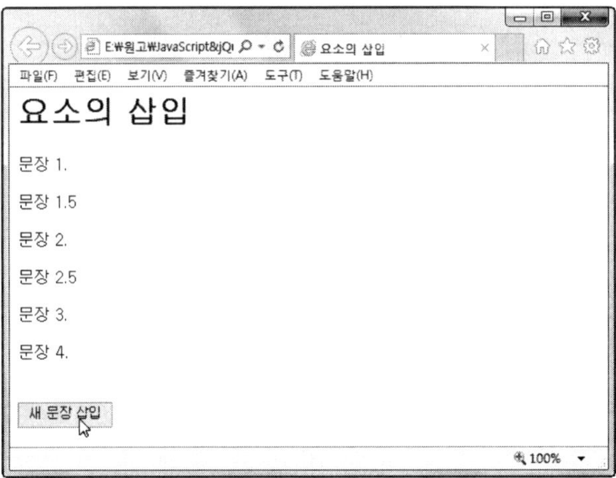

13.3.6 속성 값의 수정

val( ) function은 버튼 또는 텍스트 필드와 같은 폼 요소의 속성 값에 대한 처리를 한다. 속성 값은 자료의 제한을 받는다. 예를 들어 텍스트 필드의 텍스트 또는 버튼의 캡션 등이 이에 해당된다.

인수가 없이 val( )이 호출되었을 때 현재 요소의 속성 값이 반환된다.

val( ) function에 의한 데이터가 전달되면 그 데이터는 요소의 속성 값으로 지정된다. 예를 들어 ID가 "target"이 "Hello here"로 지정된 요소의 속성 값이 지정되면 다음과 같이 나타낸다.

```
$("#target").val("Hello there.");
```

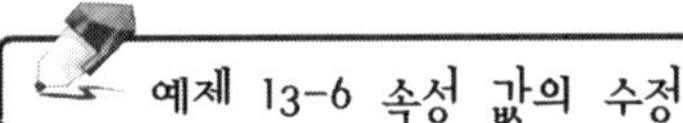
예제 13-6 속성 값의 수정

```
<html>
    <head>
        <title>속성값의 수정 </title>
        <script type="text/javascript" src="http://code.jquery.com/jquery-latest.js">
        </script>
        <script type="text/javascript">
            function inserter()  {
                $("#target").val("속성값이 수정되었습니다");
            }
        </script>
    </head>
```

```
        <body>
            <h1>속성 값의 수정</h1>
            <br>
            <form>
                <input type = "text" id="target"> </input>
                <input type = "button" value="버튼을 누르세요!" onclick="inserter()">
                </input>
            </form>
        </body>
    </html>
```

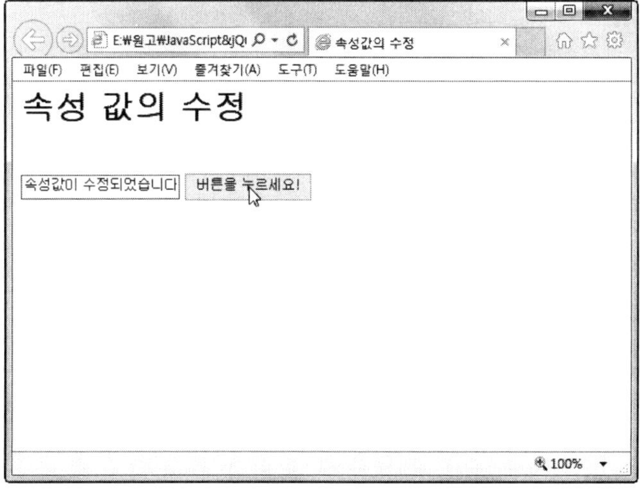

제14장 jQuery의 이벤트

14.1 jQuery의 이벤트 핸들러

브라우저간의 드래그앤 드롭 등을 구현하기 위해 자바스크립트로는 어려운 점이 있다. 익스플로러에서 이벤트 핸들러를 이용해서 부드럽게 많은 코드의 구현은 쉽지 않다. 예를 들어 마우스를 움직였을 때 마우스의 X,Y 좌표의 위치 정보를 포함하는 이벤트를 작성할 수 있다.

이벤트가 발생했을 때 2개의 브라우저에서 이벤트 핸들러의 자바스크립트 function을 지정할 수 있으나, 2개의 브라우저에서는 이벤트 핸들러를 연결하는 것이 어렵다. 그러나 jQuery에서는 다중의 이벤트 핸들러를 구현하는 것이 쉽기 때문에 jQuery를 이용하는 것에 대하여 연구하여 보기로 한다.

14.2 jQuery 이벤트 핸들러 기능 소개

14.2.1 이벤트 발생시 이벤트 핸들러의 연결

jQuery에서 마우스를 클릭하면 이벤트가 발생되어 이벤트 핸들러가 시작된다. 페이지 이벤트에서는 bind( ) function이 사용되는 이벤트 핸들러가 연결된다. 페이지에서 이미지가 포함되어 있어서 이미지를 클릭한 경우 이벤트 핸들러의 코드가 다음과 같이 실행된다.

```
$("img").bind(event, data, handler)

event : 이벤트 형의 문자
data : 이벤트 객체의 속성에 대한 이벤트 핸들러의 데이터
handler : 이벤트 핸들러 function
```

예제 14-1 이미지 클릭에 의한 이벤트 핸들러 연결

```
<html>
    <head>
        <title>이벤트 핸들러의 연결 </title>
        <script type="text/javascript" src="http://code.jquery.com/jquery-latest.js">
        </script>
        <script>
            $(function() {
                $('#target')
                .bind('click',function(event) {
                    alert('꽃 그림을 클릭하셨네요!!');
                });
            });
        </script>
    </head>
    <body>
        <h1>이벤트 핸들러의 연결</h1>
        <h2>꽃 그림을 클릭하세요!!.</h2>
            <img id="target" src="Image1.jpg"/>
    </body>
</html>
```

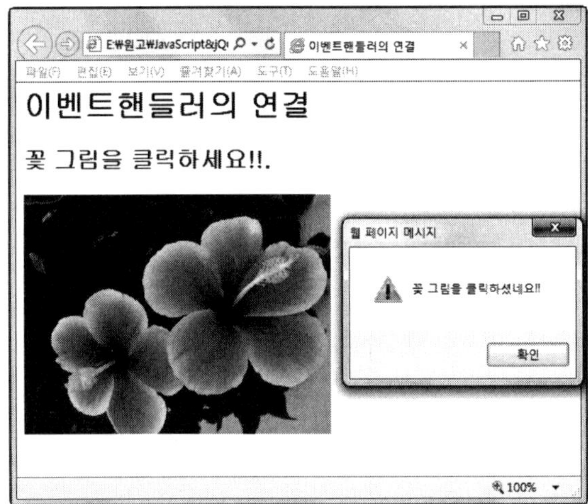

14.2.2 다양한 이벤트 핸들러 연결

1) 다중 이벤트 핸들러 연결

jQuery에는 이벤트 발생시 다중 이벤트 핸들러를 연결할 수 있다. 페이지의 요소를 클릭할 경우 bind( ) function을 이용해서 3번의 이벤트 핸들러를 연결하기 위한 코드는 다음과 같다.

```
$('#target')
  .bind('click',function(event) {
      alert('안녕!');
  })
  .bind('click',function(event) {
      alert('또 안녕!');
  })
  .bind('click',function(event) {
      alert('한번 더 안녕!');
  });
```

예제 14-2 다중 이벤트 핸들러의 실행

```
<html>
   <head>
      <title>이벤트 핸들러의 연결 </title>
      <script type="text/javascript" src="http://code.jquery.com/jquery-latest.js">
      </script>
      <script>
         $(function(){
            $('#target')
            .bind('click',function(event) {
               alert('안녕!');
            })
            .bind('click',function(event) {
               alert('또 안녕!');
            })
            .bind('click',function(event) {
               alert('한번 더 안녕!');
            });
         });
      </script>
   </head>
   <body>
```

```
        <h1>이벤트 핸들러의 연결</h1>
        <h2>꽃 그림을 클릭하세요!!.</h2>
        <img id="target" src="Image1.jpg"/>
    </body>
</html>
```

2) 간단한 이벤트 핸들러 연결

간단하게 이벤트 핸들러를 사용하기 위해 이벤트 이름을 function 자체에 지정하면 bind( ) function을 사용할 필요가 없다. 선언 방법은 다음과 같다.

```
$(function(){
    $('#target')
        .click(function(event) {
            alert('안녕!');
        });
});
```

간단한 이벤트 핸들러를 사용하기 위한 function의 종류는 다음과 같다.

```
blur(), focus(), load(), resize(), scroll(),
unload(), beforeunload(), click(),
dblclick(), mousedown(),  mouseup(),
mousemove(), mouseover(),
mouseout(), mouseenter(), mouseleave(),
change(), select(), submit(), keydown(),
keypress(), keyup(), error()
```

3) 한번만 이벤트 핸들러 연결

한번만 이벤트 핸들러를 사용하기 위해 one( ) function을 사용해야 한다. 선언 방법은 다음과 같다.

```
$(function(){
   $('#target')
        .one('one' ,function(event) {
             alert('안녕!');
        });
});
```

4) 이벤트 핸들러 해제

이미 선언된 이벤트 핸들러를 사용해제 하기 위해 unbind( ) function을 사용해야 한다. 선언 방법은 다음과 같다.

```
$(function() {
   $('#target').bind('click', clicker);
});
function clicker(event) {
   alert('Click event unbound');
   $('#target').unbind('click', ₩clicker);
}
```

14.3 이벤트 객체의 이용

jQuery의 이벤트 핸들러는 다양한 객체가 많다. 이벤트에 적용되는 이벤트 핸들러에는 속성과 메소드를 추가해서 사용할 수 있다.

예를 들어 페이지 요소를 클릭해서 위치를 알고자 할 때는 이벤트 객체의 pageX와 pageY 속성을 사용할 수 있다. 또한 이벤트에서 target 요소를 알기 위해 이벤트 객체의 target 속성을 사용할 수 있다.

14.3.1 이벤트 객체의 속성

이벤트 객체의 속성에 대한 종류는 다음과 같다.

속성	기능 설명
event.altKey	Alt 키를 눌렀을 때 발생
event.ctrlKey	Ctrl 키를 눌렀을 때 발생
event.data	jQuery bind() function을 실행할 때 발생
event.keyCode	일반키를 눌렀을 때 발생
event.pageX	윈도우에서 마우스의 X 좌표를 인식
event.pageY	윈도우에서 마우스의 Y 좌표를 인식
event.relatedTarget	이전의 마우스 요소를 인식
event.result	이벤트 핸들러에서 제공되는 최종값을 인식
event.screenX	화면에서 마우스의 X 좌표를 인식
event.screenY	화면에서 마우스의 Y 좌표를 인식
event.shiftKey	Shift 키를 눌렀을 때 발생
event.target	이벤트의 요소를 인식
event.timeStamp	이벤트가 발생한 시간정보를 인식
event.type	이벤트의 이름을 인식

14.3.2 이벤트 객체의 메소드

이벤트 객체의 메소드에 대한 종류는 다음과 같다.

메소드	기능 설명
event.isDefaultPrevented()	이벤트가 true일 경우 이벤트 객체는 preventDefault() 메소드를 호출
event.isImmediatePropagationStopped()	이벤트가 true일 경우 이벤트 객체는 stopImmediate Propagation() 메소드를 호출
event.isPropagationStopped()	이벤트가 true일 경우 이벤트 객체는 stopPropagation() 메소드를 호출
event.preventDefault()	브라우저가 멈췄을 경우 이벤트의 기본 액션이 실행
event.stopImmediatePropagation()	실행된 경우 핸들러의 남은 액션이 정지

14.3.3 다양한 이벤트 핸들러 연결

마우스 이벤트 객체는 이벤트가 발생했을 때 속성을 지원하여 정보를 알 수 있다. 페이지에서 실질적인 화면 영역을 대상으로 한다.

속성은 화면 영역의 왼쪽 상단을 (0, 0)을 기준하여 좌표의 정보를 인식한다.

마우스의 위치 정보는 좌측 상단을 기준으로 screenX와 screenY 속성을 이용하여 인식한다.

예제 14-3 마우스의 좌표 수집

```
<html>
    <head>
        <title>마우스의 좌표 수집 </title>
        <script type="text/javascript" src="http://code.jquery.com/jquery-latest.js">
        </script>
        <script>
            $(function() {
                $('#target').bind('click', clicker);
            });
            function clicker(event) {
                $('#p1').text('(screenX, screenY) = (' + event.screenX + ', '
                 + event.screenY + ')');
                $('#p2').text('(pageX, pageY) = (' + event.pageX + ', '
                   + event.pageY + ')');
            }
        </script>
    </head>
    <body>
        <h1>마우스의 좌표 수집</h1>
        <h2>꽃 그림을 클릭하세요!!</h2>
        <img id="target" src="Image1.jpg"/>
        <p id="p1"></p>
        <p id="p2"></p>
    </body>
</html>
```

14.3.4 이벤트 형의 수집

다양한 이벤트 핸들러에서 이벤트의 형을 인식할 수 있다. 마우스를 클릭 또는 더블 클릭하였을 경우 이벤트 형의 객체를 알 수 있으며, jQuery 코드에서 이벤트 속성 변수에 저장할 수 있다.

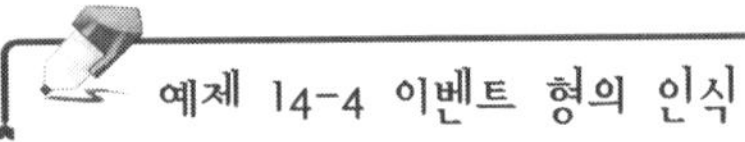

예제 14-4 이벤트 형의 인식

```
<html>
    <head>
        <title>이벤트 형 수집 </title>
        <script type="text/javascript" src="http://code.jquery.com/jquery-latest.js">
        </script>
        <script>
            $(function(){
                $('#target').bind('click', clicker);
            });
            function clicker(event) {
                $('#p1').text('Event type: ' + event.type);
            }
        </script>
    </head>
    <body>
        <h1>이벤트 형 수집</h1>
        <h2>꽃 그림을 클릭하세요!!</h2>
        <img id="target" src="Image1.jpg"/>
        <p id="p1"></p>
        <p id="p2"></p>
    </body>
</html>
```

14.3.5 키 이벤트 인식

jQuery에서 키의 문자를 알기 위해 키를 누르면 이벤트가 발생한다. 이벤트 객체의 키 값을 인식하기 위해 키를 누르면, keyDown, keyPress와 keyUp 이벤트가 발생한다. 이때 키의 코드 값을 알기 위해 String.fromCharCode( ) 메소드를 사용한다.

예제 14-5 이벤트를 이용한 키 값의 인식

```
<html>
    <head>
        <title>이벤트 형 수집 </title>
        <script type="text/javascript" src="http://code.jquery.com/jquery-latest.js">
        </script>
        <script>
            $(function() {
                $('#target').bind('keyup', typer);
            });
            function typer(event) {
                $('#p1').text('Character: ' + String.fromCharCode(event.keyCode));
            }
        </script>
    </head>
    <body id="target">
        <h1>키 이벤트 발생</h1>
        <h2>키보드의 문자를 누르세요!!</h2>
        <p id="p1"></p>
    </body>
</html>
```

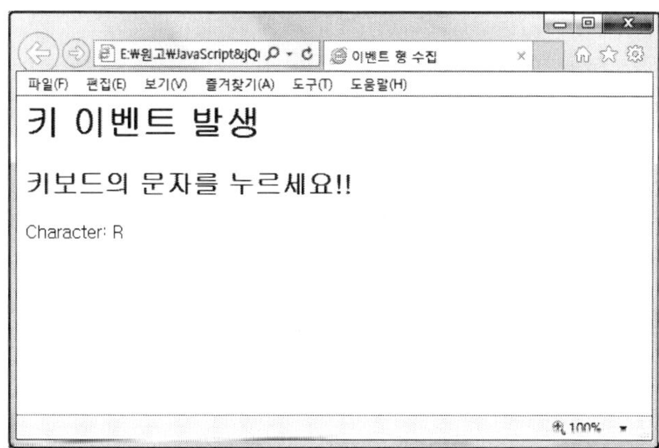

14.3.6 페이지 영역 안으로 마우스 이동

jQuery에서 마우스를 페이지 영역 안으로 이동하면 hover 이벤트가 발생하며 hover( ) function이 실행되고 그 기능은 다음과 같다.

> **hover(over, out)**
>
> **over** : 페이지 영역에 마우스가 들어 왔을 경우 발생
> **out** : 페이지 영역에 마우스가 빠져 나간 경우 발생

over는 over( ) function을 수행하고, out는 out( ) function의 문장을 수행한다.

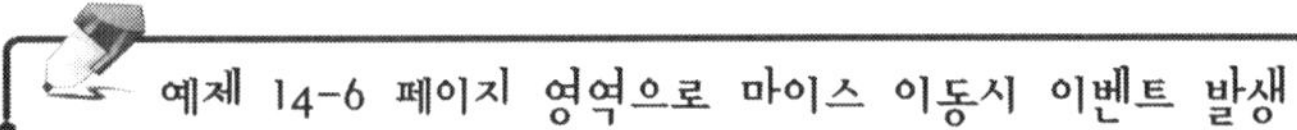


```
<html>
    <head>
        <title>hover 이벤트 발생 </title>
        <script type="text/javascript" src="http://code.jquery.com/jquery-latest.js">
        </script>
        <script>
            $(function(){
                $('#target').hover(over, out);
            });
            function over(event) {
                $('#target').css("font-style", "italic");
            }
            function out(event) {
                $('#target').css("font-style", "normal");
            }
        </script>
    </head>
    <body id="target">
        <h1>hover 이벤트 발생</h1>
        <p id="target">마우스를 화면 영역안으로 옮기면 이탤릭체로 바뀝니다!!</p>
    </body>
</html>
```

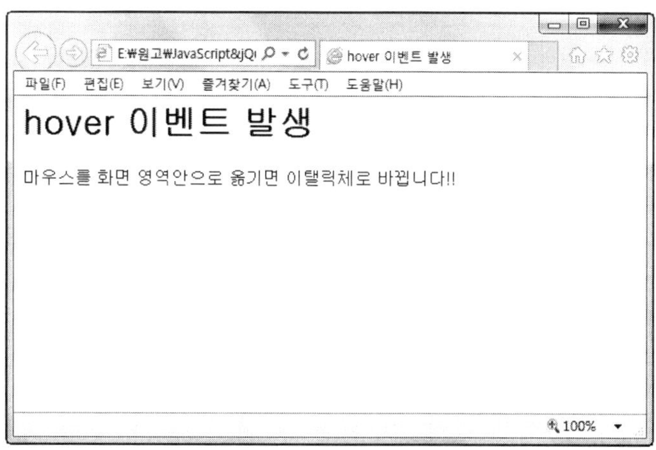

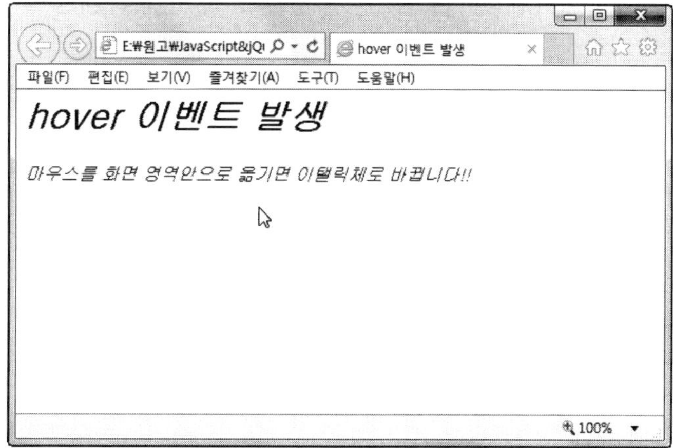

14.3.7 Target 이벤트의 인식

여러 가지 이벤트의 형이 발생한 경우 한가지의 이벤트 핸들러를 지정할 수 있다. 페이지안의 이미지를 클릭하여 이벤트 핸들러를 이용하여 문자열을 출력할 수 있다.

이벤트가 발생한 페이지 요소의 이벤트 객체를 지정할 때, 이벤트 객체의 target 속성을 나타낼 수 있다. 이벤트 target의 페이지 요소에는 target 속성이 포함되어 있다.

예를 들어 이미지를 클릭한 경우 이벤트 핸들러가 발생한 이벤트 객체는 이미지의 객체를 포함하고 있어 target 속성에서 ID에 연결된 속성값을 나타낼 수 있다.

예제 14-7 클릭한 이미지와 연결된 ID 속성 값의 출력

```
<html>
    <head>
        <title>target 이벤트 수집 </title>
        <script type="text/javascript" src="http://code.jquery.com/jquery-latest.js">
        </script>
        <script>
            $(function() {
                $('#figure1').bind('click', clicker);
            });
            function clicker(event) {
                $('#p1').text("target 요소의 ID : " + event.target.id);
            }
        </script>
    </head>
    <body>
        <h1>target 이벤트 수집</h1>
        <h2>꽃 그림을 클릭하세요!!</h2>
        <img id="figure1" src="Image1.jpg"/>
        <p id="p1"></p>
    </body>
</html>
```

제15장 jQuery의 시각적 효과와 애니메이션

15.1 jQuery의 시각적 효과 이해

jQuery에서 시각적 효과란 웹페이지에 매우 역동적인 표현을 의미하며, 기본적으로 show( )와 hide( ) function을 이용해서 요소를 보여주거나 감출 수 있다.

toggle( ) function은 페이지의 요소를 보여주거나 감추는 스위치 역할을 한다. show( )와 hide ( ) function으로 정적인 효과를 부드럽게 변화할 수 있다. 웹페이지에서 시각적인 효과를 구현하기 위해 페이지 요소를 흐리게 또는 밝게 나타낼 수 있다.

jQuery에서 slideToggle( ) function은 슬라이딩 효과를 이용하여 페이지와 다른 페이지의 요소를 부드럽게 나타내주는 함수이다. 또한 animate( ) function는 페이지를 애니메이션 효과로 실행해 준다.

15.2 jQuery의 시각적 효과와 애니메이션 실습

15.2.1 페이지 요소의 감추기와 보이기

jQuery에서 기본적인 시각적 효과로 페이지 요소를 감추거나 나타낼 수 있다. hide( ) function을 이용해서 페이지 요소를 감추고, show( ) function으로 나타낸다. show( )와 hide( ) function은 한번만 실행된다.

예제 15-1 이미지의 감추기 및 보이기

```
<html>
    <head>
        <title>이미지의 보이기 감추기</title>
        <script type="text/javascript" src="http://code.jquery.com/jquery-latest.js">
        </script>
        <script>
            function showImage() {
                $('#target1').show();
                $('#target2').show();
            }
            function hideImage() {
                $('#target1').hide();
                $('#target2').hide();
            }
        </script>
    </head>
    <body>
        <h1>이미지의 보이기 감추기</h1>
        <img id="target1" src="Image1.jpg"/>
        <img id="target2" src="Image2.jpg"/>
        <br>
        <form>
            <input type="button" value="보이기" onclick="showImage()"> </input>
            <input type="button" value="감추기" onclick="hideImage()"> </input>
        </form>
    </body>
</html>
```

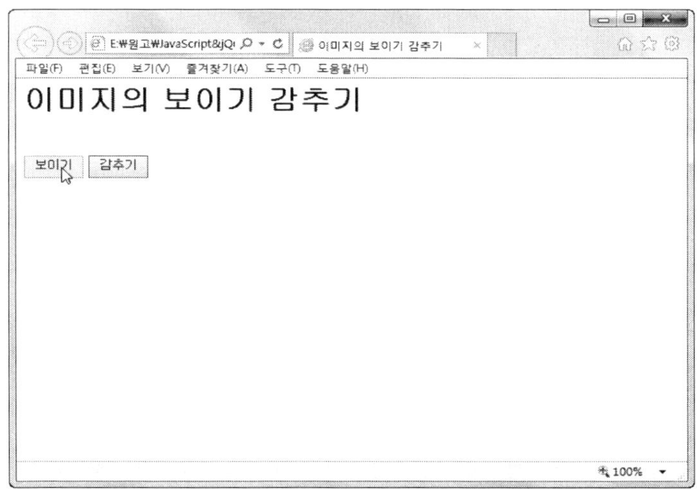

15.2.2 시각적으로 이미지의 감추기 및 보이기

jQuery에서 페이지의 요소를 감추거나 나타낼 경우 시간 값을 부여해서 나타낼 수 있다. 일반적으로 show( )와 hide( ) function은 이벤트 발생 즉시 바로 처리되기 때문에 시각적 효과가 발생하지 않는다. 그러나 다음과 같이 지연시간과 연결 메시지를 문자열로 나타내면 시각적 효과가 설정된 애니메이션이 발생한다.

> **show(지연시간, 메시지)**
> **hide(지연시간, 메시지)**
>
> 지연시간 : 시각적 효과가 나타나기 위한 시간
> 메시지 : 메소드 수행 후 나타나는 문장

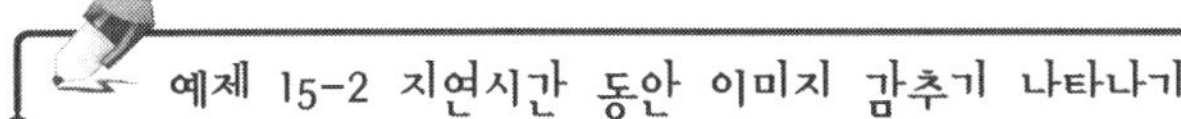

예제 15-2 지연시간 동안 이미지 감추기 나타나기

```
<html>
   <head>
      <title>시각적으로 이미지의 보이기 감추기</title>
      <script type="text/javascript" src="http://code.jquery.com/jquery-latest.js">
      </script>
      <script>
         function showImage()  {
            $('#target1').show(2000, stmt1);
            $('#target2').show(3000, stmt1);
```

```
            }
            function hideImage()  {
                $('#target1').hide(3000, stmt2);
                $('#target2').hide(2000, stmt2);
            }
            function stmt1() {
                $('#p1').text("이미지가 나타납니다!!");
            }
            function stmt2() {
                $('#p1').text("이미지가 감춰집니다!!");
            }
        </script>
    </head>
    <body>
        <h1>시각적으로 이미지의 보이기 감추기</h1>
        <img id="target1" src="Image1.jpg"/>
        <img id="target2" src="Image2.jpg"/>
        <br>
        <form>
            <input type="button" value="보이기" onclick="showImage()"> </input>
            <input type="button" value="감추기" onclick="hideImage()"> </input>
        </form>
        <br>
        <p id="p1"></p>
    </body>
</html>
```

시각적으로 이미지의 보이기 감추기
보이기
감추기

시각적으로 이미지의 보이기 감추기
보이기
감추기

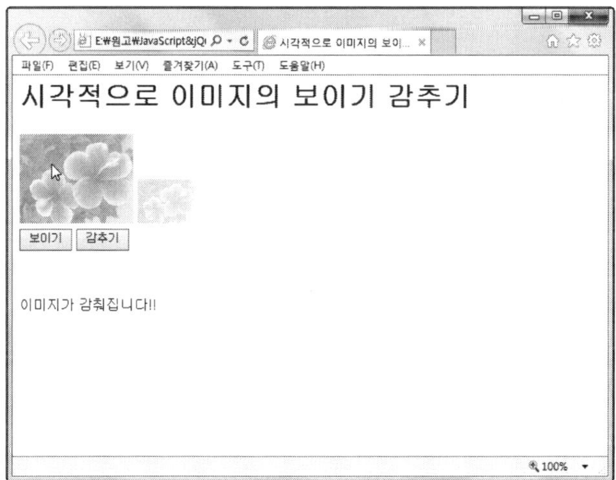

시각적으로 이미지의 보이기 감추기
보이기
감추기
이미지가 감춰집니다!!

15.2.3 시각적으로 토글 기능의 메시지 나타내기

jQuery에서 시각적으로 toggle( ) function을 이용하여 스위치 개념의 서로 다른 메시지를 나타낼 수 있다. 시간지연 값을 지정하지 않으면 곧바로 나타나지만 지연시간을 나타내면 시각적인 효과가 나타난다. toggle( ) 선언의 예는 다음과 같다.

toggle()
toggle(지연시간, 메시지)

지연시간 : 시각적 효과가 나타나기 위한 시간
메시지 : 메소드 수행 후 나타나는 문장

예제 15-3 시각적으로 토글 기능의 메시지 나타내기

```
<html>
    <head>
        <title>시각적으로 토글에 의한 메시지 나타내기</title>
        <script type="text/javascript" src="http://code.jquery.com/jquery-latest.js">
        </script>
        <script>
            $(document).ready(function() {
                $("button").click(function()  {
                    $("h2").toggle(2000);
                });
            });
        </script>
    </head>
    <body>
        <h1>시각적으로 토글에 의한 메시지 나타내기</h1>
        <h2>저를 보세요.</h2>
        <h2 style="display: none">안보입니다</h2>
        <button>토글</button>
    </body>
</html>
```

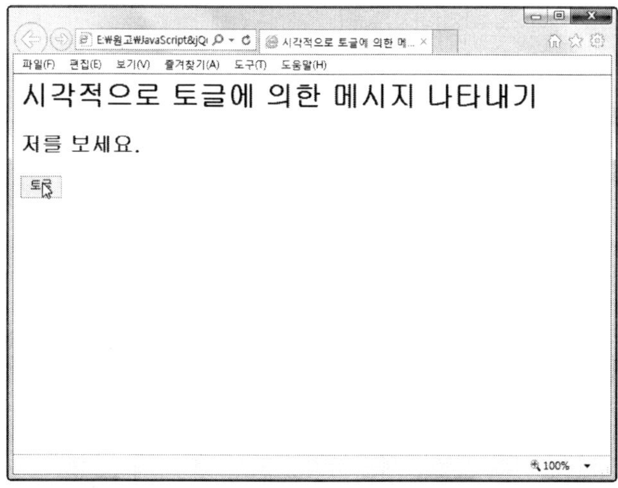
파일(F) 편집(E) 보기(V) 즐겨찾기(A) 도구(T) 도움말(H)
시각적으로 토글에 의한 메시지 나타내기
저를 보세요.
토글
100%

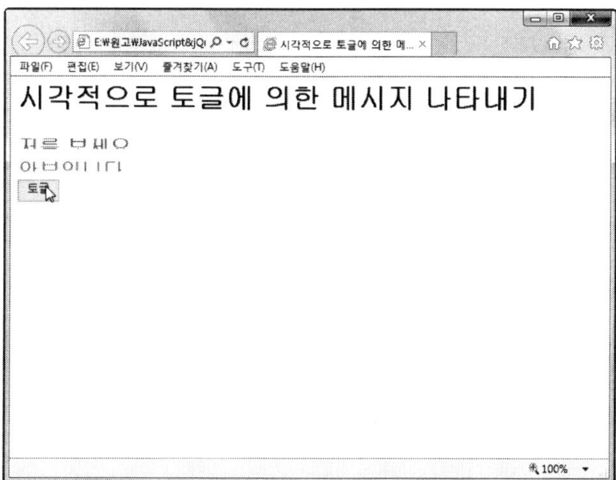
파일(F) 편집(E) 보기(V) 즐겨찾기(A) 도구(T) 도움말(H)
시각적으로 토글에 의한 메시지 나타내기
100%

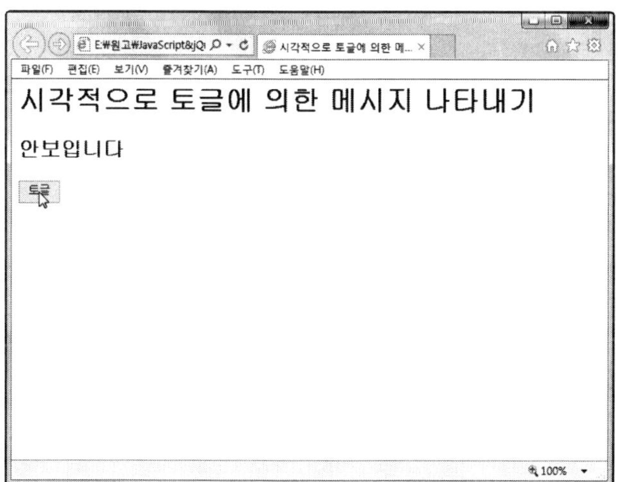
파일(F) 편집(E) 보기(V) 즐겨찾기(A) 도구(T) 도움말(H)
시각적으로 토글에 의한 메시지 나타내기
안보입니다
토글
100%

15.2.4 fade로 이미지가 흐리게 감추기 나타나기

jQuery에서 시각적으로 FadeIn( ), FadeOut( ) function을 이용하여 이미지를 흐리게 나타나거나 감춰질 수 있다. 시간지연 값을 지정하지 않으면 곧바로 흐려지지만 지연시간을 나타내면 시각적인 효과가 나타난다. Fade 선언의 예는 다음과 같다.

FadeIn()
FadeIn(지연시간, 메시지)

FadeOut()
FadeOut(지연시간, 메시지)

지연시간 : 시각적 효과가 나타나기 위한 시간
메시지 : 메소드 수행 후 나타나는 문장

예제 15-4 Fade 함수를 이용한 흐리게 나타나기 감추기

```
<html>
    <head>
        <title>이미지가 흐리게 감추기 나타나기</title>
        <script type="text/javascript" src="http://code.jquery.com/jquery-latest.js">
        </script>
        <script>
            function fadeout() {
                $('#target').fadeOut(2000);
            }
            function fadein() {
                $('#target').fadeIn(2000);
            }
        </script>
    </head>
    <body>
        <h1>이미지가 흐리게 감추기 나타나기</h1>
        <img id="target" src="Image1.jpg"/>
        <br><br>
        <form>
            <input type="button" value="Fade Out" onclick="fadeout()"> </input>
            <input type="button" value="Fade In" onclick="fadein()"> </input>
        </form>
    </body>
</html>
```

15.2.5 요소의 슬라이딩 Up Down

페이지의 요소를 슬라이딩 효과로 감추거나 나타낼 수 있다. 단순하게 요소의 내용을 감추거나 나타내는 것 보다 시각적 효과를 표현한다. 슬라이딩 효과로 문자열을 감추는 함수는 slideUp( )이고 다시 나타내는 함수는 slideDown( )이다. 사용방법은 다음과 같다.

slideUp()
slideUp(지연시간, 메시지)

slideDown()
slideDown(지연시간, 메시지)

지연시간 : 시각적 효과가 나타나기 위한 시간
메시지 : 메소드 수행 후 나타나는 문장

예제 15-5 슬라이드 효과를 이용한 문자열의 감추기 및 나타내기

```
<html>
    <head>
        <title>요소의 슬라이딩 UP DOWN</title>
        <script type="text/javascript" src="http://code.jquery.com/jquery-latest.js">
        </script>
        <script type="text/javascript">
            function slideup() {
                $('#first').slideUp("slow");
            }
            function slidedown() {
                $('#first').slideDown("slow");
            }
        </script>
    </head>
    <body>
        <h1>요소의 Sliding up과 down</h1>
        <div>
            <p id="first">시간은 금이다.</p>
            <p>시간과 세월은 사람을 기다리지 않는다.</p>
            <p>뜻이 있는 곳에 길이 있다.</p>
        </div>
        <form>
            <input type = "button" value="Slide up" onclick="slideup()"> </input>
            <input type = "button" value="Slide down" onclick="slidedown()"> </input>
        </form>
    </body>
</html>
```

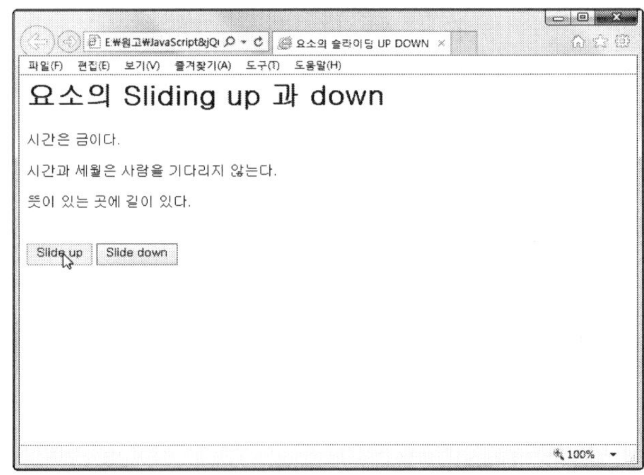

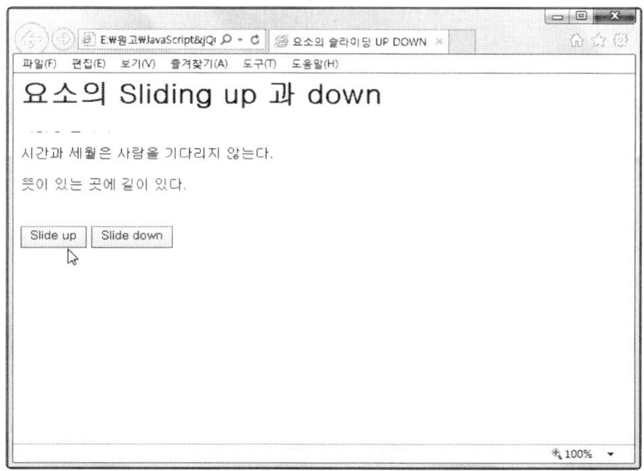

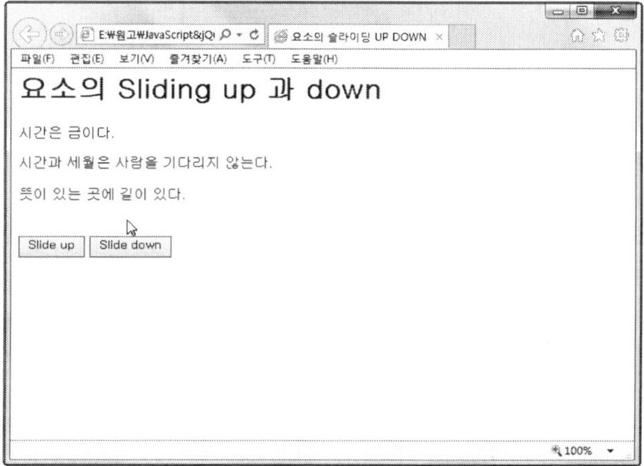

15.2.6 이미지의 부분 fade 효과

이미지를 흐리게 효과를 나타내는 함수로는 fadeOut( )과 fadeIn( ) function을 사용하였으나, 부분적으로 흐리게 하는 기능이 들어간 함수는 fadeTo( ) function이다.

> **fadeTo(지연시간, 불투명값, 메시지)**
>
> 지연시간 : 시각적 효과가 나타나기 위한 시간
> 불투명값 : 0~1 초 사이의 값
> 메시지 : 메소드 수행 후 나타나는 문장

예제 15-6 이미지를 부분적으로 흐리게 나타내는 효과

```
<html>
    <head>
        <title>이미지의 부분 fade 효과</title>
        <script type="text/javascript" src="http://code.jquery.com/jquery-latest.js">
        </script>
        <script>
            function fade() {
                $('#target').fadeTo(2000, 0.333, stmt1);
            }
            function stmt1() {
                $('#p1').text("이미지가 부분적으로 흐려졌습니다!!");
            }
        </script>
    </head>
    <body>
        <h1>이미지의 부분 fade 효과</h1>
        <img id="target" src="Image1.jpg"/>
        <br><br>
        <form>
            <input type="button" value="Fade" onclick="fade()"> </input>
        </form>
        <br>
        <p id="p1"></p>
    </body>
</html>
```

E:₩원고₩JavaScript&jQ
이미지의 부분 fade 효과
파일(F) 편집(E) 보기(V) 즐겨찾기(A) 도구(T) 도움말(H)
이미지의 부분 fade 효과
Fade
이미지가 부분적으로 흐려졌습니다!!
100%

제16장 jQuery 유틸리티

16.1 $each를 이용한 객체 요소의 반복 처리

$.each( ) function은 객체의 모든 멤버의 모든 정보를 자동으로 나타내어 준다. 그 기능은 다음과 같다.

$.each(obj, function(i, val) {}

obj : 객체의 이름
i : 객체 멤버의 이름
val : 객체 멤버의 값

예제 16-1 객체의 반복적 처리

```
<html>
    <head>
        <title>$.each() 함수는 객체를 반복적으로 처리</title>
        <script type="text/javascript" src="http://code.jquery.com/jquery-latest.js">
        </script>
        <script>
            $(document).ready(function()  {
                var obj = { one:1, two:2, three:3, four:4, five:5 };
                $.each(obj, function(i, val) {
                    $("#" + i).append(document.createTextNode("속성 "
                     + i + " 는(은) " +              val + "값을 포함한다"));
                });
            });
        </script>
    </head>
    <body>
```

```
        <h1>$.each() 함수는 객체를 반복적으로 처리</h1>
        <div id="one"></div>
        <div id="two"></div>
        <div id="three"></div>
        <div id="four"></div>
        <div id="five"></div>
    </body>
</html>
```

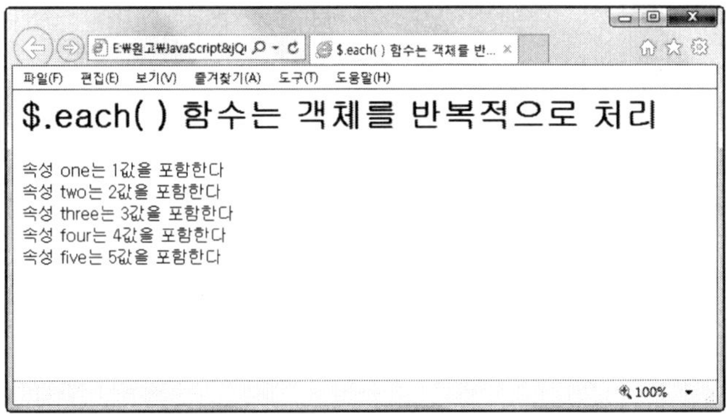

16.2 브라우저의 특정 기능 검색

$.support( ) function은 사용자 브라우저의 제공하는 기능의 정보를 나타낸다. $.suppprt.xxx로 나타내며, xxx의 속성 종류는 다음과 같다.

속성	기능 설명
boxModel	brower에서 true인 경우 W3C CSS box model이 지원된다.
cssFloat	style.cssFloat이 true인 경우 CSS 실수 값을 사용할 수 있다.
hrefNormalized	browser가 true인 경우 getAttribute("href")의 결과를 바꿀 수 없다.
htmlSerialize	true인 경우 innerHTML을 선언하면 적절한 브라우저를 연결한다.
leadingWhitespace	true인 경우 브라우저에서 innerHTML의 여백을 보존한다.
noCloneEvent	true인 경우 브라우저에서 요소가 복사됐을 때 이벤트 핸들러는 복사되지 않는다.
objectAll	true인 경우 getElementsByTagName( ) 실행되었을 때 모든 자손 요소가 실행된다.
opacity	true인 경우 투명한 스타일 속성을 실행한다.
scriptEval	true인 경우 appendChild/ createTextNode가 실행된다.
style	true인 경우 getAttribute("style")이면 올바른 인라인 스타일을 반환한다.
tbody	true인 경우 브라우저에서 tbody 요소 없이 table 요소가 허용된다.

예제 16-2 브라우저에서 박스 모델 지원 여부 체크

```
<html>
    <head>
        <title>Browser 지원 여부 검사</title>
        <script type="text/javascript" src="http://code.jquery.com/jquery-latest.js">
        </script>
        <script>
            $(document).ready(function() {
                if($.support.boxModel) {
                    $("p").html("W3C   box model이 지원됨."); }
                else {
                    $("p").html("W3C   box model이 지원되지 않음."); }
            });
        </script>
    </head>
    <body>
        <h1>Browser 지원 여부 검사</h1>
        <p> </p>
    </body>
</html>
```

16.3 jQuery에서 배열 처리

16.3.1 배열의 생성

자바스크립트에서 collection의 종류로 list, map, node map 등의 명령이 있다. 또한 객체의 변환을 위한 배열처리 함수로 사용하기 쉬운 $.makeArray( ) function이 있다. 배열은 collection 보다 쉽게 사용할 수 있다.

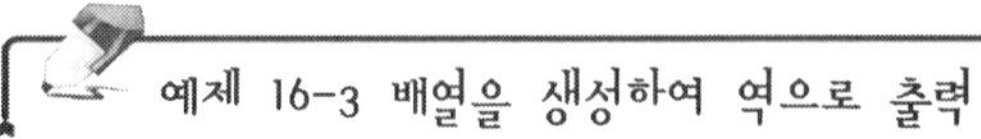

예제 16-3 배열을 생성하여 역으로 출력

```
<html>
    <head>
        <title>배열의 생성</title>
        <script type="text/javascript" src="http://code.jquery.com/jquery-latest.js">
        </script>
        <script>
            $(document).ready(function() {
                var array = $.makeArray(document.getElementsByTagName("p"));
                array.reverse();
                $(array).appendTo(document.body);
            });
        </script>
    </head>
    <body>
        <h1>배열의 생성</h1>
        <p>홍길동</p>
        <p>이순신</p>
        <p>강감찬</p>
        <p>임꺽정</p>
    </body>
</html>
```

16.3.2 배열의 검색

배열의 특정 요소를 검색하기 위해 $.isArray function을 사용하며, 그 기능은 다음과 같다.

> **$.inArray(검색단어, 배열명))**
>
> 검색단어 : 배열안에서 찾고자하는 문자열
> 배열명 : 검색의 대상이 되는 배열명

배열에서 검색 색인 번호는 0부터 시작되고, 검색된 경우 해당 색인번호가 부여되며, 검색되지 않는 경우 -1이 부여된다.

예제 16-4 배열의 검색 및 색인번호 출력

```
<html>
    <head>
        <title>배열의 생성</title>
        <script type="text/javascript" src="http://code.jquery.com/jquery-latest.js">
        </script>
        <script>
            $(document).ready(function() {
                var array = ["홍길동", "이순신", "강감찬", "임꺽정"];
                $("span:eq(0)").text($.inArray("임꺽정", array));
                $("span:eq(1)").text($.inArray("홍길동", array));
                $("span:eq(2)").text($.inArray("정도전", array));
            });
        </script>
    </head>
    <body>
        <div>"임꺽정"의 색인 번호 :
            <span></span>
        </div>
        <div>"홍길동"의 색인 번호 :
            <span></span>
        </div>
        <div>"정도전"의 색인 번호 :
            <span></span>
        </div>
    </body>
</html>
```

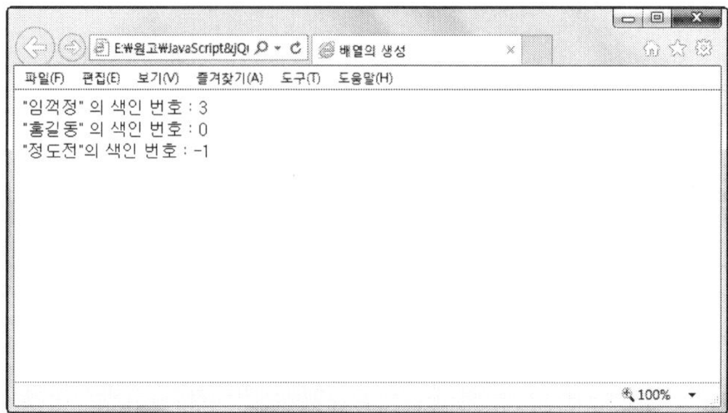

16.3.3 배열의 필터링

배열의 필터링을 위해 조건에 맞는 데이터를 검출하는 $.grep( ) function이 있다. 이 함수는 검색된 데이터를 새로운 배열을 생성한다. grep( ) 명령어 기능은 다음과 같다.

```
$.grep(array, function(n, I) {
   return(조건);
});

n : 배열 요소
I : 인덱스(0부터 시작함)
조건 : 필터링 조건 수식
```

예제 16-5 grep 함수를 이용한 배열 필터링

```
<html>
    <head>
        <title>배열의 필터링</title>
        <script type="text/javascript" src="http://code.jquery.com/jquery-latest.js">
        </script>
        <script>
            $(document).ready(function()  {
                var array = [1, 2, 3, 4, 5, 6, 7, 8];
                $("#div1").text("기본 배열 요소 :  " + array.join(", "));
                array = $.grep(array, function(n, i) {
                    return (i > 4);
                });
```

```

                $("#div2").text("필터조건  i > 4 :    " + array.join(", "));
                array = $.grep(array, function (n) {
                    return n  !=  7;
                });

                $("#div3").text("필터조건 n != 7 :  " + array.join(", "));
            });
        </script>
    </head>
    <body>
        <h1>배열의 필터링</h1>
        <div id="div1"></div><br>
        <div id="div2"></div>
        <div id="div3"></div>
    </body>
</html>
```

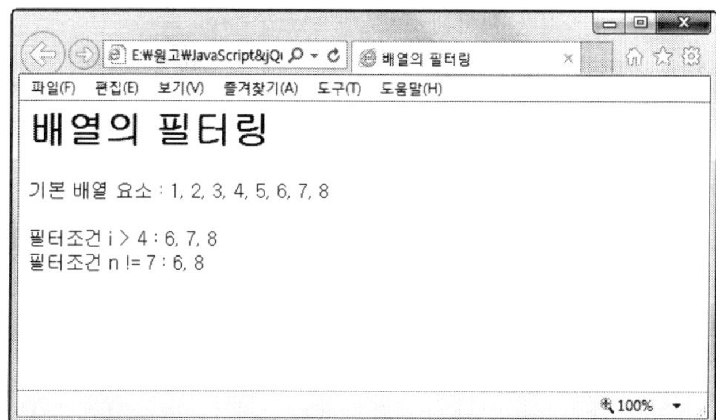

16.3.4 배열의 개별적인 요소 지정

$.map( ) function은 배열의 각 항목에 대한 함수이고 새로운 배열 요소를 적용시키는 함수이다. 기능의 설명은 다음과 같다.

> **$.map(배열명, 함수(i))**
>
> 배열명 : 적용되는 함수
> 함수 : 모든 요소에 대해 실행될 함수
> i : 함수의 색인 번호

예제 16-6 map을 이용한 배열의 개별적인 요소의 지정

```
<html>
    <head>
        <title>배열의 개별적 요소 지정</title>
        <script type="text/javascript" src="http://code.jquery.com/jquery-latest.js">
        </script>
        <script >
            $(document).ready(function() {
                var array = [1, 2, 3, 4, 5];
                $("#div1").text("기본 요소 : " + array.join(", "));
                array = $.map(array, function (i) {
                    return i + i;
                });

                $("#div2").text("요소 X  2   : " + array.join(", "));
            });
        </script>
    </head>
    <body>
        <h1>배열의 매핑</h1>
        <div id="div1"></div>
        <div id="div2"></div>
    </body>
</html>
```

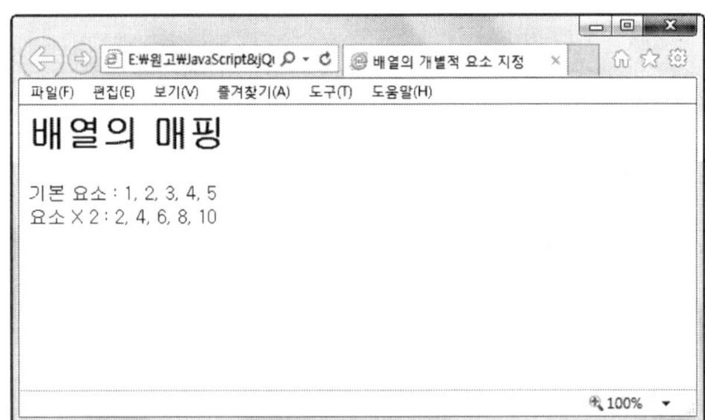

제17장 jQuery UI 요소

17.1 jQuery UI 라이브러리 추가

jQuery UI는 jQuery에서 추가할 수 있는 라이브러리 요소이다. 또한 jQuery UI를 사용하기 위한 목적으로 반응형 효과, 위젯, 그리고 테마에 대한 확장성을 제공하여 홈페이지에 전문적인 UI 요소를 쉽게 적용할 수 있도록 부품화된 라이브러리를 공급한다.

```
<link rel="stylesheet" type="text/css"
      href="css/ui-lightness/jquery-ui-1.10.4.custom.css">
<script type="text/javascript"
      src="http://code.jquery.com/jquery-latest.js"></script>
<script type="text/javascript"
      src="js/jquery-ui-1.10.4.custom.min.js"></script>
```

jQuery를 적용하기 위해 라이브러리를 다운받아서 홈페이지에 나타내기 위해서는 JS와 CSS 파일을 지정할 수 있다. jQuery UI 라이브러리를 적용하기 위해서 다음과 같은 단계를 적용한다.

1. Download the library from http://jqueryui.com/download/에서 라이브러리(1.10.4)를 다운 받는다.

2. 다운로드한 파일을 홈페이지 소스가 있는 폴더에 지정하고 확인한 다음 압축을 푼다.

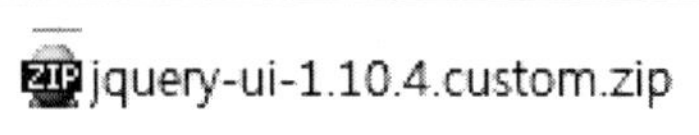

3. 라이브러리를 적용하기 위해 웹사이트 위치에 폴더 내용을 확인한다.

이름	수정한 날짜	유형	크기
css	2014-12-01 오후...	파일 폴더	
development-bundle	2014-12-01 오후...	파일 폴더	
js	2014-12-01 오후...	파일 폴더	
index.html	2014-11-30 오후...	HTML 문서	31KB

jquery-ui-1.10.4.custom 폴더 내용

이름	수정한 날짜	유형	크기
images	2014-12-01 오후...	파일 폴더	
jquery-ui-1.10.4.custom.css	2014-11-30 오후...	CSS 스타일시트 ...	32KB
jquery-ui-1.10.4.custom.min.css	2014-11-30 오후...	CSS 스타일시트 ...	27KB

jquery-ui-1.10.4.custom₩css₩ui-lightness 폴더 내용

이름	수정한 날짜	유형	크기
jquery-1.10.2.js	2014-11-30 오후...	JScript 스크립트 ...	267KB
jquery-ui-1.10.4.custom.js	2014-11-30 오후...	JScript 스크립트 ...	427KB
jquery-ui-1.10.4.custom.min.js	2014-11-30 오후...	JScript 스크립트 ...	224KB

jquery-ui-1.10.4.custom₩js 폴더 내용

4. jQuery UI 코드를 홈페이지 상단에 선언하면서 href 속성과 src 속성을 연결하기 위해 다운로드 된 파일의 버전 번호를 연결한다.

예제17-1.html	2014-12-01 오후...	HTML 문서
js	2014-12-01 오후...	파일 폴더
css	2014-12-01 오후...	파일 폴더
development-bundle	2014-12-01 오후...	파일 폴더

적용된 html과 폴더의 위치

17.2 jQuery UI 요소의 종류

17.2.1 Autocomplete

```
. . . .
$( "#autocomplete" ).autocomplete({
source: ["월요일", "화요일","수요일","목요일", "금요일"]
});
. . . .
<input id="autocomplete">
```

Autocomplete 요소는 Input 태그와 연관되어 input 태그 안에서 사용자가 연관된 단어를 입력하면 관련 목록 내용이 나타난다. 이 기능은 연관된 문자를 입력할 경우 선언된 단어들이 선별되어 나타나며, 빠른 입력을 유도하여 자동 완성기능을 제공한다.

Autocomplete 요소의 사용을 위해 사전에 배열에 단어들을 등록해야 한다.

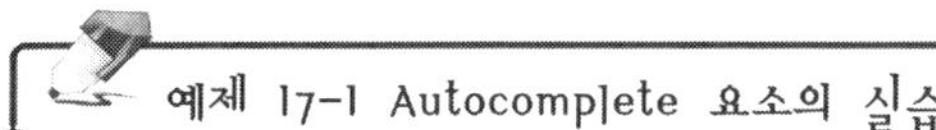

예제 17-1 Autocomplete 요소의 실습

```
<html>
    <head>
        <meta charset="utf-8" />
        <title>Autocomplete Input</title>
        <link rel="stylesheet" type="text/css"
                href="css/ui-lightness/jquery-ui-1.10.4.custom.css">
        <script type="text/javascript"
                src="http://code.jquery.com/jquery-latest.js"></script>
        <script type="text/javascript"
                src="js/jquery-ui-1.10.4.custom.min.js"></script>

        <script>
            function dateChanged(dateStr, Object) {
                $("span").html("수정 날짜 :" + dateStr); }
                $(document).ready(function() {
                    $( "#autocomplete" ).autocomplete({
                        source: ["월요일", "화요일","수요일",
```

```
                                        "목요일", "금요일"]
                        });
                    });
        </script>
        <style>
            input { border:2px ridge blue; .border-radius:5px; padding:3px; }
        </style>
    </head>
    <body>
        <label for="autocomplete">요일 : </label>
        <input id="autocomplete">
    </body>
</html>
```

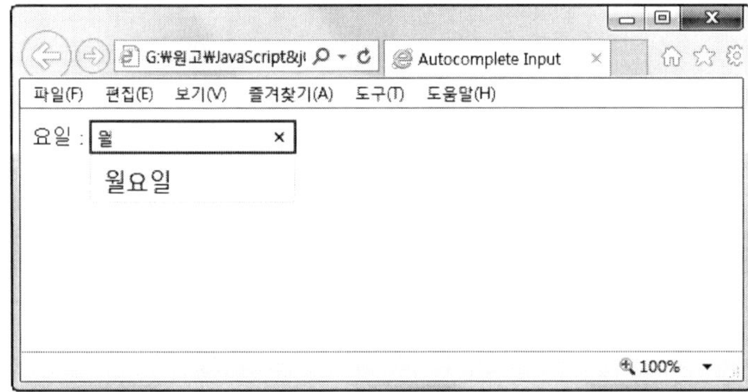

17.2.2 Drag and Drop

한 개의 요소를 드래그해서 다른 곳에 드롭하여 놓을 수 있다. 드래그와 드롭한 요소는 여러 번 할 수 있는 기능으로 자바스크립트와 jQuery에 추가하여 나타낼 수 있다. 마우스를 클릭하여 드래그 한 요소를 필요로 할 경우 사용할 수 있다.

```
$("#drag1, #drag2, #drag3").draggable(
    {helper:"clone", cursor:"move", opacity:.7, zIndex:99});
$("#drop").droppable({accept:"img",tolerance:"intersect",
     hoverClass:"drop-hover"});
$("#drop").on("drop", function(e,ui) {
    var item = $("<div></div>");
    item.append($("<img></img>").attr("src", ui.draggable.attr("src")));
    item.append($("<span></span>").html(
    ui.draggable.attr("src")));
    $(this).append(item);
 });
```

다음 문장은 드래그 할 요소의 cursor와 opacity 옵션을 나타낸다.

```
$("#img1").draggable({cursor:"move", opacity:.5});
```

드래그 옵션의 내용은 다음과 같다.

속성	기능 설명
axis	x와 y 좌표를 지정할 수 있고, 불가능하게 나타낼 수 있다.
containment	지정된 영역에 "parent","document", "window"를 사용한다.
cursor	드래그 하는 동안 커서를 나타낸다.
helper	드래그 할 때 나타내기 위한 요소를 정의 한다. Values can be "original", "clone", 또는 function문에서 DOM 객체를 나타낼 수 있다.
opacity	드래그 하는 동안 opacity를 지정한다.
revert	Boolean이 선언되면 드래그가 멈출 경우 본래의 위치로 반환된다. "valid"가 지정되면 객체가 드롭된 경우 이전 위치로 되돌아가고, "invalid"가 지정되면 객체가 드롭되면 이전 위치로 되돌아 갈 수 없다.,
stack	연결자 또는 false를 지정할 수 있다. 연결자가 지정되면 연결자가 나타난 위로부터 z-index의 항목을 가질 수 있다.
zIndex	드래그 하는 동안 z-index 값을 사용할 수 있다.

droppable 명령은 드래그 항목이 drop 영역에 지정되는 요소를 지정하고, 간단한 마우스로 항목들 간의 상호 작용을 진행할 수 있도록 지정한다.

또한 드래그 항목이 마우스와 같이 움직이기 위해 이벤트 정보를 처리하는 함수를 나타낼 다음 예는 요소에 droppable 요소와 tolerance 레벨을 "touch"로 연결하여 나타낸다.

```
$("#div1"). droppable ({tolerance:"touch"});
```

좀 더 자세한 드롭 옵션은 다음과 같다.

draggle 요소는 드래그가 진행되고 멈췄을 때 추가로 이벤트를 진행할 수 있도록 한다.

다음 예제는 항목을 드래그하면 멈췄을 경우 위로 올라가는 움직임을 나타내는 예이다.

```
$("#drag1").draggable({cursor:"move", opacity:.5});
$("#drag1").on("dragstop", function(){$(this).effect("bounce", 1000); });
```

다음은 드래그 항목의 이벤트에 대한 명령의 설명이다.

옵션	기능 설명	
accept	나타난 selector는 드롭 항목의 요소를 선별하여 사용한다.	
activeClass	드래그 항목이 드래그 될 때 드롭항목의 class를 나타낸다.	
greedy	False는 기본값이다. 모든 상위 항목은 현재 항목에 연결을 지정하여 나타낸다. True일 경우 첫번째 드래그 항목만을 드롭항목으로 지정할 수 있다.	
hoverClass	드래그 항목이 범위에 올려져 있는 경우 드롭 항목을 지정하기 위한 class를 나타낸다.	
tolerance	만약 드래그 항목이 있는 경우 메소드를 선언해야 한다.	
	fit	드래그와 드롭 전체가 겹치는 경우
	intersect	드래그와 드롭이 적어도 50%가 겹치는 경우
	pointer	마우스가 드롭된 경우
	touch	겹쳐서 드롭된 드랙 요소 어느 것이나

droppable 요소는 드래그가 진행되고 멈췄을 때 추가로 이벤트를 진행할 수 있도록 한다. drag 항목이 drop 되었을 때 흔들리는 이벤트를 나타내어 준다.

```
$("#drop1").droppable({tolerance:"pointer"});
$("# drop1").on("dropactivate", function(){$(this).effect("shake", 1000); });
```

다음은 드롭 항목의 이벤트에 대한 명령의 설명이다.

이벤트	기능 설명	
dropactivate (event, ui)	올바른 드래그가 진행되었을 때 흔들리는 모양이 나타난다. event : 자바스크립트 이벤트 객체 ui : 값에 의한 객체	
	draggable	실제 드래그하는 항목을 나타내는 객체
	helper	드래그 항목의 helper 객체
	position	현재 CSS 위치의 객체를 나타내는 {top, left}
	offset	현재 CSS 위치 참조의 객체를 나타내는 {top, left}
drop(event, ui)	드롭되는 항목이 드래그 될 때 흔들린다.	
dropout(event, ui)	허용되는 범위에 드롭 될 때 흔들린다.	
dropover(event, ui)	드래그 할 때 허용범위에 들어오면 흔들린다.	

예제 17-2 drag and drop 요소의 실습

```
<html>
    <head>
        <meta charset="utf-8" />
        <title>Drag start stop</title>
            <link rel="stylesheet" type="text/css"
                    href="css/ui-lightness/jquery-ui-1.10.4.custom.css">
            <script type="text/javascript"
                    src="http://code.jquery.com/jquery-latest.js"></script>
            <script type="text/javascript"
                    src="js/jquery-ui-1.10.4.custom.min.js"></script>

            <script>
                $(document).ready(function() {
                    $("#drag1, #drag2, #drag3").draggable(
                        {helper:"clone", cursor:"move", opacity:.7, zIndex:99});
                    $("#drop").droppable({accept:"img",
                        tolerance:"intersect", hoverClass:"drop-hover"});
                    $("#drop").on("drop", function(e,ui) {
                        var item = $("<div></div>");
                        item.append($("<img></img>").attr("src",
                                ui.draggable.attr("src")));
                        item.append($("<span></span>").html(
                            ui.draggable.attr("src")));
                        $(this).append(item);
                    });
                });
        </script>

        <style>
            div {display:inline-block; vertical-align:top; margin:10px;}
            img {width:100px; margin:0px; }
            #images { width:100px; height:300px; }
            #drop { width:300px; min-height:150px; padding:3px;
                        border:3px ridge white; box-shadow:
                                    5px 5px 5px #888888; }
            #drop div{ height:80px; width:280px; padding:4px;
                        border:2px dotted; margin-top:5px; }
            #drop div img {height:80px; margin-right:10px; }
            #drop div span { display:inline-block;
                        vertical-align:top; font:16px/70px arial; }
            .drop-hover { background-color:#BBDDFF; }
```

```
            </style>
        </head>
        <body>
            <div id="images">
                <img id="drag1" src="image1.jpg" />
                <img id="drag2" src="image2.jpg" />
                <img id="drag3" src="image3.jpg" />
            </div>
            <div id="drop"></div>
        </body>
</html>
```

드래그 시작 전

드래그 정지 후

17.2.3 Datepicker

Datepicker 요소는 마우스로 특정 날짜를 클릭하여 jQuery로 캘린더를 나타낼 수 있는 기능을 제공한다.

```
$( "#month" ).datepicker({
      onSelect:dateChanged,
      showOn: "button",
      buttonImage: "calendar.png",
      buttonImageOnly: true,
      numberOfMonths:2,
      showButtonPanel:true,
      dateFormat: "yy-mm-dd"
});
```

Datepicker 요소는 <input> 태그에서 datepicker() 메소드를 호출해서 datetime 또는 date를 연결한다. 사용자가 <input>에서 클릭하면, 캘린더가 나타난다. 버튼 이미지 속성을 사용해서 date picker에 이미지 아이콘을 추가할 수 있다.

Datepicker 요소의 속성 설명은 다음과 같다.

속성	기능 설명
onSelect	호출될 경우 매번 새로운 날짜가 호출되는 함수이다.
showOn	아이콘을 클릭할 경우 datepicker가 지정된 버튼을 나타낸다.
buttonImage	사용되는 이미지의 위치를 지정한다.
buttonImageOnly	<input> 태그가 아닌 버튼 아이콘만 나타낸다.
numberOfMonths	달의 숫치를 나타낸다.
showButtonPanel	datepicker의 끝에 오늘 또는 지정된 버튼을 나타낸다.
dateFormat	<input> 영역에 포맷 속성 문자를 나타낸다.

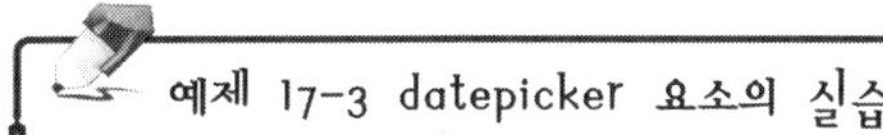
예제 17-3 datepicker 요소의 실습

```
<html>
    <head>
        <meta charset="utf-8" />
        <title>Datepicker</title>
            <link rel="stylesheet" type="text/css"
                        href="css/ui-lightness/jquery-ui-1.10.4.custom.css">
            <script type="text/javascript"
                        src="http://code.jquery.com/jquery-latest.js"></script>
```

```
            <script type="text/javascript"
                    src="js/jquery-ui-1.10.4.custom.min.js"></script>

        <script>
            function dateChanged(dateStr, Object) {
                $("span").html("수정된 날짜 " + dateStr); }
                $(document).ready(function() {
                    $( "#month" ).datepicker({
                        onSelect:dateChanged,
                        showOn: "button",
                        buttonImage: "images/calendar.png",
                        buttonImageOnly: true,
                        numberOfMonths:2,
                        showButtonPanel:true,
                        dateFormat: "yy-mm-dd"
                    });
            });
        </script>

        <style>
            input { border:2px ridge blue; border-radius:5px; }
        </style>
<body>
  <label>날짜: </label>
  <input type="text" id="month"></input>
  <span></span>
</body>
</html>
```

17.2.4 Slider

slider 요소는 마우스로 드래그해서 슬라이더 값을 제어한다. slider에는 .ui-slider-range 클래스로 나타내는 slide와 .ui-slider-handle 클래스로 나타내는 handle의 2가지 요소가 있다.

```
$( "#red, #green, #blue" ).slider({
    orientation: "horizontal",
    range: "min",
    max: 255,
    value: 127,
    slide: refreshSwatch,
    change: refreshSwatch
});

$("#red").slider("value", 128);
$("#green").slider("value", 128);
$("#blue").slider("value", 128);
```

Slider 요소의 속성 설명은 다음과 같다.

속성	기능 설명
orientation	"horizontal" 또는 "vertical"을 지정한다.
range	범위의 최소값을 지정하는 "min"과 최대값을 지정하는 "max"를 지정한다.
max	최대값을 나타낸다.
value	현재 값을 나타낸다.
slide	슬라이더를 움직일 때 나타내는 이벤트 핸들러
change	슬라이더 값을 바꾸기 위한 이벤트 핸들러

예제 17-4 slider를 이용한 색상 출력 실습

```
<html>
    <head>
        <meta charset="utf-8" />
        <title>Slider</title>
            <link rel="stylesheet" type="text/css"
                    href="css/ui-lightness/jquery-ui-1.10.4.custom.css">
            <script type="text/javascript"
                    src="http://code.jquery.com/jquery-latest.js"></script>
            <script type="text/javascript"
                    src="js/jquery-ui-1.10.4.custom.min.js"></script>
```

```

        <script>
            function cValue(selector) {
                var v = $(selector).slider("value").toString( 16 );
                 if (v.length ===1) { v = "0" + v;}
                        return v;
            }
            function refreshSwatch() {
              $("#mix").css("background-color", "#" +
                     cValue("#red")+cValue("#green")+cValue("#blue"));
              $("#mix").html($("#mix").css("background-color"));
            }
           $(document).ready(function() {
                $( "#red, #green, #blue" ).slider({
                     orientation: "horizontal",
                     range: "min",
                     max: 255,
                     value: 127,
                     slide: refreshSwatch,
                     change: refreshSwatch
                });
                $("#red").slider("value", 128);
                $("#green").slider("value", 128);
                $("#blue").slider("value", 128);
           });
        </script>

        <style>
              #mix { width:160px; height:100px; text-align:center;
                            font:18px/100px arial; }
              #red, #green, #blue { float: left; clear: left;
                            width:150px; margin:15px; }
              #red .ui-slider-range { background:red; }
              #red .ui-slider-handle { border-color:red; }
              #green .ui-slider-range { background:green; }
              #green .ui-slider-handle { border-color:green; }
              #blue .ui-slider-range { background:blue; }
              #blue .ui-slider-handle { border-color:blue;}
       </style>
  <body>
       <div id="mix"></div>
       <div id="red"></div>
       <div id="green"></div>
       <div id="blue"></div>
  </body>
</html>
```

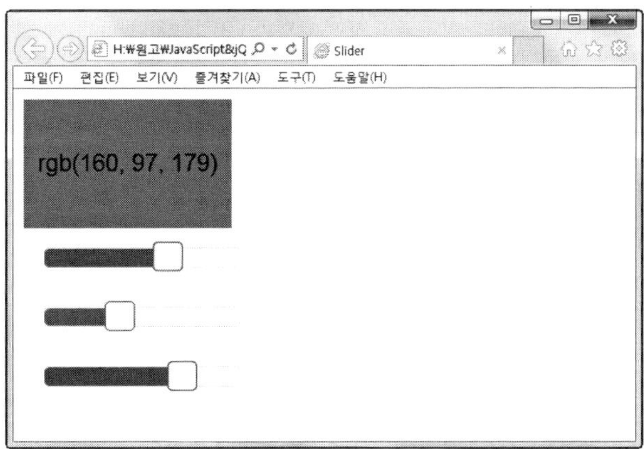

17.2.5 Menu

menu 요소에서 메뉴를 확장한 트리 구조로 나타낼 수 있다. 메뉴에서 메뉴의 내용과 그 실행이 연결되어 나타낸 <a> 태그와 <ul>/<li> 태그를 지정해서 나타낼 수 있다.

```
---- jQuery ----
$( "#menu" ).menu();
$( "#menu" ).on("menuselect", function(e, ui) {
    $("p").html("Selected " +
ui.item.children("a:first").html());
});
---- HTML ----
<ul id="menu">
    <li><a href="#">Open</a></li>
    <li><a href="#">Recent</a><ul>
-----------------------------
<li class="ui-state-disabled"><a href="#">
```

예제 17-5 메뉴 처리 실습

```
<html>
    <head>
        <meta charset="utf-8" />
        <title>Menu</title>
            <link rel="stylesheet" type="text/css"
                        href="css/ui-lightness/jquery-ui-1.10.4.custom.css">
            <script type="text/javascript"
                        src="http://code.jquery.com/jquery-latest.js"></script>
```

```
            <script type="text/javascript"
                    src="js/jquery-ui-1.10.4.custom.min.js"></script>

            <script>
                $(document).ready(function() {
                    $( "#menu" ).menu();
                    $( "#menu" ).on("menuselect", function(e,ui) {
                        $("p").html("연결됨 :  " +
                            ui.item.children("a:first").html());
                    });
                });
            </script>

            <style>
                .ui-menu { width: 200px; }
                p { border:3px ridge red; color:red;
                        display:inline-block; height:80px;width:200px; }
            </style>
    <body>
            <ul id="menu">
                <li><a href="#">열기</a></li>
                <li><a href="#">최근</a><ul>
                <li><a href="#">현재 파일</a></li>
                <li><a href="#">다음 파일</a></li>
            </ul></li>
                <li><a href="#">저장</a></li>
                <li class="ui-state-disabled"><a href="#">
                        <span class="ui-icon ui-icon-print">
                        </span>인쇄...</a></li>
                    <li><a href="#">뒤로</a><ul>
                    <li><a href="#">
                        <span class="ui-icon ui-icon-seek-start"></span>
                                이전</a></li>
                    <li><a href="#">
                        <span class="ui-icon ui-icon-stop"></span>
                        정지</a></li>
                    <li><a href="#">
                        <span class="ui-icon ui-icon-play"></span>
                        실행</a></li>
                    <li><a href="#">
                        <span class="ui-icon ui-icon-seek-end"></span>
                        다음</a></li>
                </ul></li>
            </ul>
            <p></p>
        </body>
</html>
```

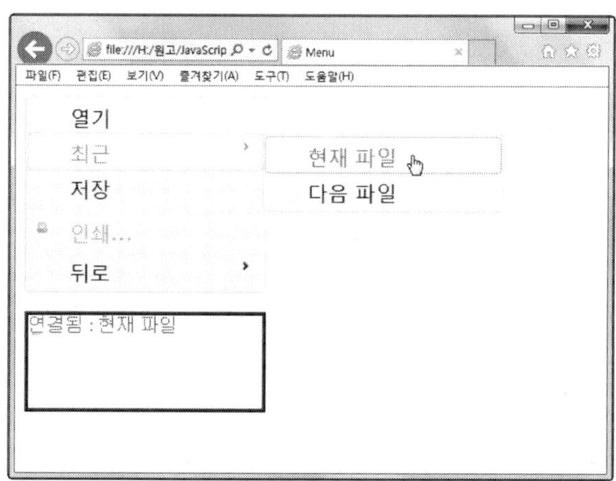

17.3 jQuery Animation

최근에 jQuery의 중요한 핵심으로 애니메이션을 이용하여 나타내는 기법을 사용하여 딱딱한 모양의 이전 홈페이지보다 더 부드러운 느낌을 줄 수 있다.

특히 홈페이지에 영상을 재구성하거나 새로운 모양의 요소를 추가하여 나타낼 수 있으며, 또한 새로운 영상들을 갑자기 나타내거나 사라지게 하여, 사용자들을 깜짝 놀라게도 한다.

17.3.1 jQuery Animation의 이해

jQuery animation은 사용자가 내부에서 별도의 값을 지정하여 나타낸 HTML 요소의 속성을 나타낼 수 있다.

예제 17-6 박스를 클릭하여 오른쪽으로 이동 실습

```
<html>
    <head>
        <meta charset="utf-8" />
        <title>Simple Animation</title>
            <link rel="stylesheet" type="text/css"
                        href="css/ui-lightness/jquery-ui-1.10.4.custom.css">
            <script type="text/javascript"
                        src="http://code.jquery.com/jquery-latest.js"></script>
```

```
            <script type="text/javascript"
                    src="js/jquery-ui-1.10.4.custom.min.js"></script>

            <style>
                div {
                    position: absolute;
                    left:10px;
                   top:10px;
                   width:20px;
                   height:20px;
                   background-color:green;
                }
            </style>

           <script >
               $(function() {
                    $(document).click(function() {
                           var pos = $("div").css("left");
                           pos = parseInt(pos);
                          $("div").css("left", pos+10);
                    });
               });
          </script>
    </head>
    <body>
       <div> </div>
    </body>
</html>
```

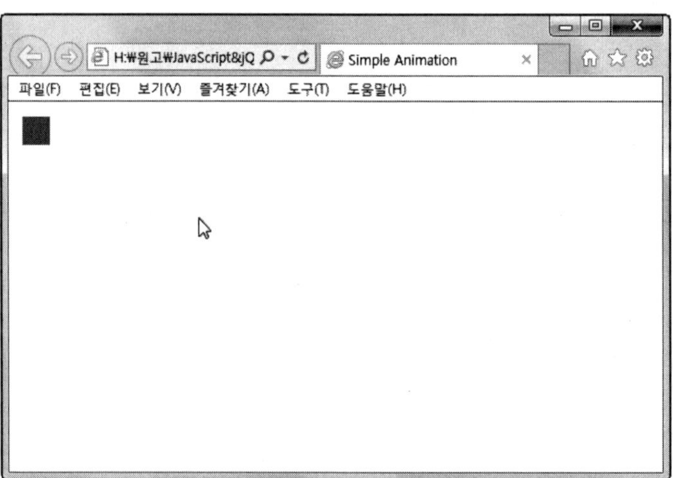

처음 실행 모양

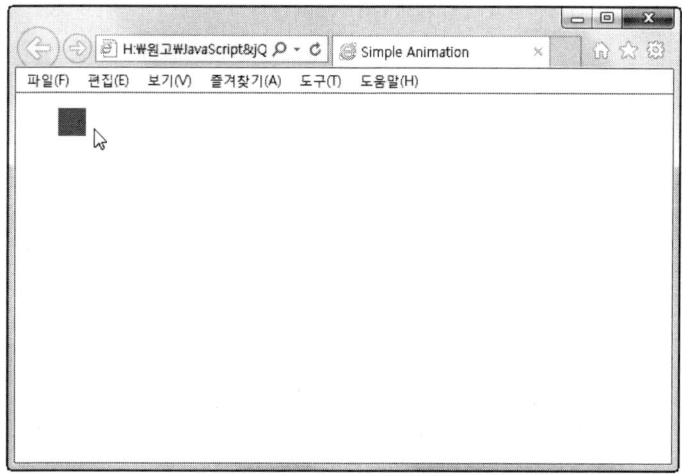

클릭할 때 마다 오른쪽으로 이동

1) Animation을 위한 CSS 지정

jQuery에서 애니메이션은 한 개 이상의 CSS 속성으로 지정된 .animate() 메소드를 사용하며, jQuery 객체와 동시에 모든 요소들은 실행된다.

.animate() 메소드는 CSS 속성의 첫째 인수와 매핑되며, 여러 개인 경우 동시에 다중으로 속성이 선언될 수 있다.

```
$("img").animate({height:100, width:100});
```

.animate() 메소드는 다음과 같은 형태로 나타낼 수 있다.

```
.animate(properties [, duration] [, easing] [, .complete])

.animate(properties, options)
```

첫 번째 duration, easing 그리고 complete 속성은 생략할 수 있고, 두 번째 메소드는 option 개체와 연관된다.

```
$("img").animate({height:100, width:100}, {duration:1000, easing:"linear"});
```

.animate() 메소드의 옵션 설명은 다음과 같다.

옵션	기능 설명
complete	애니메이션이 완성되었을 때 호출되는 함수를 정의한다.
duration	애니메이션이 실행될 때 ms 수치만큼 실행되며, 문자로 선언할 경우 slow 또는 fast로 지정한다. 선언되지 않은 경우 초기값은 400ms이다.
easing	easing 함수에 사용되는 문자를 "swing" (기본값)과 "linear"로 표시한다. jQuery UI에서는 여러 번 사용할 수 있다. jQuery UI에서 easing 그래픽은 다음과 같다.
queue	true일 경우 다른 객체 뒤에 대기하고, false인 경우 애니메이션은 즉시 시작되며, 특별한 queue의 문자를 의미한다.
step	애니메이션이 작성되는 동안 단계별로 실행되는 함수를 나타낸다.
specialEasing	속성 맵과 직접 연결되며, 다양한 요소를 나타낼 수 있다.

2) Queue Animation

애니메이션이 발생할 때 연속적으로 나타나지만 실행은 비동기적으로 진행된다.

jQuery에서 queue 옵션에 false를 지정하면 한 개의 애니메이션이 끝나고 다음 애니메이션이 실행된다.

3) Animation 정지

jQuery에서 애니메이션을 정지하기 위해 객체에 stop() 메소드를 지정하면 된다.

```
stop([clearQueue] [, jumpToEnd])

$("*").stop();
$("#img1").stop(true);
$("img").stop(true, true);
```

stop(true)가 선언되면 현재 진행되는 애니메이션은 멈추고, queue에 대기한 모든 애니메이션은 제거된다.

```
$("img").stop(true, true).animate({opacity:.5}, 1000);
```

4) Animation 지연

```
$("img").animate({width:500}, 1000).delay(2000).animate({opacity:1} 1000);
```

queue 옵션에서 애니메이션을 지연하기 위해 delay 옵션을 추가할 수 있으며, 선언된 값만큼 애니메이션이 지연된다.

17.3.2 Animation 표현

jQuery에서 객체를 연결해서 fade in 하는 애니메이션 기능을 animate() 메소드에 제공한다.

1) Fade In Animation

```
.fadeIn( [duration] [, easing] [, callback])

$("img").fadeIn(1000, "swing");
```

.fadeIn() 메소드는 duration, easing,과 callback 옵션을 선언할 수 있으며, 0부터 선언된 값만큼 모든 이미지를 서서히 나타낸다.

2) Fade Out Animation

```
.fadeIn( [duration] [, easing] [, callback])

$("img").fadeOut(1000, "swing", function() {
    $(this).fadeIn(1000);});
```

위의 fadeOut 메소드는 fadeIn 메소드와 반대로 1초에서 서서히 이미지가 사라진다.

3) 토글에 의한 fade Animation

.fadeToggle([duration] [, easing] [, callback])

```
$("img").fadeToggle(3000, "swing"); // 이미지가 3초후 점점 투명해진다
```

.fadeToggle() 메소드는 duration, easing,과 callback 옵션을 선언할 수 있으며, 0부터 선언된 값만큼 모든 이미지를 서서히 나타내거나 사라지게 할 수 있다.

4) 단계별 불투명 지정

.fadeTo(duration, opacity [, easing] [,callback])

```
$("img").fadeTo(2000, .5); // 0.5부터 단계별로 흐려짐
$("img").fadeTo(2000, 1);
$("img").fadeTo(2000, .1);
```

.fadeTo 메소드는 단계별로 모든 이미지를 흐리게 변화한다.

예제 17-7 이미지 클릭으로 서서히 이미지 변환 실습

```
<html>
    <head>
        <title>fadeToggle Animation</title>
        <meta charset="utf-8" />

            <script type="text/javascript"
                    src="js/jquery-2.0.3.min.js"></script>
            <script type="text/javascript"
                    src="js/jquery-ui-1.10.4.min.js"></script>
            <link rel="stylesheet" type="text/css"
                    href="css/ui-lightness/jquery-ui-1.10.4.custom.css">
           <script type="text/javascript"
                    src="http://code.jquery.com/jquery-latest.js"></script>

      <script>
           $(document).ready(function() {
               $("img").on("click", function() {
                    $("#top").fadeToggle(2000);
               });
           });
```

```
    </script>
    <style>
        img { position:fixed; height:300px;
                  border:3px ridge white;
                  box-shadow:5px 5px 5px #888888;
                  margin:10px; background-color:black;}
    </style>
</head>
  <body>
    <div>
      <img id="bottom" src="images/image4.jpg" />
      <img id="top" src="images/image5.jpg" />
    </div>
  </body>
</html>
```

JavaScript & jQuery

지 은 이 | 김영천 · 안일영 · 임정목

펴 낸 이 | 김형근

펴 낸 곳 | 도서출판 기한재

주　　소 | 경기도 파주시 회동길 56
(파주출판도시)

전　　화 | 031)955-0900~2

팩　　스 | 031)955-0100

등　　록 | 1990년 3월 15일 제2-968호

발　　행 | 2018년 3월 20일 1판 2쇄

정　　가 | 18,000원

무단 복제 및 무단 전재를 금합니다.

Published by Kihanjae Co.
ISBN 978-89-7018-755-6
http://www.kihanjae.com
E-mail : kihanjae@hanmail.net